YUEDU CHONGQING

阅读重庆

重庆市公共图书馆事业“十三五”发展报告

张波 朱晖◎主编

中国经济出版社
CHINA ECONOMIC PUBLISHING HOUSE
·北京·

图书在版编目（CIP）数据

阅读重庆：重庆市公共图书馆事业“十三五”发展报告／张波，朱晖主编．--北京：中国经济出版社，2021.9

ISBN 978－7－5136－6550－6

Ⅰ.①阅… Ⅱ.①张… ②朱… Ⅲ.①公共图书馆－图书馆事业－研究报告－重庆－2016－2020 Ⅳ.①G259.277.19

中国版本图书馆 CIP 数据核字（2021）第 147568 号

责任编辑　孙晓霞
责任印制　马小宾
封面设计　华子图文

出版发行　中国经济出版社
印 刷 者　北京艾普海德印刷有限公司
经 销 者　各地新华书店
开　　本　787mm × 1092mm　1/16
印　　张　20
字　　数　251 千字
版　　次　2021 年 9 月第 1 版
印　　次　2021 年 9 月第 1 次
定　　价　88.00 元
广告经营许可证　京西工商广字第 8179 号

中国经济出版社 **网址** www.economyph.com **社址** 北京市东城区安定门外大街 58 号 **邮编** 100011
本版图书如存在印装质量问题，请与本社销售中心联系调换（联系电话：010－57512564）

编委会成员

序

党的十八大以来，以习近平同志为核心的党中央高度重视文化建设，对文化改革发展做出一系列重要论述，提出许多新思想、新观点、新要求。2016 年 3 月，《中华人民共和国国民经济和社会发展第十三个五年规划纲要》（以下简称《纲要》）正式颁布，明确提出了牢固树立和贯彻落实创新、协调、绿色、开放、共享的发展理念。《纲要》按照全面建成小康社会新的目标要求，将健全公共服务体系、稳步提高基本公共服务均等化水平纳入了“十三五”期间经济社会发展的主要目标，要求“十三五”期间基本建成公共文化服务体系，使文化产业成为国民经济的支柱性产业，持续扩大中华文化的影响。

依据《纲要》对公共文化服务体系建设的目标和相关要求，2017 年 1 月 23 日，国务院印发《“十三五”推进基本公共服务均等化规划》（以下简称《规划》），作为“十三五”乃至更长一段时期推进基本公共服务体系建设的综合性、基础性、指导性文件。《规划》提出：国家构建现代公共文化服务体系和全民健身公共服务体系，促进基本公共文化服务和全民健身基本公共服务标准化、均等化，更好地满足人民群众精神文化需求和体育健身需求，提高全民文化素质和身体素质。

公共图书馆作为现代公共文化服务体系的重要组成部分，在战略转型升级的变革时代，迫切需要科学规划、落实好各项公共文化新政策。为加快构建现代公共文化服务体系，更好地保障人民群众的基本文化权益，根据《中华人民共和国公共文化服务保障法》《国家“十三五”时期文化发展改革规划纲要》，文化部印发了《“十三五”时期全国公共图书馆事业发展规划》，为公共图书馆的体系化建设指明了全新的发展方向：到 2020 年，全国公共图书馆设施网络进一步完善，文献资源保障能力明显增强，县级图书馆总分馆制基本建立，公共图书馆服务标准化、均等化水平显著提高，信息网络等新技术应用更加普及，法人治理结构建设积极推进，人才队伍建设有效加强，政策法律保障更加有力，社会力量广泛参与，公众对公共图书馆服务的满意度持续提升。

重庆市政府对重庆公共图书馆事业发展高度重视，在“十三五”期间全面贯彻落实《公共文化服务保障法》和《公共图书馆法》，加快地方性法规制定。按照国家对公共文化服务体系建设的要求以及对公共图书馆事业发展的总体规划，结合重庆本土的资源和条件，重庆市先后出台了《重庆市公共图书馆管理办法》《加快构建现代公共文化服务体系实施意见和实施标准》《重庆市公共图书馆服务规范（修订版）》等，通过顶层设计，建章立制，进一步完善了公共图书馆的政策支撑体系。同时，重庆市也加大了对公共图书馆建设的财政投入力度，确保政策能够落地。

“十三五”时期是全面建成小康社会的决胜期，也是加快完善基本公共文化服务体系、推进基本公共文化服务均等化、补齐公共文化服务有效供给短板的关键期。“十三五”以来，重庆市公共图书馆界坚持贯彻创新、协调、绿色、开发、共享的发展理念，从完善阵地网络、优化免费开放、丰富服务内容、创新服务方式、强化服务保障等五个方面着手，全力推进重庆市公共图书馆服务体系建设，努力在稳中求进、进中争先，按照高质量发展要求，突出重点，奋发有为，稳步推进各项工作。

由重庆图书馆和重庆图书馆学会组织编写的《阅读重庆——重庆市公共图书馆事业“十三五”发展报告》，系统总结了重庆市公共图书馆事业在“十三五”时期的发展成就、发展特点以及发展中存在的不足，为重庆市公共图书馆事业在“十四五”时期的进一步发展提供了引领和借鉴。

全书分为概述、资源建设、阅读推广与读者服务、古籍和特色文献的保护与利用、法人治理改革与体系建设、事业发展与国际交流、地区创新服务实践案例等八章，各章内容虽有交叉，但可互相补充，总体上从不同角度、不同层面反映了重庆市公共图书馆在“十三五”期间的发展脉络和发展重点，使本书兼具资料价值和阅读价值。很钦佩本书的编写者有这样的远见卓识，能够发起并完成这样一件为重庆市公共图书馆留下历史记忆的“工程”。

重庆作为一个直辖市，同时又是我国西部的一个超大城市，公共图书馆事业的发展有很多机遇，也有很多困难，与其他三个直辖市相比，重庆市公共图书馆在财政拨款经费、藏书数量、建筑面积、图书馆从业人员数量等方面都存在很大差距，上升的空间也很大。作为重庆人，同时也是重庆图书馆的顾问之一，我一直十分关注家乡公共图书馆事业的发展，特别希望家乡的公共图书馆也能够和重庆的市政建设一样，成为全国乃至全球关注的焦点。所幸本书提供的资料和数据，让我看到了重庆市公共图书馆从业者的奋斗和拼搏。我相信，有“十三五”打下的坚实基础，“十四五”期间，重庆市公共图书馆事业一定会取得更大的发展！

北京大学教授 博士生导师

刘兹恒

2020 年 1 月

目 录

第一章

重庆市公共图书馆发展概述

党的十八大以来，以习近平同志为核心的党中央高度重视文化建设，对文化改革发展作出一系列重要论述，提出许多新思想、新观点、新要求。2019年，习近平总书记在给国家图书馆老专家的回信中强调，要充分发挥图书馆“滋养民族心灵、培育文化自信”的重要作用。2015年1月12日，中共中央办公厅、国务院办公厅印发《关于加快构建现代公共文化服务体系的意见》，对现代公共文化服务体系建设进行了顶层设计，对加快构建现代公共文化服务体系，推进基本公共文化服务标准化、均等化，保障人民群众基本文化权益作出全面部署。

2016年3月，《中华人民共和国国民经济和社会发展第十三个五年规划纲要》出台，明确提出牢固树立和贯彻落实创新、协调、绿色、开放、共享的发展理念。按照全面建成小康社会新的目标要求，将健全公共服务体系、稳步提高基本公共服务均等化水平纳入“十三五”

期间经济社会发展的主要目标之一，要求在“十三五”期间基本建成公共文化服务体系，使文化产业成为国民经济的支柱性产业，持续扩大中华文化的影响。

依据《中华人民共和国国民经济和社会发展第十三个五年规划纲要》对公共文化服务体系建设制定的目标和相关要求，2017 年 1 月 23 日，国务院印发并实施《“十三五”推进基本公共服务均等化规划》（以下简称《规划》），作为“十三五”乃至更长一段时期推进基本公共服务体系建设的综合性、基础性、指导性文件。《规划》提出：国家构建现代公共文化服务体系和全民健身公共服务体系，促进基本公共文化服务和全民健身基本公共服务标准化、均等化，更好地满足人民群众精神文化需求和体育健身需求，提高全民文化素质和身体素质。

公共图书馆作为现代公共文化服务体系的组成部分，在战略转型升级的变革时代，需要科学规划、落实好各项公共文化新政策。为加快构建现代公共文化服务体系，更好地保障人民群众基本文化权益，《中华人民共和国公共文化服务保障法》《国家“十三五”时期文化发展改革规划纲要》《文化部“十三五”时期文化发展改革规划》，以及文化部印发的《“十三五”时期全国公共图书馆事业发展规划》中，都对公共图书馆的体系化建设指明了全新的发展方向：到 2020 年，全国公共图书馆设施网络进一步完善，文献资源保障能力明显增强，县级图书馆总分馆制基本建立，公共图书馆服务标准化、均等化水平显著提高，信息网络等新技术应用更加普及，法人治理结构建设积极推进，人才队伍建设有效加强，政策法律保障更加有力，社会力量广泛参与，公众对公共图书馆服务的满意度持续提升。

重庆市政府对重庆市公共图书馆事业发展高度重视，“十三五”期间全面贯彻落实《中华人民共和国公共文化服务保障法》和《中华人民共和国公共图书馆法》，加快地方性法规制定。按照国家对公共文化服务体系建设的要求以及对公共图书馆事业发展的总体规划，结合重庆本土的资源和条件，重庆市先后出台了《重庆市公共图书馆管理办法》《重庆市公共图书馆服务规范（修订版）》等，通过顶层设计，建章立制，完善政策支撑体系。同时，重庆市加大对公共图书馆建设的财政投入力度，确保政策落地。截至 2020 年底，重庆市共有公共图书馆 43 个，其中省级馆 2 个、区县馆共 41 个（含独立编制的区县馆、少年儿童图书馆）。

“十三五”期间，重庆市公共图书馆坚持贯彻创新、协调、绿色、开放、共享的发展理念，从完善阵地网络、优化免费开放、丰富服务内容、创新服务方式、强化服务保障等五个方面着手，推进重庆市公共图书馆服务体系建设，积极促进公共文化服务标准化、均等化。

“十三五”期间，以公共图书馆为主干的图书馆阵地网络建设全面铺开。重庆市少年儿童图书馆新馆正式开工建设，重庆图书馆二期纳入市级重大前期项目，各区县投入5.97亿元，新、改、扩建公共图书馆18个。除了提档升级主要阵地外，重庆市公共图书馆还抓住总分馆建设契机，积极推进基层阵地建设，依托重庆图书馆的引领辐射作用，以区县公共图书馆为总馆、乡镇（街道）综合文化服务中心为分馆、村（社区）农家书屋为服务点，社会化主题分馆为补充，大力提高阅读阵地覆盖面。“十三五”期间，全市共建成 1231 个图书馆分馆、8239 个农村书屋服务点，为基层群众创造了阅读的必要条件。

在促进公共图书馆传统业务发展的基础上，全市公共图书馆通过理念创新、技术创新、服务创新等手段实现服务的转型升级。为满足互联网时代市民阅读需求的新变化，重庆图书馆统筹全市公共图书馆，开展公共数字文化服务网络建设。全市投入资金5000余万元建成43个数字图书馆，数字资源总量达2027.62TB，实现对全市各区县的全覆盖。由重庆市文化旅游委统筹、重庆图书馆牵头进行了数字资源社会化征集，以巴渝历史文化、抗战文化、非物质文化和民俗文化为主要内容的分级分布式公共数字文化资源库群建设初具规模。同时，重庆图书馆积极推动各类公共数字文化平台的互联互通，搭建了基层群众与公共文化服务平台之间的技术桥梁。

重庆市公共图书馆深入研究不同层次群众的需求，引入“互联网+”思维，借力科技融合，创新服务形式。此外，重庆市公共图书馆还积极打造智慧图书馆服务，重庆图书馆推出了“网上借书、重图到家”服务，实现了“线上点单、线下配送”的“O2O”图书借阅方式，已覆盖所有区县。同时全市加强“馆馆合作”，实现重庆图书馆与中心城区图书馆“一卡通”通借通还。

重庆市全民阅读工作蓬勃开展，推出具有广泛影响力的公共文化服务品牌，倾力打造各县特色的文化阅读空间，营造浓厚的书香阅读氛围。重庆图书馆牵头全市42家公共图书馆组织多种阅读推广活动，从2016年到2020年，共举办各种阅读推广活动32300场，打造了一批具有示范引领的阅读活动品牌，世界读书日、阅读之星、格林童话之夜等活动对广大市民产生了极大吸引力，全民阅读影响力不断提升。

一、强化顶层设计，健全政策支持，完善标准规范

“十三五”时期是全面建成小康社会的决胜阶段，是深入推进文化

强市建设的战略机遇期。为统筹推进重庆市文化事业与文化产业快速发展，根据《重庆市国民经济和社会发展第十三个五年规划纲要》和国家部委相关规划，2016年11月28日，重庆市人民政府办公厅印发的《重庆市文化发展“十三五”规划》（以下简称《规划》）提出：深入推进与城乡统筹的国家中心城市相适应的文化强市建设，到2020年基本建成公共文化、文化产业、创作生产、现代传播、文化传承和文化保障“六个体系”，构建起文化大发展、大繁荣的整体格局和良好生态，显著提升文化软实力，使文化发展的诸多方面走在西部前列。《规划》确定，“十三五”期间，重庆市文化发展的核心是创新，尤其是文化理念、内容、制度、业态协同创新。强调深化文化供给侧结构性改革，丰富公共文化有效供给。重庆文化发展的重心要放在构建现代公共文化服务体系上，以保障人民群众的基本文化权益，使全体人民在文化共建共享中有更多获得感、幸福感。

作为重庆文化事业发展的重要组成部分，重庆市公共图书馆事业根据《规划》，强化顶层设计，在“十三五”期间设计了一系列发展规划，制定并完善了相关规章制度，为公共文化服务提供保障标准和实施路径。

（一）制定发展规划，强化战略管理

战略规划是图书馆适应新环境、拓展服务能力的重要工具，是图书馆业务全面可持续发展的基本要求，同时也是新时期图书馆提升竞争力的有效保证。

文化部印发的《“十三五”时期全国公共图书馆事业发展规划》密切结合图书馆事业发展的公共文化环境，提出了“十三五”时期全国公共图书馆事业发展的主要指标，详细列出了8大任务、19个项目。其中，

8 大任务分别是：①完善公共图书馆设施服务网络；②加强文献信息资源保障能力建设；③提高服务效能，推进公共图书馆服务均等化建设；④加强新技术应用，提升数字化服务能力；⑤充分利用馆藏资源，传承和弘扬中华优秀传统文化；⑥加强政策理论研究，完善相关法律法规和行业标准；⑦创新管理体制机制，促进社会化发展；⑧加强国际交流与合作，进一步提升国际影响力。

以《“十三五”时期全国公共图书馆事业发展规划》的任务指标为参考，根据《重庆市国民经济和社会发展第十三个五年发展规划》和《重庆市“十三五”文化发展规划》，2016 年 7 月，重庆图书馆发挥在全市公共图书馆的引领和带动作用，率先出台《重庆图书馆“十三五”发展规划纲要》（以下简称《纲要》）。《纲要》确定了“十三五”期间重庆图书馆的发展愿景：“以一流的馆舍、一流的设施、一流的管理、一流的服务、一流的读者”，造就“西部领先、全国一流”的现代化省级中心图书馆。《纲要》突出了对图书馆服务效能和业务标准化的重视，把提升公共文化服务质量放在首位；强调了图书馆的文化功能、教育功能，努力实现读者需求与服务供给的精准对接与匹配，满足读者需求。《纲要》一方面符合全国公共图书馆事业发展规划要义和重庆市的发展规划，另一方面密切关注自身的定位、愿景、业务活动，综合考虑本馆人力、物力、财力等实际资源水平，有针对性地制定了重点任务和具体任务，以此作为“十三五”期间图书馆及其所有员工的行动纲领。

除了制定整体发展规划外，重庆市还制定了专项发展规划。如 2017 年发布的《重庆市“十三五”时期全民阅读规划纲要》，明确了 5 年间重庆市全民阅读工作的目标体系，为全市全民阅读工作的可持续发展提供了理论依据、政策引导和科学指向。

通过系统规划，重庆市公共图书馆强化了服务体系建设，服务效能也在“十三五”期间得到了大幅提升。

（二）加快地方法规制定，深入推进公共文化机构法人治理结构改革

21世纪之前，我国公共图书馆事业以政策管理为主。2016年12月25日，《中华人民共和国公共文化服务保障法》获得表决通过，并于2017年3月开始实施。这一法案的实施弥补了我国文化领域立法的空白。2017年11月4日，第十二届全国人民代表大会常务委员会第三十次会议通过了《中华人民共和国公共图书馆法》，从此我国公共图书馆事业进入法制化管理新时期。一方面图书馆的资源建设、读者服务等各项业务工作和行政管理有了法律依据，同时也为与法律相配套的各种规章制度的出台创造了条件；另一方面地方政府可以以《中华人民共和国公共图书馆法》为基准，大力推进地方立法，形成全国立法和地方立法相统一的完整体系。

重庆市贯彻落实《中华人民共和国公共图书馆法》，结合重庆市公共图书馆事业发展现状，在2017年出台了《重庆市公共图书馆管理办法》。为了贯彻实施《中华人民共和国公共文化服务保障法》，加强重庆公共文化服务体系建设，保障人民群众基本文化权益，丰富人民群众精神文化生活，根据有关法律、行政法规，结合本土实际，《重庆市实施〈中华人民共和国公共文化服务保障法〉办法》（以下简称《办法》）于2020年8月1日起施行。该《办法》从制度层面强化了对重庆公共文化设施的建设和管理，丰富了公共文化资源供给。《办法》明确规定，每年四月为重庆市全民阅读月。

法人治理是图书馆事业管理的必由之路。2017 年 9 月，中宣部、文化部等七部门联合印发《关于深入推进公共文化机构法人治理结构改革的实施方案》，对各地公共图书馆建立理事会制度起到十分重要的指导和推动作用。这一具有顶层设计性质的公共文化机构法人治理结构改革实施蓝图和行动指南的出台，标志着我国公共文化机构体制机制改革迈出新步伐。

重庆市积极推动公共图书馆的体制机制改革，在“十三五”期间稳步开展了公共文化机构法人治理结构改革。重庆图书馆作为全国首批 10 家试点单位之一，对标《关于深入推进公共文化机构法人治理结构改革的实施方案》，进一步完善理事会工作机制，整合社会各界力量，参与图书馆的管理和业务发展，最终以全国第三的成绩通过了文化和旅游部验收（见图 1-1）。“十三五”期间，重庆市 37 家区县公共图书

图 1-1　重庆图书馆第二届理事会成立大会暨第一次工作会议召开

馆陆续开展了法人治理结构改革，激发了图书馆事业发展活力，提高了运行效率。

（三）完善各项规章制度，推进服务管理标准化

2015 年 1 月 14 日，中共中央办公厅、国务院办公厅印发的《关于加快构建现代公共文化服务体系的意见》（以下简称《意见》）中明确了国家基本公共文化服务的内容、种类、数量和水平，以及应具备的公共文化服务基本条件和各级政府的保障责任。《意见》确立了国家基本公共文化服务指导标准，要求各地要根据国家指导标准，制定与当地经济社会发展水平相适应、具有地域特色的地方实施标准，逐步形成既有基本共性又有特色个性、上下衔接的标准指标体系。与《意见》一同印发的《国家基本公共文化服务指导标准（2015—2020 年）》，对各级政府应向人民群众提供的基本公共文化服务项目和硬件设施条件、人员配备等作出了明确规定。

根据中共中央办公厅、国务院办公厅印发的《关于加快构建现代公共文化服务体系的意见》，重庆市根据地方实际，出台了《重庆市基本公共文化服务实施标准》《推进基层综合性文化服务中心建设实施方案》等文件，明确了全市现代公共文化服务体系建设的总体目标、重点任务、服务标准和保障要求，为构建重庆现代公共文化服务体系提供了政策保障。

2017 年 1 月 25 日，文化部办公厅印发了《关于开展第六次县级以上公共图书馆评估定级工作的通知》，制定了第六次全国县级以上公共图书馆评估标准细则及评估打分细则，并于当年开展了第六次全国县级以上公共图书馆评估定级工作。

2019年9月4日，中华人民共和国文化和旅游部发布并实施了文化行业标准《公共图书馆业务规范 第1部分：省级图书馆》（WH/T 87.1-2019）、《公共图书馆业务规范 第2部分：市级公共图书馆》（WH/T 87.2-2019）、《公共图书馆业务规范 第3部分：县级公共图书馆》（WH/T 87.3-2019），该标准成为各级公共图书馆业务工作的基本规范，也是促进我国公共图书馆事业标准化、规范化发展的重要内容，通过标准的制定，对公共图书馆开展业务工作的内容和质量要求进行了规范。

在国家标准和本地规范的基础上，以公共图书馆评估为契机，作为提供公共文化服务的重要行业，重庆市公共图书馆行业标准化工作在“十三五”期间也进入到一个全新的发展阶段。

2017年9月4日，重庆市人民政府办公厅印发《重庆市公共图书馆管理办法》，就重庆市公共图书馆的规划与建设、文献信息资源管理、运行与服务、人员管理等方面作出具体规定，对重庆市公共图书馆事业发展具有重要意义。

2017年11月1日，重庆市文化委员会印发《重庆市公共图书馆服务规范（试行）》（2019年7月16日出台《重庆市公共图书馆服务规范（修订版）》），从服务设施与环境、服务对象与开放时间、服务内容与方式、服务管理与监督等方面进行部署。除此之外，重庆市还先后出台了“三馆一站”免费开放工作实施方案，以读者为中心，不断提升免费开放的规范性、覆盖面和满意度。同时，重庆市委、市政府还将公共图书馆的免费开放纳入对区县公共文化服务效率考核中，设置考核标准，以此提高公共图书馆的服务质量。

为了实现资源共享，2014年9月15日，重庆市印发《重庆市主城区公共图书馆通借通还服务标准》，对通借通还读者证类型、办证条件、使用范围、滞纳金、违规情况等进行了解释说明，为各分馆的通借通还编目、文献流通、系统集成等业务提供统一的技术规范和标准化的处理流程。2014 年 11 月 3 日，重庆市文化委员会印发《重庆市主城区公共图书馆通借通还管理办法》，以进一步加强主城区公共图书馆通借通还工作，提高图书借阅服务水平，统一各分馆通借通还服务口径。2019 年 7 月 16 日，重庆市文化旅游委结合重庆市公共图书馆事业的新发展，对这一《管理办法》进行了重新修订。在此期间，重庆市出台了《重庆市公共图书馆文献信息资源一体化应用系统建设方案》，力求从政策上进行引导，最大可能地实现资源共享，构建一个以省级馆为中心，各区、县图书馆为分中心，镇（街道）、村（社区）图书馆为节点的文献资源服务保障系统。

在古籍保护方面，2016 年 1 月 19 日，重庆市文化委员会第 1 次主任办公会审议通过《重庆市古籍保护专项经费使用管理办法》。2019 年 7 月 16 日，重庆市文化和旅游发展委员会进行了重新修订。

通过一系列的标准和规范的制定，重庆市公共图书馆行业管理向科学化、标准化、信息化方向加速调整，公共图书馆体系化、规范化建设愈发完善。

二、促进业务发展，完善服务体系，缩小服务差异

《“十三五”时期全国公共图书馆事业发展规划》强调，要着重解决公共图书馆事业发展不平衡的问题，推进图书馆服务转型升级，加快建立覆盖全社会的图书馆服务网络体系，扩大服务群体，保障全体公民

平等享用公共文化资源，以满足民众日益增长的多层次、多方面、多样化的精神文化需求。

重庆市各级公共图书馆在立足自身定位、结合工作实际的前提下，大力推进服务创新与新型业务探索，进一步完善服务体系，缩小服务差距。重庆市公共图书馆加大阅藏资源的数字化及开发利用水平，积极有为地投入共享工程建设，完善总分馆服务体系，从资源供给的层面、体系构建过程的层面以及具体提供服务的层面积极推进，通过资源数字化、服务泛在化、传播网络化等手段，努力改善不同地区之间、不同类型之间、城乡之间的不均等，实现重庆市公共图书馆文化服务的普惠化、基层化和社区化。

（一）积极推进公共数字文化工程，提高数字化服务能力

"十二五"时期，我国大力推动公共数字文化工程建设，统筹实施了全国文化信息资源共享工程、数字图书馆推广工程、公共电子阅览室建设计划等重点公共数字文化工程。"十三五"期间是基本建成现代公共文化服务体系的冲刺阶段，是落实"互联网 +"行动计划、大数据战略和推动公共数字文化发展的重要战略机遇期。在"十三五"期间，重庆市公共图书馆大力推进公共文化数字工程建设，在平台建设、资源建设、服务推广工作中，取得了长足进步，对保障全市群众基本文化权益发挥了积极作用。

1. 打造遍布全市的公共数字文化服务网络，实现三个"全覆盖"

2017 年，《文化部"十三五"时期公共数字文化建设规划》出台，提出到 2020 年，基本建成与现代公共文化服务体系相适应的开放兼容、内容丰富、传输快捷、运行高效的公共数字文化服务体系。重庆市公共

图书馆在“十三五”期间实现了文化共享工程对市、区（县）、乡镇（街道）、村（社区）四级服务网络“全覆盖”，数字图书馆推广工程对全市 43 个区（县）公共图书馆服务平台“全覆盖”，公共电子阅览室对基层站点设备服务提档升级“全覆盖”。三大工程各有侧重，互为补充，互相衔接，共同构成了遍布全市、覆盖各级的公共数字文化服务网络。

2. 建设初具规模的公共数字文化资源库群，形成两类工作机制

数字文化资源建设是近年文化共享工程建设工作的核心，也是全国公共数字文化建设的基础性、战略性工作，更是公共文化服务体系建设的重要内容，对于提升公共文化资源的数量和质量，满足广大人民群众日益增长的精神文化需求具有十分重要的意义。

为了从源头保证数字资源建设的经费问题，从过程上保证数字资源的建设质量，重庆市设立了由重庆市文化旅游委统筹、重庆图书馆（文化共享工程重庆市分中心）具体经办、全市公共文化单位参与的专项经费申报工作机制和数字资源社会化征集、专家评审机制。

“十三五”期间，重庆市共成功申报公共数字文化工程专项经费

图 1-2 文化信息资源共享工程：重庆市地方特色资源数据库——巴盐古道

8187万元，文化共享工程地方特色资源分12个批次，成功申报项目39个，过往资源总量近10TB，形成了以巴渝历史文化、抗战文化、非物质文化和民俗文化为主要内容的特色数字资源库。全市分级分布式数字资源库群初具规模，数字资源保障水平明显提升，并辐射各级基层站点，为市民提供免费服务。（见图1-2）

3. 推动平台互联互通，打造各类公共数字文化融合式平台

重庆图书馆在市文化旅游委统筹下，通过专项申报，争取国家级技术项目，完成了“公共电子阅览室建设计划”“数字图书馆硬件平台建设”“国家公共文化数字支撑平台”“中国文化网络电视·重庆试点”等多个大型技术项目。通过公共电子阅览室建设计划，逐步实现已建成基层站点的提档升级。通过中国文化网络电视、国家公共文化云平台建设，打通技术传输渠道，推动了公共数字文化资源以“立体化”的技术手段在全市600万户市民家庭“入户”。

图1-3　国家公共文化“云重庆”专区

在此基础上，重庆市文化旅游委统筹安排，以“一盘棋”意识和“一张网”格局夯实公共数字文化平台建设。在前序平台建设的基础上，重庆图书馆携手重庆有线、重庆市群众艺术馆，依托国家大数据实验室项目，培植出以“巴渝文旅云”为主，“重庆群众文化云”“重庆科普云”为辅的公共文化云服务平台（见图1-3），向上对接国家公共文化云，向下覆盖基层，

进村入户，建设上线贯通、横向融合的数字文化服务平台，搭建基层群众与公共文化服务平台之间的技术桥梁。

4. 创新公共数字文化服务模式，打造“1+N”品牌效应

重庆市在公共数字文化服务活动开展过程中，注重服务品牌的打造，通过持续开展有影响力的品牌化、系列化活动，形成“1+N”品牌效应，带动全市公共文化单位参与其中，提升工程影响力。

目前重庆市公共图书馆已经形成了以农民工为服务对象的“重庆市文化共享工程农民工服务联盟”、以乡村留守儿童为服务对象的“蒲公英梦想书屋”、以重庆市工商联所属民营企业为服务对象的“公共数字文化服务进民企”、以老龄群体为服务对象的“常青e路 幸福夕阳”老年人数字阅读培训等一大批服务品牌，各大品牌之间既各具特色，又有内容交集，互为支撑。其中，“文化共享工程农民工服务联盟”因服

图 1-4 重庆图书馆荣获“全国农民工工作先进集体”

务效能明显、区域影响大，先后获得文化部第十六届“群星奖”项目奖、国务院农民工工作领导小组“全国农民工工作先进集体”等荣誉（见图 1-4）。这些品牌有效促进了数字文化工程功能的发挥，取得了良好的惠民效果。

（二）推进总分馆建设，构建公共图书馆延伸服务体系

我国城乡一体化的快速推进刺激了公共文化均等化服务需求的增长，而公共文化服务体系建设的关键任务就是公共图书馆均等化。《“十三五”时期全国公共图书馆事业发展规划》的指导思想中明确指出：“以完善设施网络为基础，以丰富服务内容、强化资源整合、提高服务效能为重点，以完善体制机制为保障，努力构建覆盖城乡、服务高效、惠及全民的公共图书馆服务网络。”

2016 年 12 月 29 日，文化部、新闻出版广电总局、体育总局、国家发展改革委、财政部联合印发《关于推进县级文化馆图书馆总分馆制建设的指导意见》，提出到 2020 年，全国具备条件的地区因地制宜建立起上下联通、服务优质、有效覆盖的县级文化馆、图书馆总分馆制。

2017 年，重庆市文化旅游委、市体育局、市发展改革委、市财政局联合下发了《关于推进区县文化馆图书馆总分馆制建设的实施意见》（以下简称《实施意见》），明确了区县文化馆图书馆总分馆制建设的范围、时间、内涵、模式等基本要求。在范围上，总馆由县一级拓展到区一级，做到区县全覆盖；分馆在以乡镇（街道）基层综合文化服务中心为主的基础上，拓展到有条件的村（社区）、学校、科研机构、企业等的图书馆（室）、职工书屋、文化室以及民营书店、文化机构等。

自《实施意见》颁布后，重庆市公共图书馆积极推进图书馆总分馆

制服务体系的构建。以总馆为中心，实现对各分馆进行人财物的调配。总馆与分馆通力合作，实现标准统一、服务共享的多元化服务模式。

总馆对分馆的图书进行统一采购、统一编目、统一配送、通借通还和统一培训，并从每年的免费开放经费的项目资金中抽出一部分为分馆配备电脑、系统软件、电子图书机等设备，对分馆管理人员进行定期辅导和培训，对分馆开展业务活动进行统一指导。分馆设置以人口分布为依据，以条件成熟的街道、社区图书室或社会单位为依托，以城市街区24 小时自助图书馆为延伸服务手段（见图 1-5、图 1-6），从而构建起管理、流通、服务一体化的三级图书馆资源共享体系，使总分馆建设能够覆盖到文化中心、街道、社区、企业、部队、学校、养老院、电影院等场所，完善“10 分钟文化圈”公共文化服务网络。对于部分发展阻力较大的地区，则根据实际情况，在条件相对优越的乡镇（街道）进

图 1-5 巴南区图书馆西流沱 24 小时城市书房

图 1-6　武隆区图书馆仙女山景区 24 小时城市书房

行试点工作，再推进图书馆总分馆的整体建设工作。对于剩下的乡镇（街道）进行查漏补缺，由区县文化旅游委协调推进建设工作。

“十三五”期间，通过对区县公共图书馆规范化管理和改造升级，重庆基层公共文化服务内容供给增加、队伍素质提升、服务水平提高，群众精神文化生活更加丰富，文化获得感不断增强。

截至目前，全市图书馆总馆分馆已实现全覆盖，各区县分馆建设达到 100%，分馆数量共计 1231 个，其中镇（街）分馆 993 个、其他社会分馆 238 个，24 小时自助图书馆 89 个。重庆各级公共图书馆践行惠民、免费、平等、便利、无障碍的服务理念，协同开展资源协作建设、全民阅读推广、讲座、展览及其他读者活动，把总分馆建设服务做实并延伸到每一个角落，充分发挥了文化惠民主阵地的功能。越来越多的普通市民有了更多元、更便捷的渠道去享受文化，总分馆制的推行进一步提升了重庆这座城市的文化内涵与生活品质。

（三）扩大馆际合作，实现资源共享与联合服务

1. 进一步推进联合编目工作，实现书目数据资源的共建共享

随着《中华人民共和国公共图书馆法》于2018年1月1日起正式实施，“联合目录”工作写入了《中华人民共和国公共图书馆法》法条。

2009年，重庆图书馆牵头沙坪坝区图书馆、九龙坡区图书馆、南岸区图书馆、渝中区图书馆、北碚图书馆、长寿区图书馆、巴南区图书馆等公共图书馆创建了重庆市图书馆文献联合编目中心。旨在打破空间壁垒，实现资源共享一体化。经过多年的科学管理和工作实践，在“十三五”期间，重庆市图书馆文献联合编目中心下属成员馆增加到了41家，囊括了重庆市下辖各区县公共图书馆。

重庆市公共图书馆联合编目模式打破了图书馆之间的条块分割，充分利用了中心馆的高端设备、技术力量、编目队伍和管理经验，降低了成员馆的编目成本，提高了编目工作质量，避免了书目数据资源的重复建设，实现了书目数据资源的共建共享。在中心馆的帮助与指导下，九龙坡区图书馆完善了文献著录细则，加强了编目队伍建设，细化了文献前后期加工工作，解决了图书管理系统里的文献剔旧问题。重庆市图书馆文献联合编目中心还在垫江县图书馆开展了专项培训，提升了县图书馆、农家书屋图书管理员整体业务水平。在中心的协助下，地处偏远地区的秀山土家族自治县图书馆完成了中文图书编目规则及加工标准的制定，规范了编目工作。目前重庆市图书馆文献联合编目中心可提供包括普通中文图书、地方文献、台港澳文献、盲文文献等多种资源的数据下载，促进了重庆市公共图书馆事业的发展。

2. 建立讲座展览联盟，实现优势互补

2015年初，中共中央办公厅、国务院办公厅印发了《关于加快构

建现代公共文化服务体系的意见》，其中，在“加强公共文化产品和服务供给”部分中明确提出要加大对跨部门、跨行业、跨地域公共文化资源的整合力度。以行业联盟等形式，开展馆际合作，推进公共文化巡展、巡讲、巡演等服务，实现区域文化共建共享。

公共图书馆作为公共文化服务体系的重要组成部分，一直为推广全民阅读进行着积极探索与实践，成立联盟或者其他形式的联合体成为越来越多地区增强阅读推广辐射能力、促进资源共建共享的有效途径。2013年，重庆图书馆联合重庆市区县公共图书馆共同成立了重庆市公共图书馆讲座展览联盟，一起开展资源共建共享工作，取长补短，提高图书馆讲座展览整体水平。“十三五”期间，重庆市公共图书馆讲座展览联盟实现了全市区县公共图书馆全覆盖，形成了主城巡展巡讲走进区县、区县策划的巡展巡讲反哺主城的良好局面，实现了真正意义上的资源共享、优势互补。以巡讲为例，位于主城的大渡口区图书馆策划的讲题《颈椎病的防与治》不仅在主城的九龙坡区、渝中区、渝北区等地的公共图书馆进行巡讲，还走进了丰都县图书馆、大足区图书馆等市郊及偏远地区图书馆，让更多市民受益。而地处偏远地区的黔江区图书馆策划的讲题《打开绘本之窗》不仅在位置偏远的彭水苗族土家族自治县图书馆进行巡讲，同时反哺主城，让渝北区图书馆的读者也受益匪浅。

“十三五”期间，重庆市公共图书馆共计策划75个主题展，开展全市巡展455场，惠及群众约37万人次。重庆市公共图书馆讲座展览联盟联合全市公共图书馆共同举办了《重庆市公共图书馆改革开放成就展》，并同步开通了线上展览。截至2020年，联盟共提供了397个巡讲主题，举办各类讲座共315场，惠及群众3.73万人次。

（四）强化特色馆藏资源建设，扩大服务范围和影响力

党的十八大以来，习近平总书记大力传承中华优秀传统文化，将中华优秀传统文化提升为“中华民族的基因”“民族文化血脉”和“中华民族的精神命脉”，有利于增强民族自信心、民族自豪感和民族凝聚力，赋予了中华优秀传统文化以新的时代内涵。在十九大报告中，习近平提出：“要坚定文化自信，推动社会主义文化繁荣兴盛”，强调“要推动文化事业和文化产业发展，加强文物保护利用和文化遗产保护传承”。

“十三五”期间，随着我国政治、经济、文化事业的持续快速发展，公共图书馆特色馆藏工作实践创新越来越受到关注和重视，尤其是《中华人民共和国公共文化服务保障法》《中华人民共和国公共图书馆法》的先后颁布实施，将“传承中华优秀传统文化”开宗明义写入总则，使公共图书馆的特色馆藏工作迎来了良好的发展机遇。

对于各级公共图书馆来说，特色馆藏作为地区性文献精品资源，是经过长期文献积累，经过大量研究和提炼形成的，因其珍贵性、独特性和历史性等特点，成为最能体现公共图书馆特色的重要资源。依托本地文化传统，建设符合自身发展方向的特色馆藏资源并提供特色服务，传承彰显重庆特色文化，已成为重庆各级公共图书馆的共识。

重庆市政府从政策和资金上对公共图书馆特色馆藏的建设给予了大力支持，在“十三五”期间，重庆市公共图书馆在古籍的保护与宣传、民国文献的整理与利用及地方文献资源建设中取得了不错的成绩。

1. 古籍资源的保护与宣传

古籍作为承载我国绵延五千年未曾中断的独特文化体系的物质载体，是中华文明的结晶，蕴含着丰富的思想文化内涵和中华民族的高尚道德情操，凝聚了历代传承者的心血。做好古籍的保护利用工作，对于

保护和弘扬中华传统文化有着重要意义。

早在2007年，重庆市政府就印发了《重庆市古籍保护工作方案的通知》，从政策上、资金上对重庆市的古籍保护工作给予了大力支持。2007年12月，重庆市古籍保护中心正式成立并在重庆图书馆挂牌。2008年2月，重庆图书馆成为国务院颁发的首批“全国古籍重点保护单位”。除此以外，重庆市有10个区县级图书馆也成立了“古籍保护中心”，其中北碚图书馆、涪陵区少年儿童图书馆、江津区图书馆、万州区图书馆还成为“重庆市古籍重点保护单位”，以加强对重庆古籍文献的保护。

通过地方政策的出台、组织机构的设立和专业人才的协同配合，“十三五”期间，重庆市古籍保护工作取得了突出的成绩：

（1）重庆图书馆在2015年成立的“国家级古籍修复技艺传习中心重庆传习所”的基础上，成功取得了重庆市可移动文物修复资质，成为重庆地区古籍善本、碑帖拓片、档案文书类文物修复及技术保护的中心。

（2）“十三五”期间，重庆市共有10部珍贵古籍入选《第五批国家珍贵古籍名录》，其中重庆图书馆9部，西南大学图书馆1部；10部珍贵古籍入选《第六批国家珍贵古籍名录》，其中重庆图书馆5部，西南大学图书馆3部，北碚图书馆2部。至“十三五”末期，重庆市入选第一至六批《国家珍贵古籍名录》的珍贵古籍达到274部，其中重庆图书馆就有222部，在全国省级图书馆中位居前列。

（3）《重庆图书馆古籍普查登记目录》系列图书由国家图书馆出版社正式出版，是继《重庆市北碚图书馆等八家收藏单位古籍普查登记目录》《西南大学图书馆古籍普查登记目录》之后的又一力作。这是对全市已知古籍典藏单位进行全面普查登记的收官之作，标志着重庆市第一阶段古籍普查工作圆满结束。如今，重庆市 43 家古籍收藏单位的《古籍普查登记目录》全部出版完毕，共计收录重庆市公藏古籍 4.5 万余部，63.5 万余册。重庆图书馆历时三年，完成了《重庆图书馆古籍普查登记目录碑帖卷》书稿，并提交到国家图书馆出版社，目前已经进入审稿、排版程序，成为全国第一家出版馆藏碑帖普查目录的公共图书馆。

为了最大程度发挥古籍资源的价值，重庆市公共图书馆举办《重庆传习所揭牌拜师仪式暨赵嘉福老师及重庆图书馆弟子古籍修复成果展》《物华天宝、书韵流芳——重庆图书馆建馆 70 周年特藏文献暨保护成果展》《刘伯承及其捐赠图书展》《中华传统晒书活动之“巴渝茶蕴”——古籍里的重庆茶文化展》《册府千华——重庆市藏国家珍贵古籍特展》等大型原创展览；开展雕版印刷、碑帖拓片制作市民体验活动；拍摄“馆长晒国宝”古籍保护宣传视频等，以多种方法、多角度、多维度地宣传推广中华典籍文化，扩大了中国传统文化在国民及海外人士心中的影响力。

2. 民国文献的整理与利用

重庆作为抗日战争时期的陪都，留存了大量的图书、期刊、报纸以及手稿和档案等丰富而珍贵的抗战大后方历史文献。重庆图书馆目前是国内馆藏抗战文献范围最广、数量最多、类型最全的图书馆。

历经七十余年的建设，重庆图书馆现收藏有 30 余万册民国文献，其中馆藏抗战文献 3 万余种，7.6 万册。抗战文献中，图书有 27710 种，60041 册；期刊 3623 种，12152 册；报纸 186 种，4456 册，内容涉及各个领域。在此基础上，“重庆中国抗战大后方历史文献中心”于 2013 年在重庆图书馆成立。该中心是以重庆图书馆的前身——国立罗斯福图书馆遗址为载体，以重庆图书馆为核心，联合重庆市各区县公共图书馆、高校图书馆、中小学图书室、博物馆以及科研院所、企事业图书资料室等单位建立的，包含重庆全市各界有关抗战的所有资源，目前已形成纸质文献、缩微文献、图书期刊数据库、中国抗战大后方 3D 数字图书馆等为一体的全方位抗战文献中心。

经过近年的文献收集与整理，重庆图书馆逐步形成了多学科、多载体、多形式的馆藏民国文献体系，为民国文献的研究和二次文献的开发提供了有力的保障。“十三五”期间，重庆图书馆完成了民国平装书的普查登记工作，并启动了民国线装书、民国时期报纸和期刊的编目整理及二次文献开发，先后出版了《中国抗战大后方历史文献联合目录》（见图 1-7）、《巴渝文献总目》（见图 1-8）、《清代巴蜀籍考生殿试卷选粹》《重庆图书馆藏戏曲唱本普查目录及要目叙录》《重庆图书馆藏民国时期未刊书丛编》《重庆图书馆藏抗战时期大后方调查统计资料》《重庆图书馆藏稀见方志丛刊》（见图 1-9）、《重庆图书馆藏刘赞廷藏稿》《重庆图书馆馆藏珍贵抗战图片集》《抗战大后方歌谣汇编》等一系列文献，为更好地保护馆藏珍贵资料起到了重要作用。

图 1-7　《中国抗战大后方历史文献联合目录》

图 1-8 《巴渝文献总目》

图 1-9 《重庆图书馆藏稀见方志丛刊》

为了加大对民国珍贵文献的保护，同时也为了方便包括海内外研究民国抗战的专家学者在内的读者使用和查阅，重庆图书馆从 2004 年起开始实施“民国文献全文数字化工程”，在全国率先开始对民国文献进行全文数字化扫描加工。经过多年努力，目前已完成近 20 万册民国文献的扫描和数字化加工工作，总容量达 6.55TB。

重庆图书馆现有民国时期（包括抗战时期）的自拍期刊缩微胶片 300 种、300 卷，报纸 100 余种，外购报纸缩微胶片 1000 余种、10000 多卷，基本形成了全面、系统的抗战文献缩微制品。自 2016 年 8 月起，重庆图书馆在对馆藏缩微文献进行整理的基础上，启动并持续开展民国报纸缩微的数字化工作。截至 2020 年 12 月底，已完成 655 种民国报纸，240 余万拍的缩微胶卷数字化工作，建设完成《重庆图书馆民国报纸数据库》，向读者提供馆内在线查阅服务。

基于对民国文献的收集、整理，重庆图书馆采用“走出去、请进来”的方式，让世界通过民国文献资源了解中国，实现民国文献资源价值最大化。作为重庆市对外开放的平台与窗口，重庆图书馆与俄罗斯叶利钦总统图书馆签订合作谅解备忘录，双方在资源建设、展览宣传、学术研讨等领域展开了强有力的合作。两馆先后共同举办了“从战争到和平——纪念二战胜利 70 周年”图片文献展、“共同记忆：中苏抗战岁月图片展”（该展览参展的 238 张图片中，有 40 多张是源自俄罗斯叶利钦总统图书馆珍藏，均是首次在国内展出）。2018 年，重庆图书馆与牛津大学中国中心共同举办《共度时艰：伦敦·重庆大轰炸展览》（见图 1-10），以珍贵影像为载体，图文并茂地复原了二战时期重庆大轰炸及伦敦大轰炸的基本史实。此次展览是牛津大学中国中心首次与我国相关机构共同举办专题展览，同时也是重庆图书馆在抗战文献国际交流合作领域的又

图 1-10　重庆图书馆与牛津大学中国中心共同举办《共度时艰：伦敦·重庆大轰炸展览》

一重大成果。

3. 地方文献的收集与开发

地方文献是反映地方文化的符号与记忆，是研究地域发展的原始资料，体现了地域文化发展的特色，具有丰富的地方文化内涵。重庆市公共图书馆非常重视和加强对地方文献的收集、整理、保护与利用，形成了独具特色的地方文献资源体系。

以重庆图书馆为例，该馆将重庆地方文献作为重要的特色馆藏加以建设，开设“馆中馆”，通过加强地方文献宣传、拓展获取渠道、增加人力物力、划拨专门经费等措施，全面提升地方文献入藏数量和质量。重庆地方文献馆入藏了中华人民共和国成立以来，反映重庆地区政治、经济、文化等方面的公开出版物和内部资料 4 万余种、8 万余册 / 件。其中图书 40000 余册，期刊 1815 种、24396 册，报纸 196 种、14000 余册，视听资料 600 余件，照片、节目单、地图等其他文献 500 余件。

重庆图书馆除了注重对重庆地方纸质文献资源的收集与整理以外，更着力构建独具地方文化特色的数字资源体系，一方面以文献数字化方式深度挖掘馆藏特色文献资源，另一方面通过地方历史文化资源的收集、整理、开发和利用，持续不断地推动公共数字文化工程地方资源库群的建设。重庆图书馆自2006年起开展公共数字文化工程地方专题资源建设（见图1-11）。作为公共数字文化工程的省级实施单位，重庆图书馆充分调动重庆市级、区县级文化单位及其他社会文化机构的积极性，围绕地方文化资源的挖掘与文化品牌的塑造，坚持“古为今用，以古鉴今”的原则，努力推进传统文化的创造性转化、创新性发展。从图片、文字、影音等角度，以电视专题片为主、多媒体资源库为辅，深度展示包括巴渝文化、革命文化、三峡文化、移民文化、抗战文化、统战文化等多种地域文化形态，逐步形成了“巴渝文化记忆系列”地方资源库群，资源容量达到8.09TB。

除了重庆图书馆，重庆市其他区县公共图书馆也大力加强本地特色地方文献资源建设力度，如巴南区图书馆创建了“巴渝文化文献馆”和

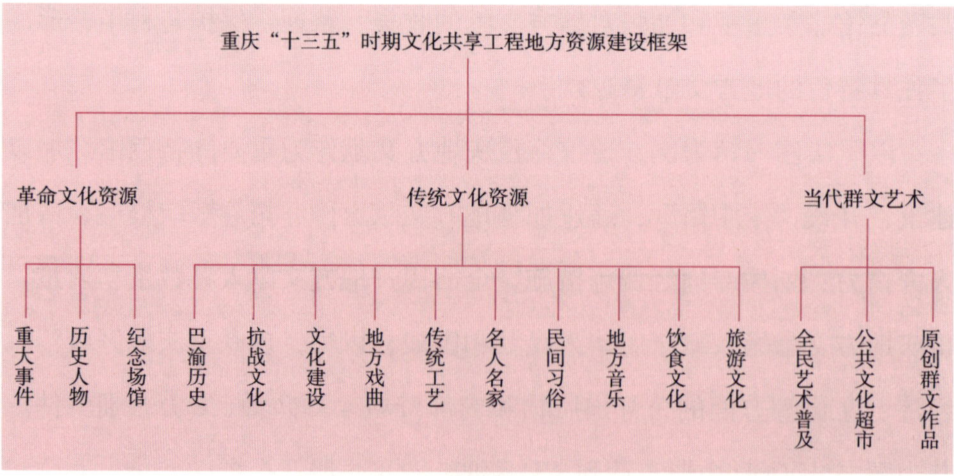

图1-11　重庆“十三五”时期文化共享工程地方资源建设框架

"巴渝文化研究中心"；渝北区图书馆创建了"重庆名人文献馆"和"状元书房"；渝中区图书馆将"母城文化文献建设"纳入该馆地方文献工作的重点。九龙坡区、大渡口区、长寿区、合川区、铜梁区、荣昌区、双桥经开区、江津区、酉阳土家族苗族自治县、巫山县等公共图书馆也都开展了地方数字资源库的建设。

重庆市公共图书馆对地方文献资源的重视与建设，极大地促进了重庆地方资源利用价值最大化。

地方资源宣传二维码　　公共文化服务二维码

（五）重视行业人才培养，铸造人才活力群体

高素质人才队伍的培养对于公共图书馆的发展至关重要，《"十三五"时期全国公共图书馆事业发展规划》中对于公共图书馆的人才引进、培养进行了特别说明，强调要通过分级分类培训，培养一支具有现代意识、创新意识和专业水准的公共图书馆从业人员队伍。

"十三五"期间，重庆市公共图书馆结合自身行业发展的需要，组织开展了形式多样的专门人才培训，提升了从业人员的专业素养。

在古籍保护与修复方面，2015 年，国家级古籍修复技艺传习中心重庆传习所在重庆图书馆成立。传习所邀请古籍修复技艺传承人言传身教，组织了多次古籍修复技术、古籍传拓技艺的培训活动，提升古籍保护（修复）人才的业务能力。同时，重庆图书馆还专门引进古籍版本鉴

定与碑帖鉴定的博士人才，以此充实重庆市古籍保护人才培养体系。为了促进民国文献的保护，重庆举办了民国时期文献保护工作培训班，对于推进重庆民国文献的收集、整理与开发，以及专门人才队伍建设具有积极作用。

“十三五”是实现全面小康社会目标的关键节点和最后冲刺的五年，重庆图书馆作为中国图书馆学会公共图书馆分会图书馆扶贫工作委员会的挂靠单位，为更好地为贫困地区读者服务，组织开展了针对贫困地区基层公共图书馆的人才培训，提升贫困地区图书馆员的素质，将扶贫与扶智相结合。2016—2019 年，重庆图书馆积极筹备召开“文化扶贫 你我同行”主题扶贫工作研讨会、云南省曲靖市扶贫工作委员会工作会议、桂林图书馆扶贫工作专题会议等年度扶贫工作委员会工作会议，重点落实党和国家对于扶贫工作的指示精神，加强各成员单位间扶贫工作深度合作，强化对贫困地区文化事业发展的指导与帮扶。2017 年组织 30 名西部贫困地区基层图书馆青年馆员到杭州、宁波、上海市嘉定区图书馆进行一周的培训学习。除了让贫困地区图书馆馆员走出去参加学习培训外，重庆图书馆还利用馆藏、技术、设施设备对各区县馆文化专干进行专业指导，指导区县馆联系贫困户开展结对帮扶、产业培育、智力扶贫、创业就业服务等活动。

为了推动重庆市公共数字文化工程建设，消除数字鸿沟，缩小城乡差别，重庆图书馆作为公共数字文化共享工程分中心，积极拓宽培训渠道，延伸服务半径，举办了多场公共数字文化管理与创新服务的培训活动，对各区县支中心的工作进行帮助和指导。培训结合各区县实际工作需求制定授课内容，将人才培养落到实处，以此支持各区县支中心的建设、运行，达到提升服务工作效果的目的。

作为省级馆，重庆图书馆在阅读推广方面积累了丰富经验，并做出了显著的成绩，多项阅读推广活动获得了国家级奖项。重庆图书馆牵头组织开展了多场阅读推广培训，如 2016 年举办的中国图书馆学会“阅读推广人”培育行动——阅读推广基础理论专题培训班，以此带动重庆市区县公共图书馆的阅读推广工作迈上新台阶。为加快推进视障文化服务事业发展，2017 年 11 月，重庆图书馆还牵头组织了重庆市公共图书馆视障文化服务业务培训班，以促进全国视障文化资源共享，交流并总结视障文化服务经验。

三、净化服务环境，创新服务手段，引领全民阅读

2012 年 11 月，党的十八大报告提出“开展全民阅读活动”。2014 年以来，“倡导全民阅读”连续多年写入国务院政府工作报告。《中华人民共和国国民经济和社会发展第十三个五年规划纲要》明确要求“推动全民阅读”，并将全民阅读工程列为“十三五”时期重大文化工程之一，将全民阅读提升到国家战略高度。2016 年 12 月 27 日，《全民阅读“十三五”时期发展规划》（以下简称《规划》）发布，旨在推动全民阅读工作常态化、规范化，共同建设书香社会。

重庆市委、市政府高度重视全民阅读，确定了建设“书香重庆”的奋斗目标。2017 年《重庆市“十三五”时期全民阅读规划纲要》指出，“十三五”时期，我市全民阅读将重点完成健全全民阅读设施网络等 8 项任务，在 2020 年基本建成现代全民阅读体系。

为了保障群众阅读权益，增强文化获得感，重庆市以公共图书馆为主干，进一步提档升级阅读阵地，开展丰富多彩的阅读活动，探索“互

联网+”创新服务方式，促进文化扶贫和文旅融合，初步形成了以人为本、面向基层、惠及群众、点面集合的全民阅读推广服务体系。

（一）加大设施建设投入，提升公共图书馆等级

“十三五”期间，重庆市委、市政府投入大力气，着力构建覆盖广泛、便捷高效、智能现代的图书馆阵地网络，对现有公共图书馆和基层综合文化服务中心进行提档升级。

重庆市现有公共图书馆 43 个，其中省级公共图书馆 2 个、地市级公共图书馆 29 个、县级公共图书馆 12 个。截至目前，重庆市少年儿童图书馆新馆已正式立项建设，重庆图书馆二期工程纳入“十三五”末期重点前期项目。重庆市投入 5.97 亿元新改扩建公共图书馆 18 个，其中新馆 13 个，已建成 8 个，改扩建 5 个。（见图 1–12、图 1–13）。每万人拥有公共图书馆建筑面积从 85.1 平方米增加到 110.6 平方米；公共图书馆阅览室座席从 19177 个增加到 31035 个。

图 1–12　璧山图书馆

图 1-13 梁平区少年儿童图书馆

经 2017 年第六次全国县级以上公共图书馆评估定级工作评定，重庆市公共图书馆国家等级率达 100%，其中一级公共图书馆 35 个、二级公共图书馆 3 个、三级公共图书馆 4 个（双桥经开区图书馆不评等级），一级公共馆率在西部地区位居第一（详见附录表一）。和 2013 年第五次全国县级以上公共图书馆评估定级结果，等级率增加了 14%，等级馆增加了 5 个。

（二）创新阅读推广模式，打造特色阅读品牌

全民阅读是增强文化自信的重要渠道，为了促进全民阅读活动的开展，重庆市公共图书馆充分发挥龙头作用，在“十三五”期间不断探索创新阅读推广模式，打造全民阅读品牌，吸引了众多市民参与到阅读活动中，享受阅读带来的快乐。

由重庆图书馆牵头的“4.23世界读书日暨重庆读书月”活动已连续举办了十三届，吸引了全市42家公共图书馆共同参与，影响力辐射全市。每年读书月期间的活动都丰富多彩，仅2019年第十二届重庆读书月系列活动就多达371场，有效地扩大了阅读的影响力，营造了良好的阅读氛围。（见图1-14）

图1-14　4·23世界读书日阅读推广活动——“行走的图书”进机场

由重庆市委宣传部和重庆市文旅委主办、重庆图书馆承办的“阅读之星——重庆市民诵读大赛”在重庆已经形成品牌效应。活动覆盖了重庆市的38个区县、42家公共图书馆、98家市级机关单位，并入围国际图书馆协会联合会（IFLA）主办的“2019年度国际营销大奖”之“十大最富于启发性的项目”。同时，该项目在“2019微悦读 新互动 第六届图书馆微服务研讨会暨第二届图书馆新媒体创新服务案例评选活动”中荣获“优秀新媒体创新服务案例”奖。“阅读之星——重庆市民诵读大赛”已连续举办三届比赛，线上线下共收录了42万余份音频素材，18万余人报名参加初赛，成为近年来参赛人数最多、规模最大的一次

全市诵读比赛，在重庆市营造了“爱读书、善读书、读好书”的良好氛围。（见图 1–15）

图 1–15　第二届“阅读之星——重庆市民诵读大赛”

第二届阅读之星二维码

由重庆市少年儿童图书馆发起的“红岩少年”读书活动已连续开展了 11 年，深受广大师生和家长的欢迎。该品牌活动实现了全市 38 个公共图书馆参与，每年吸引 2000 多所中小学校参与，惠及 300 多万名少年儿童。

由重庆图书馆策划的“格林童话之夜”活动利用馆藏文献以沉浸式

体验的形式，带领亲子家庭重温世界经典童话，重拾阅读乐趣。活动自2017年第一季举办以来，已连续成功举办四届，共计2万余人参与。该活动一经推出即引起轰动，成功入围2018年国际图书馆协会联合会（IFLA）营销大奖前十名，成为全球最富启发性的十大项目之一。同时，该活动还荣获第二届公共图书馆创新创意案例一等奖。第三届“格林童话之夜”特邀德国格林世界博物馆馆长 Peter Stohler 来到重庆。作为一项阅读推广活动，“格林童话之夜”不仅收获了大量拥趸，同时也在国际文化交流中，搭建起重庆与世界的文化桥梁。（见图 1-16）

图 1-16　格林童话之夜

格林童话之夜二维码

借用“读万卷书、行万里路”的概念，重庆各级公共图书馆开展了“行走的图书”阅读推广活动，以“背包客”的形式让图书走进商场、邮局、文化场馆等公共场所，让身在繁忙都市中的市民利用通勤和休闲时间，重拾油墨书香，在书香中寻找诗和远方。活动以新颖的形式再掀全民阅读热潮。从2017年开始，重庆图书馆就联动全市区县公共图书馆共同参与此项活动，共同传播阅读的快乐。第四季“行走的图书”活动还加入了文旅融合理念，广泛地宣传了重庆文化旅游形象。（见图1-17）

图1-17　“行走的图书”活动在长江索道

重庆市区县公共图书馆也积极参与到阅读推广活动中，结合本地资源，打造本土特色品牌。沙坪坝区图书馆打造了“甲骨文学堂”；巴南区图书馆的“HEY！巴图”活动让书香飘进百姓生活；渝北区图书馆开展了“‘品味书香·超越梦想’家庭图书馆”建设；涪陵区图书馆组织了“红色文艺‘轻骑兵’阅读推广”；铜梁区图书馆推广“文化志愿者服务：阅读清凉一夏——科普火爆龙乡”活动。各种阅读推广活动让更多市民发现阅读的魅力，逐步建立起阅读习惯。

为社会公众提供无所不在的文化服务，是公共图书馆活动的专业发展目标之一。“十三五”期间，重庆市公共图书馆还积极探索了“图书馆+”模式，通过跨界融合，进一步扩大服务外延。丰都县图书馆与县诗词楹联学会合作举办“善和之声”诗词公益系列讲座，抓住“善”文化特色，运用诗词载体，开展讲座、展览、创作比赛、优秀作品赏析、诵读表演等丰富多彩的活动。长寿区图书馆以“学校—学生—家庭—社会”模式推进全民阅读，以“阅读悦美　悦享长寿”为代表的全民阅读活动先后被中图学会评为全国“阅读推广优秀项目”。合川区图书馆联合重庆正好心理咨询有限公司、重庆市江北区正心家庭教育发展服务中心共建“心理健康成长发展中心”，通过开展形式多样的悦读会、讲座等活动，把阅读与心理健康、成长教育结合起来，培养人们的阅读习惯，提高人们的心理健康水平与家庭教育技巧，最终实现心灵的成长与幸福感的提升。

（三）紧抓数字化发展机遇，引领行业智慧化建设

数字时代的到来为我国各行业应用信息技术提升业务水平提供了前所未有的机遇。从 2014 年开始连续七年在浙江乌镇举办的世界互联网大会、2015 年开始连续六年在浙江杭州举办的中国数字阅读大会、2018 年开始连续三年在福建福州举办的数字中国建设峰会，都体现出了国家大力倡导、积极推动数字化建设的决心。习近平总书记在致首届数字中国建设峰会的贺信中指出：“党的十九大对建设网络强国、数字中国、智慧社会作出战略部署。加快数字中国建设，就是要适应我国发展新的历史方位，全面贯彻新发展理念，以信息化培育新动能，用新动

能推动新发展，以新发展创造新辉煌”。

重庆市在 2018 年政府工作报告中明确提出，要“建设书香重庆，建成文化强市”，在持续几年全民阅读工作的推动下，此项工作已具备一定基础，2015—2020 年，重庆市两次入选“中国十大数字阅读城市”就是最好的例证。数字阅读在重庆不再是一种时尚，而正在成为一种习惯。

重庆图书馆在“十三五”期间紧抓数字化发展机遇，根植当代读者数字化阅读需求，以知识共享性、服务高效性、使用便利性为目标，在市文化旅游委指导下，科学谋划、积极推进，着力从新技术应用、数字化内容建设两个方面带动全市公共图书馆开展智慧化建设。

1. 策划新项目、引入新技术，构建互联互通的公共数字文化服务网络，让群众“方便用”

通过开辟智慧图书馆、数字图书馆线下体验区，重庆市公共图书馆

图 1–18 重庆图书馆“双创 · 数字体验区”

各类智慧服务以“看得见、摸得着”的方式得到了极大推广。重庆图书馆开辟了“双创·数字体验区”（见图1-18）、“重庆市公共数字文化展示区”，各区县公共图书馆也建立了数字阅读体验区，配置了自助办证机、自助借还书机、电子图书借阅机、Kindle阅读机、报刊触摸屏、朗读亭，部分公共图书馆还开放了VR体验区。

通过引入和普及RFID技术（射频识别技术），重庆大部分公共图书馆实现了图书自助借还，解放了图书馆人力，成倍缩短了读者借阅时间。

通过应用RFID及人脸识别技术建设的24小时城市书房，有效延长了图书馆服务时间，为市民下班后提供了更多的阅读去处。截至目前，全市共开设24小时城市书房89个，遍布城市周边，真正实现了让阅读融入市民生活，让书香遍布城市。

通过应用云计算技术、依托IPTV（交互式网络电视）和双向数字电视网络建设的“巴渝文旅云”，将逾500TB的数字资源免费配送至各级公共文化服务机构和近600万户市民家庭，实现了公共数字文化进村、入户、入手，解决了公共文化服务“最后一公里”问题。通过一系列新技术应用和新项目实施，有效实现了全市公共图书馆服务方式向网络化、数字化、便民化转变。

重庆图书馆申报、承建了文化部2015年度国家文化科技提升计划项目《公共文化服务类大数据分析试验系统与应用示范——图书馆大数据分析试验系统的研究与应用》。该项目整合了公共图书馆关键系统数据，应用大数据分析，摸出规律、得出结论，对内指导全市公共图书馆的业务工作，对外指引读者的阅读方式，极大地提升了服务效能。

2017年重庆图书馆通过与蚂蚁金服及支付宝合作，构建“互联

网 +O2O”的信用借阅网络，开通了图书手机下单、快递借还的服务，有效延伸了图书馆服务半径，方便了市民借书。在重庆图书馆的有效带动下，巴南区、渝中区等区县公共图书馆纷纷开通类似服务，信用借还、信用办证服务得到逐步普及。

2. 抓住新机遇、拓展新思路，打造分级分布的公共数字文化资源库群，让群众“愿意用”

“十三五”期间，各级财政对重庆市公共图书馆的经费投入稳中有增，并通过市级专项经费、地方经常性支出进行多层级、多维度的保障。全市公共图书馆妥善利用财政经费，特别是购书经费、公共数字文化工程资源建设经费，通过自建（馆藏特色资源数字化）、外购（商业数据库）、合作共建（公共数字文化工程地方特色资源、联合建设资源）三种方式，持续不断地丰富馆藏数字资源，为数字图书馆服务提供有效的内容支撑。

截至目前，全市数字图书馆资源总量超 2000TB，分级分布式数字资源库群初具规模，数字资源保障水平显著增强，资源质量明显提升，市民的使用意愿逐步增强，基本建成与公共文化服务体系相适应的，内容丰富、传输快捷、运行高效的数字化服务体系，为“十四五”阶段全市智慧图书馆工作全面实施奠定了基础。

（四）开展文化扶贫，助推脱贫攻坚

“十三五”规划将文化扶贫提升到国家战略层面，为深入贯彻落实国务院“十三五”脱贫攻坚规划，进一步强化任务落实，加大对文化扶贫工作的指导，2017 年，文化部发布并实施了《“十三五”时期文化扶贫工作实施方案》，文化扶贫工作进入了新的发展阶段。2016 年 12 月，

中国图书馆学会牵头成立了全国公共图书馆扶贫工作委员会，以促进贫困地区公共图书馆事业的发展，呼吁社会各界为贫困地区公共图书馆事业的发展提供援助。

重庆市集大城市、大农村、大库区、大山区于一体，城乡、区域差距较大。为了缩小文化差异，重庆市自 2003 年启动了文化共享工程。为了形成服务整体，打造服务品牌，带动全市共享工程服务，2012 年重庆在全国首创农民工服务联盟，创造性地利用文化共享工程服务网络整合了全市公共图书馆的文献资源、人才资源和平台资源，形成专门服务农民工群体的共同体，成为文化共享工程这一重点文化惠民工程发展、落实的新载体。在第十届中国艺术节上，“重庆市公共图书馆文化共享农民工联盟”荣获公共文化建设政府最高奖——文化部第十六届“群星奖”项目奖。

以农民工服务联盟为基础，在“十三五”期间，重庆市公共图书馆继续探索文化扶贫由点及面、由浅入深。为了着力解决乡村留守儿童阅读环境较差、阅读资源匮乏、阅读氛围缺失等问题，重庆图书馆先后策划并带动全市公共图书馆开展了“蒲公英梦想书屋”“书香筑梦乡村行”“巴渝阅读行”等活动，全力做好农村留守儿童阅读推广工作，使之成为农村留守儿童标准化、均等化地获取文化知识的重要途径。

1.“蒲公英梦想书屋”打造留守儿童精神乐园

“扶贫先扶志”。为了解决贫困地区没有固定阅读场所的问题，重庆图书馆自 2013 年起策划实施“蒲公英梦想书屋”项目，是联合妇联、共青团、教育系统及社会非政府组织以及全市公共图书馆共同打造的。该项目在贫困地区建造书屋，并为书屋提供纸质和电子图书资源，不定期举办疏导留守儿童心理问题的亲情讲座，组织留守儿童通过网络视频与远方父母沟通感情，从而实现对乡村留守儿童的物资帮扶和情感关怀。截至目前，重庆市共建成蒲公英梦想书屋 38 个，覆盖 29 个区县，让 6 万余名留守儿童在书香中健康成长。（见图 1-19）

图 1-19 蒲公英梦想书屋活动现场赠书

2.“书香筑梦乡村行”享受美好阅读体验

为了让农村的孩子享受和城里孩子同等的文化服务，2018 年，重庆图书馆发起“书香筑梦乡村行”活动，走进特困乡镇重庆市开州区大进镇、丰都县三建乡，以活动带宣传，以活动送文化，进行深度扶贫。“书香筑梦乡村行”活动首次把重庆图书馆品牌阅读活动“快乐阅读体验课”带进乡村小学，让那里的孩子也能无差异地感受阅读的作用和乐趣（见图 1-20）。

图 1-20 “书香筑梦乡村行”走进巫山县双龙学校，重庆图书馆馆长任竞为孩子们读报

3.“巴渝阅读行”打通全民阅读“最后一公里”

2020 年是扶贫工作的收官之年，为了更好地推进公共文化服务均等化，打通全民阅读服务“最后一公里”，重庆图书馆再次梳理扶贫工作可能存在的遗漏，策划开展了“巴渝阅读行”送文化进基层活动（见图 1-21），将触角延伸至重庆贫困地区较多的渝东北三峡库区城镇群，将优质图书和公共文化服务送到基层民众身边，让他们尽享“一站式”公共文化服务体验。

为有效弥补以图书馆为主导的“一元”主体的不足，形成多主体参与扶贫的大格局态势，重庆图书馆还加大与行业间的交流合作，搭建了东西部扶贫志愿者的工作协作机制，组织各成员单位，形成文化精准扶贫的区域联盟，助力贫困地区脱贫攻坚，实现精准扶贫目标。

图 1-21　“巴渝阅读行”打通全民阅读“最后一公里”

（五）开展文旅融合，建设特色主题分馆

文化是旅游的灵魂，旅游是文化的载体。推动文化和旅游融合发展，是以习近平同志为核心的党中央作出的重要决策。党的十八大以来，习近平总书记就文化和旅游融合发展发表了一系列重要论述，深刻揭示了文化和旅游的内在联系，阐明了推动文化旅游融合发展的重大意义，具有很强的思想性、指导性、针对性，为新时代文化旅游融合发展工作指明了方向、提供了遵循。

重庆市文化旅游委锁定建设文化强市、打造世界知名旅游目的地的目标，以融合发展为主线，按照“以文塑旅、以旅彰文”发展方向，全面推进文旅融合，抓大文旅促品质化，以大文旅增强城市发展能级、提高人民生活品质。

作为公共文化事业的重要组成部分，重庆市公共图书馆以文旅融合

为契机，把“读万卷书”和“行万里路”结合在一起，大力开展了特色主题分馆的建设，一方面提升了旅游景区的文化档次，同时也为旅游者提供了多样的旅游体验，实现了文化和旅游的双赢。

2018 年，重庆图书馆在重庆江北国际机场成立了全国第一家公共图书馆机场分馆——重庆图书馆空港分馆（见图 1-22），开设 5 个图书流通点，打造重庆对外文化宣传的重要窗口。同年，重庆图书馆进一步探索与民营企业的合作模式，利用修缮后的民国建筑共建图书馆，成立了全国首家以民国文化为主题的重庆图书馆曾家岩分馆——曾家岩书院，打造文化新地标、文旅新名片。2019 年，重庆图书馆两江国际影视城分馆正式对外开放，在普及民国历史与重庆图书馆馆史的同时，实现了全民阅读与景点游览相融合、文化宣传与实景体验相融合。同年，重庆图书馆与重庆旅游投资集团有限公司合作建设金佛山“天星小镇旅图驿站”，成为全国首个在 5A 级旅游景区设立的文旅特色分馆。

图 1-22　重庆图书馆空港分馆

重庆市区县公共图书馆也进行了大量文旅融合发展的新尝试。梁平区图书馆以“全民阅读 全域联动”为理念，探索“阅读＋旅游”的创新模式，根据各个景区、民宿的特色和不同定位，在辖区内的景区民宿开设 4 个分馆，将阅读融入其中，形成独有的风格：碗米民宿分馆与周围的稻田风光相呼应形成“田园风”，滑石古寨分馆因地处“文创苑”而自带“非遗范儿”，梁山驿分馆则因旁边的一条古驿道而颇有“古驿韵”。与此同时，梁平区图书馆还联动商家、景区、民宿，整合优势资源，定期在景区、民宿分馆内举办阅读分享、亲子阅读、诗歌朗诵等阅读推广活动，推动“柚花飘香 书香梁平”品牌建设，倡导全民阅读。

除此以外，丰都县图书馆利用南天湖景区打造了“南湖书屋”；綦江区图书馆利用辖区内的纳凉资源，在古剑山等地建设了 4 个纳凉书吧；合川区图书馆利用合川钓鱼城“国家重点文物保护单位”和“国家重点风景名胜区”的响亮名头及品牌优势，在景区内建设分馆，扩大影响力。

“十三五”期间，重庆市公共图书馆将自有信息资源和本土旅游资源进行有机结合，为文化旅游融合发展探索了新路径，寻找了新载体。除了特色主题分馆的建设，重庆市公共图书馆还尝试将传统文化、地域文化和现代工艺产品相融合，打造文创产品。重庆图书馆根据收藏的珍贵抗战文献，自行策划、设计并开发了一系列体现重庆人文地理特征的文创产品，包括设计制作“重图古韵”系列文创产品，制作完成 6 种抗战旅游文献图书、17 种册页设计等，极大地丰富了文旅融合的形式。

第二章

资源建设

依据《中华人民共和国公共文化服务保障法》和《中华人民共和国公共图书馆法》，重庆市人民政府出台实施了一系列政策法规，把重庆市公共图书馆建设纳入地方政府公共文化服务考核指标体系，全力保障公共图书馆的发展。

“十三五”期间，重庆市公共图书馆在稳步提升的财政经费支持下，软件条件和硬件设施设备提档升级，加大力度进行公共图书馆资源建设，取得了显著的成果。

2020 年，重庆市公共图书馆按照重庆市委、市政府新冠疫情防控工作安排，在市文化和旅游发展委员会统一领导部署下，进一步强化防控责任、严格防控措施，落实防控工作，坚决打赢防控攻坚战。虽然部分业务数据有所下降，但是围绕“疫情防控不放松、经济发展不耽误”的工作要求，全市公共图书馆众志成城、齐力抗疫，整体事业呈现出逐季恢复，稳定好转的高质量发展趋势。

根据《重庆统计年鉴2020》，本书中涉及按“主城都市区（中心城区、主城新区）、渝东北三峡库区城镇群、渝东南武陵山区城镇群”三个分组的重庆市38个区县（自治县）公共图书馆事业统计资料。

“中心城区”包括渝中区、大渡口区、江北区、沙坪坝区、九龙坡区、南岸区、北碚区、渝北区、巴南区，即主城九区；“主城新区”包括涪陵区、长寿区、江津区、合川区、永川区、南川区、綦江区、大足区、璧山区、铜梁区、潼南区和荣昌区；“渝东北三峡库区城镇群”包括万州区、开州区、梁平区、城口县、丰都县、垫江县、忠县、云阳县、奉节县、巫山县和巫溪县。“渝东南武陵山区城镇群”包括黔江区、武隆区、石柱土家族自治县、秀山土家族苗族自治县、酉阳土家族苗族自治县和彭水苗族土家族自治县。

一、经费保障

（一）重庆市各级公共图书馆经费保障稳步提升，渝东南武陵山区图书馆整体增速较慢

关于公共图书馆经费保障问题，《中华人民共和国公共图书馆法》第一章第四条明确规定：“县级以上人民政府应当将公共图书馆事业纳入本级国民经济和社会发展规划，将公共图书馆建设纳入城乡规划和土地利用总体规划，加大对政府设立的公共图书馆的投入，将所需经费列入本级政府预算，并及时、足额拨付。”2017年重庆市人民政府出台了《重庆市公共图书馆管理办法》，强调“区县人民政府应当加大对公共图书馆建设的投入，多渠道筹集资金，保障公共图书馆事业发展经费。财政、审计等部门应当加强对公共图书馆经费管理和使用情况的监督检查”。

五年来，重庆市各级财政对公共图书馆的投入逐年增加，“十三五”

期间，重庆市公共图书馆财政拨款总额达 152005.85 万元，较“十二五”期间有大幅增长。“十三五”期间重庆市公共图书馆财政拨款情（见表 2-1）：

表 2-1 “十三五”期间重庆市公共图书馆财政拨款统计表

单位类型	单位名称	财政拨款总额（万元）	年均财政拨款（万元）
省级公共图书馆	重庆图书馆	37274.86	7454.97
	重庆市少年儿童图书馆	8283.18	1656.64
中心城区公共图书馆	渝中区图书馆	4497.00	899.40
	大渡口区图书馆	2027.59	405.52
	江北区图书馆	5977.15	1195.43
	沙坪坝区图书馆	4356.26	871.25
	九龙坡区图书馆	3656.12	731.22
	南岸区图书馆	3892.64	778.53
	北碚图书馆	4219.51	843.90
	渝北区图书馆	5975.00	1195.00
	巴南区图书馆	4921.12	984.22
主城新区公共图书馆	涪陵区图书馆	5640.04	1128.01
	涪陵区少年儿童图书馆	3394.68	678.94
	长寿区图书馆	2957.10	591.42
	江津区图书馆	3846.00	769.20
	合川区图书馆	2991.60	598.32
	永川区图书馆	1352.20	270.44
	南川区图书馆	1921.60	384.32
	綦江区图书馆	1490.18	298.04
	大足区图书馆	2225.57	445.11
	双桥经开区图书馆	681.20	136.24
	璧山区图书馆	2525.82	505.16
	铜梁区图书馆	3113.10	622.62
	潼南区图书馆	3604.50	720.90
	荣昌区图书馆	1520.00	304.00
	万盛经济技术开发区图书馆	1505.50	301.10

续表

单位类型	单位名称	财政拨款总额（万元）	年均财政拨款（万元）
渝东北三峡库区城镇群公共图书馆	万州区图书馆	2985.52	597.10
	开州区图书馆	2267.00	453.40
	云阳县图书馆	1751.42	350.28
	奉节县图书馆	1427.70	285.54
	巫山县图书馆	923.66	184.73
	巫溪县图书馆	833.80	166.76
	梁平区图书馆	2646.10	529.22
	城口县图书馆	495.00	99.00
	丰都县图书馆	2003.00	400.60
	垫江县图书馆	2598.84	519.77
	忠县图书馆	1079.69	215.94
渝东南武陵山区公共图书馆	武隆区图书馆	1556.20	311.24
	黔江区图书馆	2355.10	471.02
	石柱土家族自治县图书馆	1306.50	261.30
	秀山土家族苗族自治县图书馆	1343.76	268.75
	酉阳土家族苗族自治县图书馆	1121.70	224.34
	彭水苗族土家族自治县图书馆	1461.34	292.27

“十三五”期间，在重庆43家公共图书馆中，财政拨款总额小于1000万元的公共图书馆仅4家，占总数的9.30%，具体有双桥经开区图书馆、巫山县图书馆、巫溪县图书馆、城口县图书馆。财政拨款总额在1000万元到2000万元之间的公共图书馆有13家，占总数的30.23%，具体有永川区图书馆、南川区图书馆、綦江区图书馆、荣昌区图书馆、万盛经济技术开发区图书馆、武隆区图书馆、石柱土家族自治县图书馆、秀山土家族苗族自治县图书馆、酉阳土家族苗族自治县图书馆、彭水苗族土家族自治县图书馆、云阳县图书馆、奉节县图书馆、忠县图书馆。财政拨款总额在2000万元到3000万元的公共图书馆有11家，占总数的25.58%，具体有大渡口区图书馆、长寿区图书馆、合川区图书馆、大

足区图书馆、璧山区图书馆、黔江区图书馆、万州区图书馆、开州区图书馆、梁平区图书馆、丰都县图书馆、垫江县图书馆。财政拨款总额在 3000 万元到 4000 万元的公共图书馆有 6 家，占总数的 13.95%，具体有九龙坡区图书馆、南岸区图书馆、涪陵区少年儿童图书馆、江津区图书馆、铜梁区图书馆、潼南区图书馆。财政拨款总额在 4000 万元到 5000 万元的公共图书馆有 4 家，占总数的 9.30%，具体有渝中区图书馆、沙坪坝区图书馆、北碚图书馆、巴南区图书馆。财政拨款总额在 5000 万元到 6000 万元的公共图书馆有 3 家，占总数的 6.98%，具体有江北区图书馆、渝北区图书馆、涪陵区图书馆。财政拨款总额 6000 万元以上的公共图书馆共有 2 家，占总数的 4.65%，分别是重庆图书馆、重庆市少年儿童图书馆。重庆图书馆作为省级图书馆，同时也是文化共享工程重庆市分中心和重庆市古籍保护中心，承担了公共数字文化惠民工程和中华古籍保护计划在全市范围内的统筹推进等任务。五年间，重庆图书馆共获得 37274.86 万元财政拨款，极大地支持了该馆发挥中心馆的引领和带动作用，推动全市图书馆的整体发展。（见图 2-1）

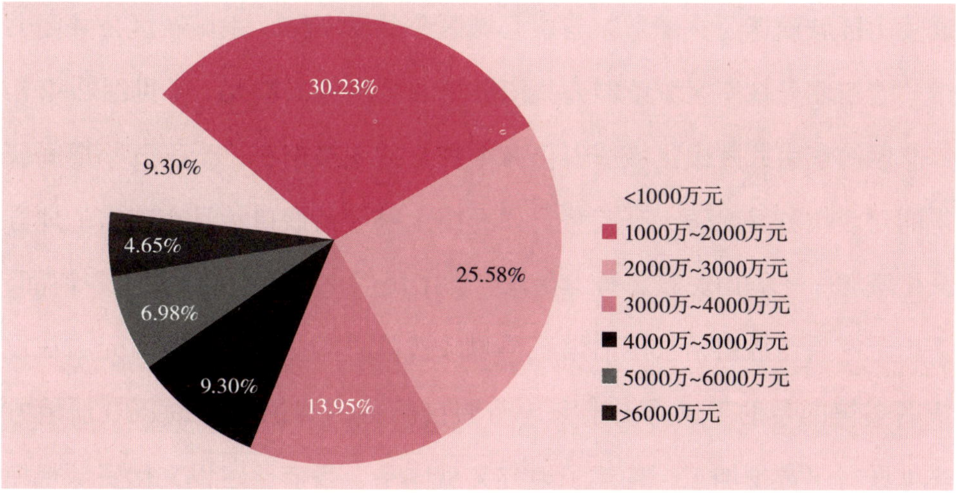

图 2-1 “十三五”期间重庆市公共图书馆财政拨款总额分布

整体来看，“十三五”期间，重庆市公共图书馆财政拨款都有大幅增长。重庆市各级政府为保障全体公民平等享用公共文化资源，积极投入资金，促进公共图书馆服务的普及。五年间，省级公共图书馆和中心城区公共图书馆的财政拨款总额虽然增幅不大，但对主城新区公共图书馆和渝东北三峡库区城镇群公共图书馆在财政拨款上的倾斜力度则十分明显。其中主城新区公共图书馆财政拨款增长幅度较大，在“十三五”末期赶上并超过了省馆公共图书馆。其中铜梁区图书馆“十三五”期间财政投入是“十二五”期间的 3 倍以上，资金的大量投入，确保了铜梁区图书馆各项工作的深入开展。在充足的经费保障基础上，该地区的公共图书馆在文献购置和数字资源的购置方面加大了投入，馆藏资源规模迅速提升。在硬件设施设备的改造方面，大足、涪陵、合川、璧山等 15 个公共图书馆建设了新馆（3 个在建），3 个公共图书馆进行了改扩建，改善了服务环境，提升了读者的阅读体验感。

渝东南武陵山区公共图书馆在财政拨款上与其他地区的差距还是非常明显的，五年间基本持平、无明显增长，加之起点较低，造成渝东南武陵山区城镇群公共图书馆与中心城区公共图书馆、主城新区公共图书馆、渝东北三峡库区城镇群公共图书馆的差距越来越大。（见图 2-2）

但渝东南武陵山区城镇群仍有个别公共图书馆在“十三五”期间获得的财政拨款呈显著上升趋势。如秀山土家族苗族自治县有丰富的地方文化资源——秀山民歌、秀山花灯、秀山民俗文化等。“十三五”期间，秀山土家族苗族自治县图书馆获得财政拨款总额达 1343.76 万元。在重庆图书馆的帮助下，秀山土家族苗族自治县图书馆对馆藏 800 册地方文献进行了数据加工，构建了地方文献体系，目前已建设文化资源规模达 0.1TB。（见图 2-3）

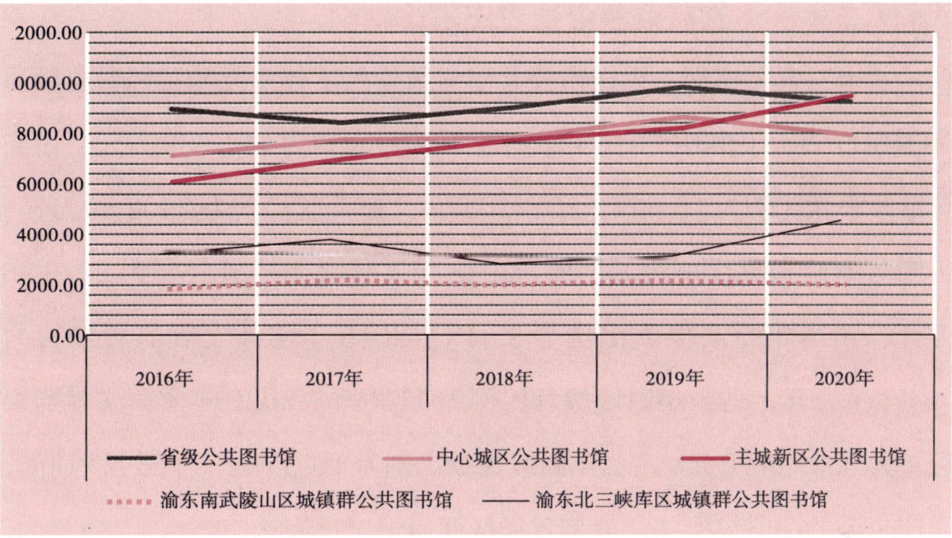

图 2-2 重庆市各区域图书馆财政总额拨款的增幅对比

为了缩小渝东南武陵山区城镇群公共图书馆与其他地区公共图书馆在发展上的差距，在未来的五年，政府应加大对少数民族和贫困地区的公共图书馆事业的扶持力度，以进一步促进公共文化事业发展的均等化。

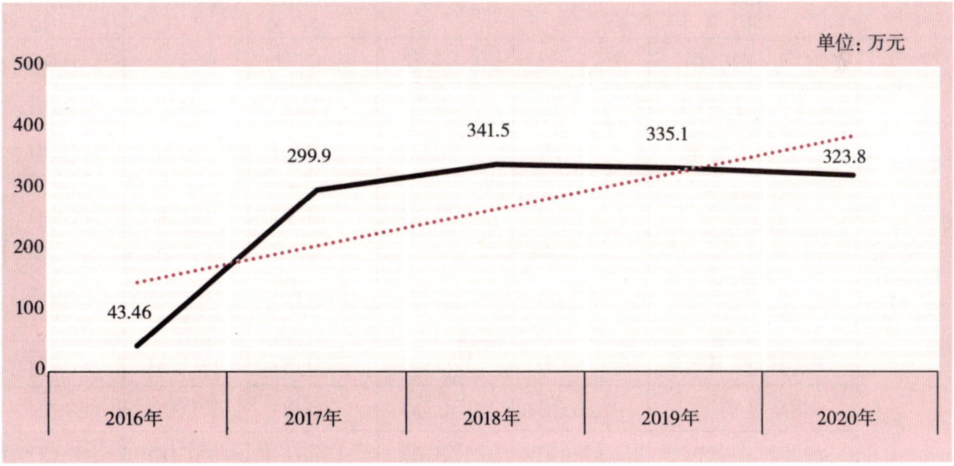

图 2-3 “十三五”期间秀山土家族苗族自治县图书馆财政拨款统计

（二）实体文献购置经费支出占比减少

“十三五”期间，重庆市公共图书馆投入实体文献购置经费总额为15345.17万元。其中2016年实体文献购置经费为2915.39万元，占当年财政拨款比例为10.59%。2017年实体文献购置经费为2502.89万元，占当年财政拨款比例为8.57%。2018年实体文献购置经费为2919.96万元，占当年财政拨款比例为9.84%。2019年实体文献购置经费为3647.27万元，占当年财政拨款比例为11.34%。2020年实体文献购置经费为3359.66万元，占当年财政拨款比例为10.05%。“十三五”期间，重庆市公共图书馆实体文献购置经费使用情况见表2-2。

表2-2 “十三五”期间，重庆市公共图书馆实体文献购置经费使用情况

单位类型	单位名称	2016年实体文献购置经费（万元）	2017年实体文献购置经费（万元）	2018年实体文献购置经费（万元）	2019年实体文献购置经费（万元）	2020年实体文献购置经费（万元）
省级公共图书馆	重庆图书馆	610.00	382.40	625.20	1120.40	910.54
	重庆市少年儿童图书馆	96.00	81.00	101.00	155.10	175.00
中心城区公共图书馆	渝中区图书馆	84.63	84.87	107.71	108.19	110.00
	大渡口区图书馆	53.30	73.80	72.02	80.72	60.00
	江北区图书馆	86.79	85.80	246.20	296.23	160.00
	沙坪坝区图书馆	98.29	93.00	93.00	90.00	90.00
	九龙坡区图书馆	59.00	55.00	58.00	47.00	50.00
	南岸区图书馆	120.00	120.00	120.00	120.00	40.00
	北碚图书馆	70.00	100.00	70.00	70.00	67.00
	渝北区图书馆	570.00	168.40	188.00	157.00	137.00
	巴南区图书馆	38.00	45.70	100.60	100.60	389.79
主城新区公共图书馆	涪陵区图书馆	62.64	60.00	60.00	60.00	60.00
	涪陵区少年儿童图书馆	60.00	60.00	60.00	60.00	60.00

续表

单位类型	单位名称	2016年实体文献购置经费（万元）	2017年实体文献购置经费（万元）	2018年实体文献购置经费（万元）	2019年实体文献购置经费（万元）	2020年实体文献购置经费（万元）
主城新区公共图书馆	长寿区图书馆	92.90	50.50	54.00	68.50	30.00
	江津区图书馆	45.00	80.00	49.50	44.00	50.00
	合川区图书馆	60.00	60.00	100.00	100.00	100.00
	永川区图书馆	12.00	12.00	22.00	12.00	12.00
	南川区图书馆	10.00	10.00	50.00	10.00	10.00
	綦江区图书馆	6.29	8.27	9.69	10.13	12.60
	大足区图书馆	35.00	35.00	92.40	200.00	120.00
	双桥经开区图书馆	25.00	27.00	30.00	30.00	28.00
	璧山区图书馆	40.34	58.43	45.72	171.26	244.69
	铜梁区图书馆	90.00	90.00	90.00	140.00	70.00
	潼南区图书馆	37.00	37.00	37.00	50.00	28.54
	荣昌区图书馆	25.00	55.00	15.00	20.00	50.00
	万盛经济技术开发区图书馆	9.00	20.00	21.40	9.90	13.00
渝东北三峡库区城镇群公共图书馆	万州区图书馆	73.30	75.40	43.20	25.00	20.00
	开州区图书馆	10.91	36.00	20.00	24.20	35.00
	云阳县图书馆	6.00	21.76	14.42	8.30	12.00
	奉节县图书馆	23.00	12.20	21.80	12.00	20.00
	巫山县图书馆	5.70	8.90	6.60	7.40	0.00
	巫溪县图书馆	12.40	21.70	2.60	8.72	5.00
	梁平区图书馆	8.00	104.16	20.00	13.00	7.90
	城口县图书馆	21.00	21.60	5.00	5.00	25.00
	丰都县图书馆	22.10	23.00	15.00	15.00	12.00
	垫江县图书馆	70.00	70.00	70.00	70.00	50.00
	忠县图书馆	12.00	12.00	12.00	12.00	12.00
渝东南武陵山区城镇群公共图书馆	武隆区图书馆	30.00	30.00	15.00	35.00	35.00
	黔江区图书馆	36.00	35.00	62.30	0.00	9.00
	石柱土家族自治县图书馆	10.00	15.00	15.00	15.00	10.00

续表

单位类型	单位名称	2016 年实体文献购置经费（万元）	2017 年实体文献购置经费（万元）	2018 年实体文献购置经费（万元）	2019 年实体文献购置经费（万元）	2020 年实体文献购置经费（万元）
渝东南武陵山区城镇群公共图书馆	秀山土家族苗族自治县图书馆	36.70	20.60	25.00	10.00	10.00
	酉阳土家族苗族自治县图书馆	11.30	10.00	20.00	20.00	8.60
	彭水苗族土家族自治县图书馆	30.80	32.40	33.60	35.62	10.00

“十三五”期间，重庆市公共图书馆用于实体文献购置的经费支出整体呈上升趋势，重庆中心城区公共图书馆更是在“十三五”开年明显加大了实体文献的建设力度。2017 年，随着第六次全国县级以上公共图书馆评估定级工作的开展，重庆市大部分公共图书馆在实体文献的建

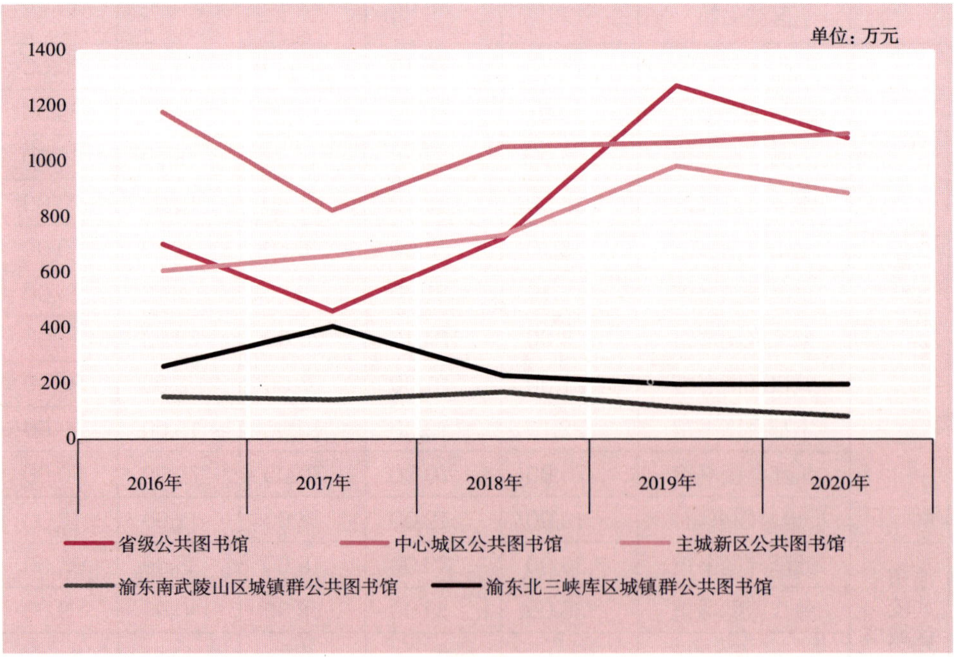

图 2-4　重庆市各区域图书馆实体文献购置经费使用情况

设方面增加了投入，但渝东南武陵山区城镇群公共图书馆因整体财政拨款较少，故实体文献的购置不升反降（如图 2-4）。

从数据统计看，五年来，虽然实体文献购置经费的支出整体在增加，但这项支出占财政拨款的比例却呈下降趋势。随着读者阅读习惯的改变和图书馆数字化建设的发展，在实体文献建设上进行大比例投入的状况将会继续改变。

（三）数字资源建设由中心城区开始向周边地区辐射

“十三五”期间，重庆市公共图书馆在数字资源购置方面投入的经费总额为 6545.66 万元。其中 2016 年数字资源购置经费为 878.80 万元，占当年财政拨款比例为 3.19%。2017 年数字资源购置经费为 1640.69 万元，占当年财政拨款比例为 5.62%。2018 年数字资源购置经费为 1153.14 万元，占当年财政拨款比例为 3.89%。2019 年数字资源购置经费为 1641.25 万元，占当年财政拨款比例为 5.10%。2020 年数字资源购置经费为 1231.78 万元，占当年财政拨款比例为 3.69%。“十三五”期间，重庆市公共图书馆数字资源购置经费使用情况见表 2-3。

表 2-3 “十三五”期间，重庆市公共图书馆数字资源购置经费使用情况

单位类型	单位名称	2016 年数字资源购置经费（万元）	2017 年数字资源购置经费（万元）	2018 年数字资源购置经费（万元）	2019 年数字资源购置经费（万元）	2020 年数字资源购置经费（万元）
省级公共图书馆	重庆图书馆	390.00	1053.60	579.00	881.70	593.87
	重庆市少年儿童图书馆	76.00	96.00	69.00	198.70	115.00
中心城区公共图书馆	渝中区图书馆	26.34	24.33	25.78	34.98	20.00
	大渡口区图书馆	46.70	26.20	27.98	19.28	–
	江北区图书馆	12.63	12.75	32.25	12.64	34.86

单位类型	单位名称	2016 年数字资源购置经费（万元）	2017 年数字资源购置经费（万元）	2018 年数字资源购置经费（万元）	2019 年数字资源购置经费（万元）	2020 年数字资源购置经费（万元）
中心城区公共图书馆	沙坪坝区图书馆	20.00	40.70	30.00	30.00	30.00
	九龙坡区图书馆	31.00	35.00	32.00	23.00	20.00
	南岸区图书馆	10.00	10.00	10.00	6.64	3.00
	北碚图书馆	20.00	24.00	20.00	20.00	18.00
	渝北区图书馆	26.80	21.00	21.00	20.00	20.00
	巴南区图书馆	19.80	44.80	50.80	80.20	81.85
主城新区公共图书馆	涪陵区图书馆	10.00	11.80	9.80	25.00	25.00
	涪陵区少年儿童图书馆	4.80	6.00	5.80	24.60	5.00
	长寿区图书馆	10.00	10.00	10.00	10.00	0.00
	江津区图书馆	5.00	10.00	5.50	1.10	10.00
	合川区图书馆	10.00	10.00	10.00	10.00	30.00
	永川区图书馆	6.00	6.00	6.00	6.00	6.00
	南川区图书馆	12.00	6.00	12.00	13.00	12.00
	綦江区图书馆	1.00	1.00	1.00	1.00	3.00
	大足区图书馆	5.00	5.00	20.00	22.10	27.00
	双桥经开区图书馆	0.00	3.00	0.00	2.80	2.00
主城新区公共图书馆	璧山区图书馆	7.00	2.00	12.00	23.00	6.50
	铜梁区图书馆	3.00	4.20	8.00	20.00	20.00
	潼南区图书馆	4.90	8.00	8.00	13.10	7.00
	荣昌区图书馆	0.00	0.00	0.00	0.00	0.00
	万盛经济技术开发区图书馆	11.50	18.85	10.30	10.10	7.40
渝东北三峡库区城镇群公共图书馆	万州区图书馆	0.00	13.50	25.00	15.00	30.00
	开州区图书馆	2.00	7.00	8.00	10.00	10.00
	云阳县图书馆	7.00	7.00	8.00	11.00	13.00
	奉节县图书馆	0.00	8.20	3.00	5.10	5.00
	巫山县图书馆	20.43	19.86	25.53	21.56	0.00
	巫溪县图书馆	0.00	1.80	0.00	0.00	5.00

续表

单位类型	单位名称	2016 年数字资源购置经费（万元）	2017 年数字资源购置经费（万元）	2018 年数字资源购置经费（万元）	2019 年数字资源购置经费（万元）	2020 年数字资源购置经费（万元）
渝东北三峡库区城镇群公共图书馆	梁平区图书馆	9.60	11.60	7.20	16.00	0.00
	城口县图书馆	15.00	8.00	7.00	7.00	7.00
	丰都县图书馆	0.80	25.00	15.00	0.00	3.00
	垫江县图书馆	5.00	5.00	5.00	5.00	20.00
	忠县图书馆	4.00	4.00	4.00	4.00	4.00
渝东南武陵山区城镇群公共图书馆	武隆区图书馆	0.00	3.00	0.00	10.00	10.00
	黔江区图书馆	25.00	5.80	3.00	0.00	6.00
	石柱土家族自治县图书馆	5.00	0.00	0.00	0.00	5.00
	秀山土家族苗族自治县图书馆	2.00	16.00	11.00	12.00	3.60
	酉阳土家族苗族自治县图书馆	0.00	0.00	0.00	0.00	1.40
	彭水苗族土家族自治县图书馆	13.50	14.70	15.20	15.65	11.30

虽然从经费总额来看，五年来重庆市公共图书馆在数字资源购置上的投入总量远低于在实体文献资源上的投入，但投入整体呈增长趋势。不过从在数字资源购置方面的投入反观公共图书馆数字化的建设，我们发现，因为硬件配套设施、人才队伍结构等原因，重庆省级公共图书馆和区县公共图书馆的差异非常明显，与地区经济发展几乎成正比。（如图 2-5 所示）

但值得肯定的是，在“十三五”期间，重庆市公共图书馆的数字化建设均已起步，包括较偏远地区的渝东南武陵山区城镇群公共图书馆也开始在数字资源购置上投入经费。由此可见，重庆市公共图书馆的数字化建设已经从中心城区开始向周边地区辐射，未来还会有更大的发展空间。

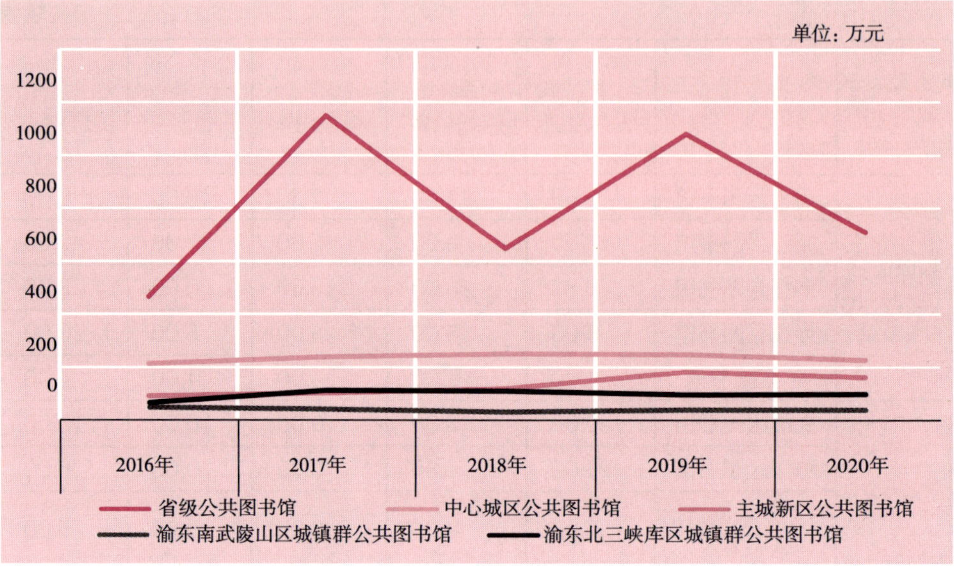

图 2-5　重庆市各区域图书馆数字资源购置经费使用情况

二、馆藏情况

（一）实体文献藏量稳中有升，偏远地区公共图书馆实体文献藏量增幅明显

截至“十三五”末期，重庆市公共图书馆实体文献总藏量达 1964.42 万册，人均馆藏[①]拥有量为 0.61 册。其中省级公共图书馆实体文献总藏量为 485.94 万册，占全市公共图书馆实体文献藏量的 24.74%。中心城区公共图书馆实体文献总藏量为 598.36 万册，占全市公共图书馆实体文献藏量的 30.46%；主城新区公共图书馆实体文献总藏量为 535.98 万册，占全市公共图书馆实体文献藏量的 27.28%；渝东北三峡库区城镇群公共图书馆实体文献总藏量为 226.35 万册，占全市公共图书馆实体

①根据重庆市第七次全国人口普查结果，2020 年 11 月 1 日零时重庆市 38 个区县（自治县）的常住人口为 3205.42 万人。

文献藏量的 11.52%；渝东南武陵山区城镇群公共图书馆实体文献总藏量为 117.80 万册，占全市公共图书馆实体文献藏量的 6.00%。从实体文献藏量统计数据看，“十三五”期间实体文献总藏量较“十二五”期间有大幅增长，但不同地区实体文献的藏量差异还是非常显著的。重庆市公共图书馆实体文献藏量统计情况见表 2-4。

表 2-4 重庆市公共图书馆实体文献藏量统计情况表

单位类型	单位名称	实体文献馆藏总量（万册）	年均新增实体馆藏量（万册）
省级公共图书馆	重庆图书馆	374.54	12.45
	重庆市少年儿童图书馆	111.40	4.20
中心城区公共图书馆	渝中区图书馆	51.97	2.87
	大渡口区图书馆	35.14	2.38
	江北区图书馆	61.90	7.41
	沙坪坝区图书馆	95.28	6.23
	九龙坡区图书馆	84.64	7.25
	南岸区图书馆	33.76	2.42
	北碚图书馆	91.49	4.31
	渝北区图书馆	71.40	8.01
	巴南区图书馆	74.90	10.44
主城新区公共图书馆	涪陵区图书馆	39.96	1.18
	涪陵区少年儿童图书馆	32.80	2.34
	长寿区图书馆	45.00	2.00
	江津区图书馆	130.30	20.45
	合川区图书馆	42.64	5.65
	永川区图书馆	12.22	1.19
	南川区图书馆	17.83	1.24
	綦江区图书馆	6.09	0.39
	大足区图书馆	28.44	1.88
	双桥经开区图书馆	15.90	1.34
	璧山区图书馆	38.00	4.16
	铜梁区图书馆	49.77	4.49

续表

单位类型	单位名称	实体文献馆藏总量（万册）	年均新增实体馆藏量（万册）
主城新区公共图书馆	潼南区图书馆	35.77	2.44
	荣昌区图书馆	21.68	1.16
	万盛经济技术开发区图书馆	19.58	2.00
渝东北三峡库区城镇群公共图书馆	万州区图书馆	31.13	0.74
	开州区图书馆	56.88	0.54
	云阳县图书馆	12.82	0.67
	奉节县图书馆	12.97	0.87
	巫山县图书馆	9.97	0.23
	巫溪县图书馆	8.44	0.55
	梁平区图书馆	10.10	1.55
	城口县图书馆	16.70	0.94
	丰都县图书馆	8.46	1.12
	垫江县图书馆	32.91	2.85
	忠县图书馆	28.44	2.03
渝东南武陵山区城镇群公共图书馆	武隆区图书馆	19.16	1.12
	黔江区图书馆	33.43	1.70
	石柱土家族自治县图书馆	11.20	1.34
	秀山土家族苗族自治县图书馆	19.32	3.01
	酉阳土家族苗族自治县图书馆	13.20	1.33
	彭水苗族土家族自治县图书馆	21.69	3.57

为加快构建现代公共文化服务体系，促进全国公共图书馆事业健康发展，2017 年 1 月 5 日，文化部办公厅发布了《关于开展第六次全国县级以上公共图书馆评估定级工作的通知》。为贯彻落实《中共中央办公厅、国务院办公厅关于加快构建现代公共文化服务体系的意见》精神，发挥以评促建、以评促管、以评促用的作用，促进全国公共图书馆事业发展，按照每 4 年进行 1 次全国县级以上公共图书馆评估定级工作的要求，文化部于 2017 年开展了第六次全国县级以上公共图书馆评估定

级工作。重庆市各级政府对此高度重视，在此期间加大了对公共图书馆的投入，很多区县公共图书馆也因此得以增大实体文献藏量，极大改善了馆藏薄弱的问题。从五年间公共图书馆文献藏量的增长变化可见，这次评估对于图书馆事业的发展具有极大的推动作用，尤其对于偏远地区图书馆的建设起到了促进作用。以彭水苗族土家族自治县图书馆为例，2016 年该馆实体文献藏量仅为 4 万册。借评估的契机，2017 年彭水苗族土家族自治县图书馆在原有基础上新增实体文献 11.26 万册，之后三年一直保持稳定增幅，极大满足了当地群众对知识信息的需求。

（二）重庆市公共图书馆数字资源建设全面开展，资源数量存在地区差异

《重庆市公共图书馆管理办法》指出："公共图书馆应当积极采用以计算机和网络为基础的自动化管理技术，有步骤地实现馆藏文献信息资源的数字化，不断拓展虚拟馆藏资源"。《重庆市文化发展"十三五"规划》将"推进公共文化服务数字化、社会化，构建互联互通、共建共享的服务体系"作为发展目标，提出"统筹公共数字文化建设，在实施文化信息资源共享、数字图书馆推广、公共电子阅览室、卫星农家书屋等工程和办好文化网络电视基础上，着力加强数字文化跨领域、跨机构、跨终端的整合，长远形成全市公共文化大数据库，使群众能随时随地共享资源。"重庆市公共图书馆数字资源藏量统计情况见表 2-5。

表 2-5 重庆市公共图书馆数字资源藏量统计情况表

单位类型	单位名称	数字资源总藏量（TB）	自建数字资源总量（TB）
省级公共图书馆	重庆图书馆	292.48	109.48
	重庆市少年儿童图书馆	62.46	5.24

续表

单位类型	单位名称	数字资源总藏量（TB）	自建数字资源总量（TB）
中心城区公共图书馆	渝中区图书馆	139.63	12.39
	大渡口区图书馆	73.6	6.5
	江北区图书馆	34.19	1.12
	沙坪坝区图书馆	53	15
	九龙坡区图书馆	44.03	18.85
	南岸区图书馆	26.9	0.4
	北碚图书馆	21.82	5.88
	渝北区图书馆	54.3	16.8
	巴南区图书馆	112.89	0
主城新区公共图书馆	涪陵区图书馆	49.64	8.32
	涪陵区少年儿童图书馆	23.81	0.2
	长寿区图书馆	16.1	1.97
	江津区图书馆	25.99	0.37
	合川区图书馆	6.5	0
	永川区图书馆	26.82	9.8
	南川区图书馆	20	0.002
	綦江区图书馆	7	1
	大足区图书馆	28.1	16.3
	双桥经开区图书馆	24.5	1.1
	璧山区图书馆	7	1.5
	铜梁区图书馆	26.45	4
	潼南区图书馆	62	28
	荣昌区图书馆	10.67	2
	万盛经济技术开发区图书馆	34.09	0.2
渝东北三峡库区城镇群公共图书馆	万州区图书馆	67.43	0.4
	开州区图书馆	26	0
	云阳县图书馆	17.61	0
	奉节县图书馆	10	0
渝东南武陵山区城镇群公共图书馆	巫山县图书馆	13	1
	巫溪县图书馆	7	0

续表

单位类型	单位名称	数字资源总藏量（TB）	自建数字资源总量（TB）
渝东南武陵山区城镇群公共图书馆	梁平区图书馆	10	0
	城口县图书馆	13	2
	丰都县图书馆	37.5	2.57
	垫江县图书馆	4.2	0.2
	忠县图书馆	12.5	1
	武隆区图书馆	5.36	0.04
	黔江区图书馆	22	0
	石柱土家族自治县图书馆	5	1
	秀山土家族苗族自治县图书馆	22.96	0.05
	酉阳土家族苗族自治县图书馆	35.6	0
	彭水苗族土家族自治县图书馆	10.35	0

“十三五”期间，重庆市公共图书馆在数字资源建设方面取得了显著的成绩，重庆省级公共图书馆和中心城区公共图书馆数字资源藏量逐年攀升。结合数字资源购置经费使用情况看，中心城区公共图书馆和主城新区公共图书馆在数字资源建设方面的投入相对较大，成果显著；在渝东北三峡库区城镇群中，少量图书馆数字资源建设相对滞后，但部分图书馆由于政策的倾斜，五年间在数字资源建设方面也有长足进步，而渝东南武陵山区城镇群公共图书馆数字资源建设差异明显。

作为省级公共图书馆的重庆市少年儿童图书馆的数字资源购置经费增长至 198.70 万元，年均数字资源购置费 109.94 万元。“十三五”期间，年均采购电子文献 4.46TB，数字资源总量 41.5TB。

位于中心城区的渝中区图书馆数字资源购置费总额达 131.43 万元，年均数字资源购置费为 26.29 万元。截至 2020 年底，电子文献馆藏量约 139.63TB，自建资源 12.39TB。

位于主城新区的潼南区图书馆，电子文献总量为 62TB，其中自建数字资源 28TB。自建数字资源主要为地方特色文献数字资源，主要包括：与区传媒集团合作，完成地方新闻、“潼南掌故”专题片等资源数字化；与区故管处合作，完成杨氏家族（杨尚昆、杨闇公）红色革命文献资料数字化；与区非遗中心合作，完成非遗文献资源数字化。

万州区图书馆地处渝东北三峡库区城镇群。近年来，该馆加大了数字资源的建设力度，用于数字资源的购置经费为 83.5 万元，数字资源馆藏 67.43TB，赶超很多主城新区公共图书馆的水平。而同样位于渝东北三峡库区城镇群的垫江县图书馆数字资源建设却相对滞后，数字资源总量仅 4.2TB。

位于渝东南武陵山区城镇群的石柱土家族自治县图书馆每年获得财政拨款 261.3 万元，拥有数字资源总量仅 5TB。

由上可见，数字资源建设方面的地区差异依然非常大。

三、硬件投入

（一）馆舍新建与改扩建

依据《重庆市文化发展“十三五”规划》，“十三五”期间重庆市政府大力改善公共图书馆的基础设施，对公共图书馆的新建和扩改建加大资金支持，以提升市民的阅读体验。《重庆市公共图书馆管理办法》明确要求：“区县人民政府应当将公共图书馆事业纳入国民经济和社会发展总体规划，将公共图书馆建设纳入城乡总体规划，优先安排公共图书馆建设用地，保证公共图书馆建设用地需要。公共图书馆建设布局应贯彻和遵循创新、协调、绿色、开放、共享的发展理念和普遍均等原则，选址要考虑城市公共交通、服务半径、服务人口等因素；建筑面积、书库容量、阅览座位和停车库等配置，应当满足节能建筑、绿色建筑和国家有关公共图书馆评估定级标准的要求。”

“十三五”期间，重庆市公共图书馆馆舍建筑的建设得到大力推进，全市公共图书馆总建筑面积达 43.07 万平方米。截至 2020 年末，重庆市公共图书馆建筑面积统计如表 2-6 所示。

表 2-6 重庆市公共图书馆建筑面积统计表

单位类别	单位名称	馆舍建筑面积（万平方米）
省级公共图书馆	重庆图书馆	5.01
	重庆市少年儿童图书馆	0.87
中心城区公共图书馆	渝中区图书馆	1.38
	大渡口区图书馆	1.36
	江北区图书馆	1.55
	沙坪坝区图书馆	0.71
	九龙坡区图书馆	1.01
	南岸区图书馆	0.94
	北碚图书馆	1.01
	渝北区图书馆	1.45
	巴南区图书馆	1.35
主城新区公共图书馆	涪陵区图书馆	1.41
	涪陵区少年儿童图书馆	0.61
	长寿区图书馆	1.10
	江津区图书馆	1.27
	合川区图书馆	2.33
	永川区图书馆	0.44
	南川区图书馆	0.80
	綦江区图书馆	0.19
	大足区图书馆	0.86

续表

单位类别	单位名称	馆舍建筑面积（万平方米）
主城新区公共图书馆	双桥经开区图书馆	0.29
	璧山区图书馆	2.51
	铜梁区图书馆	1.30
	潼南区图书馆	0.37
	荣昌区图书馆	3.50
	万盛经济技术开发区图书馆	0.42
渝东北三峡库区城镇群公共图书馆	万州区图书馆	0.54
	开州区图书馆	0.51
	云阳县图书馆	0.50
	奉节县图书馆	0.52
	巫山县图书馆	0.40
	巫溪县图书馆	0.20
	梁平区图书馆	0.40
	城口县图书馆	0.21
	丰都县图书馆	0.54
	垫江县图书馆	1.30
	忠县图书馆	0.30
渝东南武陵山区城镇群公共图书馆	武隆区图书馆	0.74
	黔江区图书馆	1.00
	石柱土家族自治县图书馆	0.42
	秀山土家族苗族自治县图书馆	0.80
	酉阳土家族苗族自治县图书馆	0.30
	彭水苗族土家族自治县图书馆	0.35

“十三五”期间，重庆市有 18 个公共图书馆进行了馆舍的新建或改扩建，硬件设施条件得到进一步的改善。

《重庆市文化发展“十三五”规划》指出，要“优化各级文化设施布局”，“推动市级文化设施在类型上补缺、在功能上提档。”重庆市少年儿童图书馆新馆建设项目于 2016 年纳入“十三五”规划，得到了重庆市委、市政府和各级部门的高度重视，新馆选址紧邻重庆地标公园——园博园，于 2019 年 12 月破土开工，规划面积 1.19 万平方米，计划在 2022 年 6 月 1 日建成开放，届时必将成为重庆又一个新地标。

2017 年，位于中心城区的渝北区图书馆和巴南区图书馆先后完成了新馆搬迁和开放，巴南区图书馆馆舍建设从面积约 3000 平方米拓展到 1.3 万余平方米，形成全开放、大空间的格局。渝北区图书馆新馆建筑面积 1.45 万平方米，馆内设有 16 个免费开放窗口为读者提供免费服务，同时打造“状元书屋”和“重庆名人文献馆”两个特色人文阅读空间，极大丰富了免费开放的服务空间内容。

主城新区公共图书馆中，包括涪陵、合川、大足、璧山等在内的 7 个公共图书馆建设了新馆，相较老馆，新馆内部环境更加宽敞舒适，功能设置更加科学合理，辖区内的读者可以在更好的氛围中享受阅读的快乐。其中：2018 年涪陵区新馆投入使用，以适应和增强新时代公共图书馆发展需要为着眼点，新馆设置了“涪州人文馆”“涪陵文化名人馆”“全民健身健康主题馆”“党群馆”和“涪陵江城文化展示中心”的“馆中馆”布局，免费开放面积 7200 平方米；2019 年涪陵区少年儿童图书馆新馆也投用使用，建筑面积 6000 余平方米；南川区图书馆新馆 2020 年建成并投入使用，建筑面积 8050 平方米，比“十二五”末期增加了 5300 余平方米。

2018 年，位于主城新区的大足区图书馆正式搬迁到新家，总面积 8651 平方米。焕然一新的图书馆内科学设置了低幼阅览区、青少年阅览区、报刊阅览区、特殊人群阅览区、公共阅览区、精品阅览区等服务窗口，馆内共配备 50 台计算机供读者使用，全馆实现免费无线网络全覆盖。为满足读者不同时段的阅读需求，大足区图书馆还新建了两个 24 小时城市书房，利用 RFID（射频识别技术）实现无人值守，吸引了广大市民群众前来阅读体验，受到热烈欢迎。

在渝东北三峡库区城镇群中，有 2 个公共图书馆进行了新馆建设：奉节县图书馆新馆于 2016 年 3 月正式投入使用，建筑面积 5203.9 平方米；梁平县图书馆于 2017 年 3 月迁入新馆，新馆面积 4000 余平方米。

在渝东南武陵山区城镇群中，秀山土家族苗族自治县图书馆于 2016 年进行了新馆建设，新建的馆舍环境优美，庄重大气，成为当地标志性的建筑。图书馆的阅读环境得到质的提升，馆内藏书空间、阅览空间、学习空间、数字资源空间、视听空间、办公空间和休闲空间多元化分割，传统图书馆与数字图书馆、文献载体与信息传播渠道、读书与休闲娱乐等服务模式有机结合，实现了图书馆功能多元化。

除了新馆建设，“十三五”期间，大渡口区图书馆、丰都县图书馆和巫山县图书馆共 3 个公共图书馆在原馆舍基础上进行了改扩建，此外，綦江区图书馆和永川区图书馆新馆在建中，不仅改善了馆舍环境，更实现了功能升级。

随着重庆市公共图书馆馆舍环境的改善，重庆市公共图书馆已然成为当地群众周末打卡的网红景点，周末“泡”图书馆正在成为群众业余生活的常备选项。

（二）硬件设施升级

为满足大数据时代背景下读者多元化的公共文化需求，重庆市公共图书馆在“十三五”期间努力进行硬件设施的扩容和升级改造。据统计，重庆市公共图书馆阅览座席总数为 31035 个，平均每 1033 人 [①]就拥有

①根据重庆市第七次全国人口普查结果，2020 年 11 月 1 日零时重庆市 38 个区县（自治县）的常住人口为 3205.42 万人。

一个图书馆的座席。其中少儿阅览座席总数为 7013 个，自修室座席总数为 7818 个。重庆市公共图书馆阅览座席统计如表 2-7 所示。

表 2-7　重庆市公共图书馆阅览座席统计表

单位类型	单位名称	阅览座席数（个）	少儿阅览座席数（个）	自修室座席数（个）
省级公共图书馆	重庆图书馆	1869	155	410
	重庆市少年儿童图书馆	455	455	0
中心城区公共图书馆	渝中区图书馆	1090	57	633
	大渡口区图书馆	800	185	156
	江北区图书馆	1048	225	81
	沙坪坝区图书馆	1100	111	200
	九龙坡区图书馆	1000	340	150
	南岸区图书馆	300	140	150
	北碚图书馆	371	70	150
	渝北区图书馆	1500	155	246
	巴南区图书馆	2200	620	810
主城新区公共图书馆主城新区公共图书馆	涪陵区图书馆	224	80	44
	涪陵区少年儿童图书馆	650	552	44
	长寿区图书馆	1000	136	164
	江津区图书馆	851	122	360
	合川区图书馆	2100	520	350
	永川区图书馆	458	160	20
	南川区图书馆	500	100	200
	綦江区图书馆	250	100	120
	大足区图书馆	920	260	220
	双桥经开区图书馆	270	100	20
	璧山区图书馆	2127	128	467
	铜梁区图书馆	820	180	140
	潼南区图书馆	1623	110	100
	荣昌区图书馆	400	60	100
	万盛经济技术开发区图书馆	500	150	80
渝东北三峡库区城镇群公共图书馆	万州区图书馆	240	60	50
	开州区图书馆	470	42	120

续表

单位类型	单位名称	阅览座席数（个）	少儿阅览座席数（个）	自修室座席数（个）
渝东北三峡库区城镇群公共图书馆	云阳县图书馆	134	62	40
	奉节县图书馆	318	140	50
	巫山县图书馆	400	90	30
	巫溪县图书馆	188	32	48
	梁平区图书馆	815	150	512
	城口县图书馆	300	80	120
	丰都县图书馆	650	235	50
	垫江县图书馆	862	321	441
	忠县图书馆	460	160	300
渝东南武陵山区城镇群公共图书馆	武隆区图书馆	403	50	30
	黔江区图书馆	293	60	191
	石柱土家族自治县图书馆	120	40	80
	秀山土家族苗族自治县图书馆	408	80	180
	酉阳土家族苗族自治县图书馆	400	100	105
	彭水苗族土家族自治县图书馆	148	40	56

为适应数字时代阅读方式的改变，“十三五”期间重庆市公共图书馆加大数字智能服务设施的投入，为读者提供形式更多样化的服务。重庆所有公共图书馆都配备了数字阅读设备，除极个别图书馆外，绝大部分图书馆建设了自助借还设备。重庆市公共图书馆共拥有自助借还设备312套，数字阅读设备2265台。重庆市公共图书馆数字阅读设备统计如表2-8所示。

表2-8 重庆市公共图书馆数字阅读设备统计表

单位类型	单位名称	自助借还设备（台）	数字阅读设备（台）
省级公共图书馆	重庆图书馆	25	394
	重庆市少年儿童图书馆	10	10

续表

单位类型	单位名称	自助借还设备（台）	数字阅读设备（台）
中心城区公共图书馆	渝中区图书馆	7	538
	大渡口区图书馆	5	15
	江北区图书馆	10	22
	沙坪坝区图书馆	9	115
	九龙坡区图书馆	30	90
	南岸区图书馆	5	6
	北碚图书馆	14	6
	渝北区图书馆	15	25
	巴南区图书馆	23	72
主城新区公共图书馆	涪陵区图书馆	64	93
	涪陵区少年儿童图书馆	7	62
	长寿区图书馆	4	120
	江津区图书馆	9	7
	合川区图书馆	7	38
	永川区图书馆	5	9
	南川区图书馆	2	10
	綦江区图书馆	3	2
	大足区图书馆	5	120
	双桥经开区图书馆	0	12
	璧山区图书馆	4	10
	铜梁区图书馆	1	54
	潼南区图书馆	4	7
	荣昌区图书馆	5	4
	万盛经济技术开发区图书馆	2	6
渝东北三峡库区城镇群公共图书馆	万州区图书馆	4	5
	开州区图书馆	1	153
	云阳县图书馆	4	46
	奉节县图书馆	1	5
	巫山县图书馆	2	69
	巫溪县图书馆	2	5

续表

单位类型	单位名称	自助借还设备（台）	数字阅读设备（台）
渝东北三峡库区城镇群公共图书馆	梁平区图书馆	1	4
	城口县图书馆	0	8
	丰都县图书馆	4	4
	垫江县图书馆	5	12
	忠县图书馆	2	10
渝东南武陵山区城镇群公共图书馆	武隆区图书馆	4	10
	黔江区图书馆	1	9
	石柱土家族自治县图书馆	1	5
	秀山土家族苗族自治县图书馆	2	13
	酉阳土家族苗族自治县图书馆	1	56
	彭水苗族土家族自治县图书馆	2	4

随着设施设备的更新，重庆市公共图书馆为读者提供了更多个性化的服务。2017 年九龙坡区图书馆在全市首创无人自助服务，随后以每年建成 2 个的速度不断建设 24 小时自助图书馆。目前，九龙坡区已建成 6 个 24 小时自助图书馆、4 个 24 小时自助图书借阅柜。10 个 24 小时自助服务点均实现了全方位监控、全智能化远程管理、全自助化无人值守服务。

南岸区图书馆以差异化需求为出发点打造社区“有声图书馆”。2019 年，南岸区建成了 17 家“有声图书馆”、15 家“有声社区”，利用一面墙、一个角落、一个房间、一面路牌，针对不同群体提供个性化阅读服务。截至 2020 年 6 月，17 个“有声图书馆”的总播放量达 5.38 万次；15 个“有声社区电台”创建专辑 24 个，编辑声音 167 条，总播放量达 10.85 万次。

渝北区图书馆加强新技术应用，致力于打造多元化、全媒体公共服务平台。该馆数字体验区拥有具备动态展陈、艺术赏析、远程教育等功能的数字体验设备，包含馆情查询机、宣传展示屏、体感互动系统、沉浸式地方文化体验、分馆网点查询机、渝北文化建设成果展示、远程教学体验等，成为群众线下体验渝北特色文化资源的新阵地。渝北区图书馆充分利用先进的技术，以通俗易懂的方式展示了文旅融合、文化扶贫的成果，体现了数字图书馆建设的显著成效，是渝北区的特色数字文化品牌。随着硬件设施设备的升级，广大市民享受到了先进科技带来的图书馆新体验和新服务。

第三章

阅读推广与读者服务

公共图书馆读者服务工作是图书馆发展的核心，是图书馆一切工作的出发点和最终归宿。“十三五”时期是从传统图书馆向数字图书馆转型过渡、由量变到质变的关键时期，中共中央办公厅、国务院《关于加快构建现代公共文化服务体系的意见》明确将“提高公共图书馆服务效能”作为公共图书馆事业“十三五”发展的重点任务之一。在这个变革和转型的阶段，如何应对伴随机遇而来的挑战，提高图书馆的核心价值，创新服务形式，开展特色服务，为读者提供更好的用户体验，将是所有公共图书馆必须面对的问题。

“十三五”期间，重庆市公共图书馆秉承“读者第一，服务至上”的发展理念，在抓好阵地服务的同时，坚持以品牌活动为引领，积极开展阅读推广活动，提高市民对图书馆的认知度，实现服务与需求的有效对接。同时，重庆市公共图书馆重视引入新媒体技术，加强创新公共文化服务数字化与图书馆集成管理，借助信息技术和新媒体设备丰富服务供给，提升读者体验感。经过一系列努力，到“十三五”末期，重庆市公共图书馆读者规模进一步扩大，办证数量大幅增加，更多人享受到了阅读的快乐。

一、流通服务

（一）流通人次呈现上升趋势，有效办证数量持续增加

公共图书馆书刊流通量是衡量读者对图书馆服务认可度的一个基本指标。随着重庆市公共图书馆阅读环境进一步改善，加大硬件投入，提高服务档次，“十三五”期间，越来越多的读者走进了图书馆，读者人数相比“十二五”期间，有大幅增长，图书外借量也逐年增加。“十三五”期间重庆市公共图书馆流通服务统计如表 3-1 所示。

表 3-1　“十三五”期间重庆市公共图书馆流通服务统计表

单位名称	年均到馆量（人次）	年均文献外借次数（人次）	年均文献外借量（册次）	累积有效注册读者量（人）
重庆图书馆	2166525	417766	1077563	470741
重庆市少年儿童图书馆	480821	401471	622116	21951
渝中区图书馆	430592	73470	198815	53116
大渡口区图书馆	495124	147675	332911	39614
江北区图书馆	503526	40078	475547	63293
沙坪坝区图书馆	1022727	119577	428360	149407
九龙坡区图书馆	451891	212896	543355	160250
南岸区图书馆	352499	139096	310371	83551
北碚图书馆	588425	127704	266775	60311
渝北区图书馆	349313	211264	483062	161258
巴南区图书馆	551779	165844	695770	152229
涪陵区图书馆	251236	196526	305332	96800
涪陵区少年儿童图书馆	121799	74050	171957	64737

续表

单位名称	年均到馆量（人次）	年均文献外借次数（人次）	年均文献外借量（册次）	累积有效注册读者量（人）
长寿区图书馆	625045	349079	484900	58809
江津区图书馆	342100	184473	516693	81370
合川区图书馆	397914	160973	312736	76521
永川区图书馆	353892	66782	168910	73838
南川区图书馆	221055	69776	177312	37030
綦江区图书馆	98489	47661	126519	64414
大足区图书馆	231522	172972	184523	31842
双桥经开区图书馆	105559	68167	109088	18065
璧山区图书馆	345805	89410	259516	54102
铜梁区图书馆	330000	174010	461659	56116
潼南区图书馆	531114	69692	469419	89096
荣昌区图书馆	169715	159407	278822	41993
万盛经济技术开发区图书馆	241499	62445	256417	20626
万州区图书馆	491293	131831	167818	22100
开州区图书馆	629939	183673	184520	72856
云阳县图书馆	32310	44313	134125	19775
奉节县图书馆	124309	35441	107162	35278
巫山县图书馆	113181	100816	192056	5156
巫溪县图书馆	50630	46422	118049	22294
梁平区图书馆	111008	92713	137454	27853
城口县图书馆	110029	60677	113560	11018
丰都县图书馆	314519	89053	183264	42598
垫江县图书馆	186238	102782	320150	46368
忠县图书馆	182282	77597	146091	38692
武隆区图书馆	159857	101229	144596	12561
黔江区图书馆	310476	55857	146774	35449
石柱土家族自治县图书馆	106793	38053	106680	22500
秀山土家族苗族自治县图书馆	195332	83445	109907	40375
酉阳土家族苗族自治县图书馆	103911	65347	87147	10536
彭水苗族土家族自治县图书馆	107065	27576	60882	35102

据统计，重庆市公共图书馆年均到馆 1508.91 万人次，年均外借 533.91 万人次，年均外借 1217.87 万册次。截至 2020 年底，重庆市公共图书馆累计有效注册读者证 278.16 万个，年均新增有效注册读者证 43 万个。

在对重庆市公共图书馆有效注册的读者进一步调查后发现，“十三五”期间，重庆市公共图书馆有效注册的男性读者和女性读者比例基本持平，男性读者比例略高于女性读者 4 个百分点。如图 3-1 所示，从读者年龄看，“90 后”和“00 后”注册比例最大，正在成为阅读的主要群体。其中 15 到 59 岁的持证读者占 61%，14 岁以下的持证读者占 13%，少儿持证读者数量逐年增加，读者的年轻化为重庆市公共图书馆读者服务工作的改进提供了新的思路。在有效注册的读者中，60 岁以上的老年读者占总人数的 17%，重庆市公共图书馆非常重视对老年读者的服务，不仅为他们提供优质的阵地服务，还通过组织丰富多彩的文化娱乐活动增强他们对图书馆的认同感和归属感。

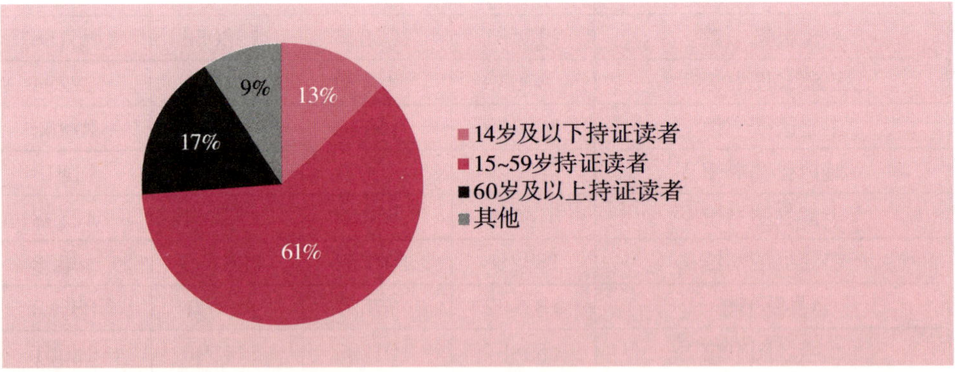

图 3-1　重庆市公共图书馆有效注册读者各年龄段占比

“十三五”期间，重庆市公共图书馆不断提升服务质量、丰富服务内容，多样化的借阅方式让读者有了更多选择的空间。如图 3-2 所示，从五年间的到馆人次统计看，虽然到馆人数增幅不明显，但还是处于平稳增长的状态，2020 年受疫情影响，各地到馆人均数均有所下降。值得一提的是，受各地经济发展、人口结构、图书馆规模等多种因素影响，到馆人次在区域上的差异非常明显。

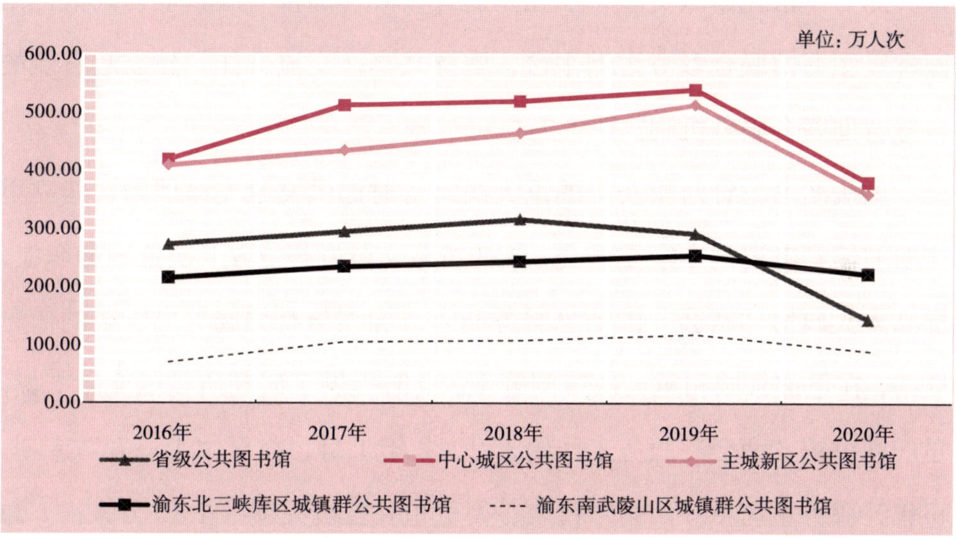

图 3-2 重庆市各区域公共图书馆到馆人次统计情况

（二）利用资源特色，结合自身优势，开展咨询服务工作

公共图书馆参考咨询工作是图书馆读者服务工作中非常重要的组成部分，体现了图书馆服务的增值作用和馆员的价值。随着大数据时代的到来，图书馆文献资源数字化程度不断提高，文献存储、检索以及交流传播的手段不断更新，参考咨询服务的导向作用显得尤为重要，读者希望获得个性化服务的需求也越来越强烈。

因为馆藏资源、设施条件和人才结构方面的不同，地区发展的差异化使读者对参考咨询服务的需求也不同，重庆市公共图书馆开展参考咨询服务的地区差异化因此非常明显，只有极少数公共图书馆还不具备提供参考咨询服务的条件，大部分区县公共图书馆没有开展课题代检和专题信息咨询服务。

作为省级中心馆，重庆图书馆年均完成信息咨询 13.23 万项（条），完成课题代检总量达 3217 项（条），完成专题信息咨询 288 项（条）。重庆图书馆依托馆藏文献，加强和提升参考咨询核心服务能力。依托全国省级图书馆联合参考咨询平台，资源共享，交流合作，建立起有效的参考咨询联合服务机制。

重庆图书馆针对重庆市的重大决策及时提供文献支撑保障，建立重庆图书馆参考咨询专家委员会，依托馆藏文献发挥立法、决策服务职能，提高人大政协“两会”的信息服务能力，加强与有关局、办、委的信息联络，在重点领域和重大决策问题上，及时提供了研判所需的文献支撑。重庆图书馆“两会”服务工作始于 2012 年 1 月，截至“十三五”末期，已累计服务重庆市“两会”代表、委员和驻会机关领导 1.80 万人次。总计提供“两会”热点专题资料 90 余项，1.80 万余份；赠送各类数字资源卡 1.80 万余张，图书 2.50 万余册；现场接待参考咨询 1200 余人次；现场办理读者卡 600 余张。9 年来，重庆图书馆的“两会”工作已经发展成为决策参考咨询工作的品牌服务，服务内容、载体和方式不断调整和完善。在服务内容上，不仅有热点图书赠送、免费电子书刊下载阅读等，同时还专门编辑和赠阅代表、委员热切关注的“两会”若干主题热点专题文献；服务载体从提供纸质文献发展到以决策服务微信公众号（App）电子资源为主；服务方式从上会服务为主发展到常态服务为主。重庆图书馆的“两会”服务工作，得到市级人大代表、政协委员及各级领导的鼓励和好评。

为提升参考咨询服务效能，重庆图书馆还做了大量的尝试和积极的创新。自 2013 年 10 月重庆图书馆与重庆市渝北区人民法院签订“馆院合作”协议以来，重庆图书馆打通了线上线下的服务渠道，将传统的文献借阅服务向专业的定题服务发展，向渝北区人民法院提供图书资料采编、专题文献信息等服务支撑。为配合渝北区人民法院的业务工作、学术研究及青年法官培养等专项需求，重庆图书馆及时提供所需的各类专题文献信息资源，同时为渝北区人民法院定制了数字资源远程访问专用账号，保障法院广大干部职工可随时随地远程访问重庆图书馆丰富的数字资源。2017 年，双方进一步创新合作方式，渝北区人民法院在重庆图书馆内开设法庭，审理剧本著作权侵权纠纷一案，吸引了百余人参与，此举可称为是图书馆和法院在公众普法宣传服务方面的首创。2019 年，重庆图书馆为渝北区人民法院开展了参考咨询定题服务，为法院的《“一带一路”沿线国家知识产权制度比较研究》课题提供了专业、有效的咨询服务，其中仅专业文献就提供了近 200 篇。

重庆市区县公共图书馆也结合自身特色优势，开展了参考咨询服务工作。

南岸区图书馆年均为机关企事业单位、人民团体、人大代表、政协委员等提供专题咨询服务 4 次；年均提供资料代检索等服务 12 次。

渝中区图书馆在线下咨询领域，积极为读者搞研究、做课题提供参考咨询、信息检索、代检代查、资料复印等服务。“十三五”期间共计接待读者近 5 千人次，查阅资料约 1 万余册。其中接待研究性读者近 900 人次，提供资料近 3000 册。在线上咨询领域，该馆于 2017 年申请加入全国图书馆参考咨询联盟，咨询员在平台和 QQ 上回复读者咨询。2016 年至 2020 年上半年，该馆共编辑二次文献开发刊物《信息参考》7 期、《渝图讯息》6 期；编制三次文献《渝中区图书馆精选民国时期文学出版物书目提要》1 期。

沙坪坝区图书馆以本馆地方文献为依托，先后为沙坪坝区教育博物馆筹建、沙坪坝区缝纫机博物馆筹建、原沙磁区区长戴志钧人物事迹整理等提供信息咨询服务。

九龙坡区图书馆引进高素质的信息咨询专业型人才，特聘全国知名艺术家、一级演员吴文担任该馆开展艺术专题服务的专家，聘请享受国务院津贴的沈正华和聂铭担任企业咨询服务专家。在对外开展参考咨询的同时，对内深化学术研究，“十三五”期间共完成 6 个科研课题的研究与实施，内容涉及创新阅读服务、图书智能管理、特殊阅读指导与推广、总分馆建设等多个方面，既有软科学项目，也有社会发展项目。

合川区图书馆编制了《农科信息》《种植技术》《时政要闻》等二、三次文献和专题简报，供专业户、重点户和相关部门参考，还编制了非物质文化遗产项目专题文献目录等，供相关读者参考。同时，该馆对咨询单位采取了随时跟踪的信息咨询服务模式，提高了服务品质。

巫山县图书馆结合本地实际情况开展参考咨询服务，为本土作家查阅地方文献资料提供帮助，同时为新合村、紫鹅村村民提供种植蜜柚、李子的小知识服务，还为乡镇“双晒活动”提供《巫山县志》及其他资料查询服务。

奉节县是重庆的农业大县，奉节县图书馆结合自身实际情况，为县里的养殖和种植大户提供咨询参考专题服务，帮助他们提高种植养殖技术水平。

二、读者活动

（一）读者活动向基层延伸，增强人民群众的文化参与

《“十三五”时期全国公共图书馆事业发展规划》要求“增强人民群众对公共文化服务的获得感”。2017 年文化部组织的第六次公共图

书馆评估也将强调服务放到了重要位置，体现在评估标准中是服务指标的比重明显加大。强调服务、强调效能，促进公共图书馆充分发挥设施设备和资源的效用成为这次评估的鲜明导向。

同时，重庆市公共图书馆在构建和完善覆盖城乡、惠及全民的公共文化服务设施网络上下功夫，通过资源下移、服务下移，把优质图书馆服务向城乡基层延伸，提升服务的有效供给，增强群众文化参与的广度和深度。

“十三五”期间，重庆市公共图书馆共举办 32677 场读者活动，平均每年举办 6535 场，累计有 2376.22 万人次参与读者活动。“十三五”期间，重庆市公共图书馆读者活动举办次数和读者活动参与人数情况如表 3-2 所示。

表 3-2　“十三五”期间重庆市公共图书馆读者活动统计表

单位类型	单位名称	读者活动举办次数（次）	读者活动参与人次（万人）
省级公共图书馆	重庆图书馆	3879	247.78
	重庆市少年儿童图书馆	1883	630.27
中心城区公共图书馆	渝中区图书馆	1147	52.49
	大渡口区图书馆	841	44.47
	江北区图书馆	1194	41.63
	沙坪坝区图书馆	1263	35.65
	九龙坡区图书馆	1149	15.66
	南岸区图书馆	616	10.32
	北碚图书馆	856	46.81
	渝北区图书馆	632	17.45
	巴南区图书馆	1630	39.60
主城新区公共图书馆	涪陵区图书馆	536	148.52
	涪陵区少年儿童图书馆	587	20.66
	长寿区图书馆	755	154.47
	江津区图书馆	440	39.42

续表

单位类型	单位名称	读者活动举办次数（次）	读者活动参与人次（万人）
主城新区公共图书馆	合川区图书馆	504	94.58
	永川区图书馆	658	37.71
	南川区图书馆	390	13.96
	綦江区图书馆	325	25.91
	大足区图书馆	571	28.30
	双桥经开区图书馆	791	10.47
	璧山区图书馆	652	13.04
	铜梁区图书馆	942	85.71
	潼南区图书馆	752	44.33
	荣昌区图书馆	856	38.85
	万盛经济技术开发区图书馆	761	60.51
渝东北三峡库区城镇群公共图书馆	万州区图书馆	852	25.78
	开州区图书馆	396	33.10
	云阳县图书馆	1213	12.22
	奉节县图书馆	318	8.69
	巫山县图书馆	269	4.75
	巫溪县图书馆	306	17.98
	梁平区图书馆	320	5.40
	城口县图书馆	258	4.33
	丰都县图书馆	516	11.69
	垫江县图书馆	697	22.39
	忠县图书馆	573	23.23
渝东南武陵山区城镇群公共图书馆	武隆区图书馆	417	27.01
	黔江区图书馆	360	24.63
	石柱土家族自治县图书馆	319	8.70
	秀山土家族苗族自治县图书馆	420	59.04
	酉阳土家族苗族自治县图书馆	313	8.69
	彭水苗族土家族自治县图书馆	520	80.00

为营造全民阅读氛围，建设学习型社会，重庆市公共图书馆积极响

应公众的文化需求，开展了多种形式的读者活动（见图 3-3），丰富了社会公众的文化生活，增强了人民群众的文化获得感和幸福感。如图 3-4 所示，读者活动举办次数和读者活动参与人数总体呈逐年上升趋势。

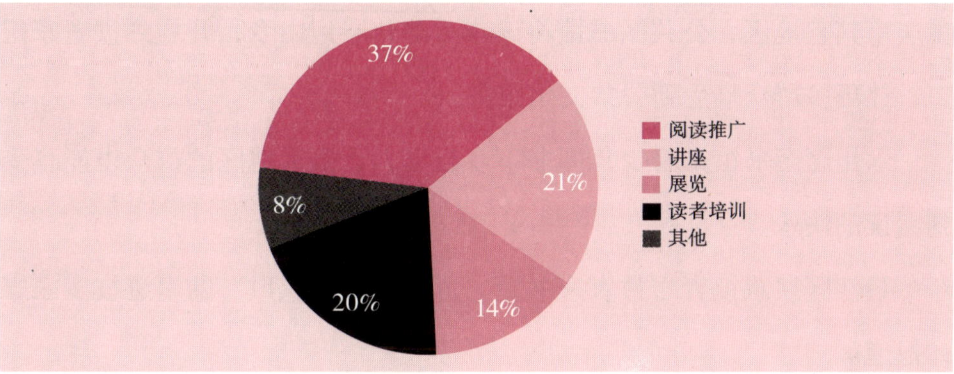

图 3-3 “十三五”期间重庆市公共图书馆举办读者活动类型分布

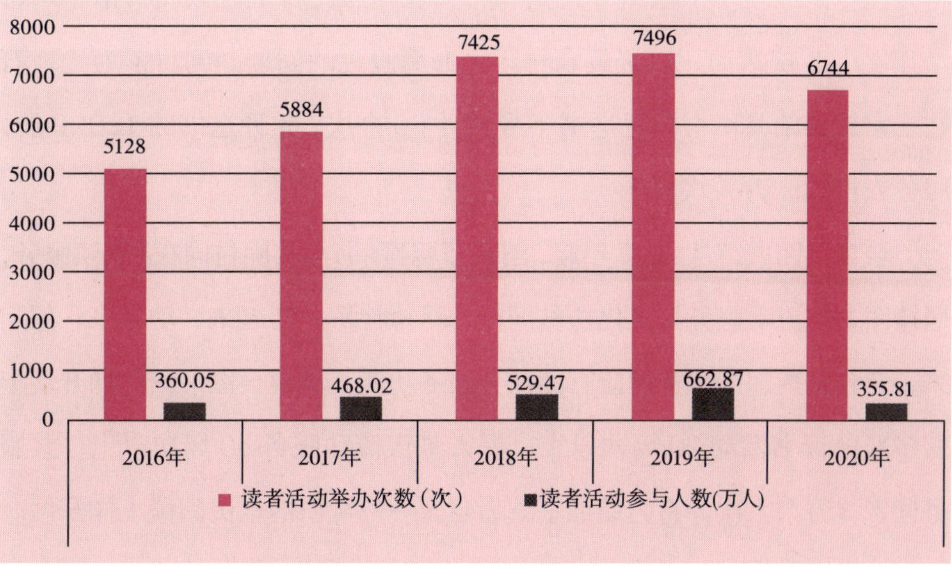

图 3-4 重庆市公共图书馆读者活动举办次数和读者活动参与人数

1. 读者活动进基层、进山寨，缩小区域、城乡文化发展差异

在重庆市的经济欠发达地区，公共图书馆作为传播知识、丰富人民群众精神文化生活的主阵地之一，对实现公共文化资源共建共享，发挥

了重要的作用。以渝东南武陵山区城镇群为例，五年来，公共图书馆开展的读者活动场次比“十二五”期间有大幅增长，部分图书馆每年参加读者活动的人次赶上甚至超过了重庆市主城周边的区县公共图书馆。在重庆市其它地区，公共图书馆将读者活动开展到山乡，开展到读者家门口，让更多群众享受到公共文化服务。

永川区图书馆带着少儿图书下乡赶场，让偏远地区的群众也能享受到阅读的快乐。

綦江区扶欢镇青岩村农家书屋“背篼送书到农户”的事迹被多家媒体报道。

石柱土家族自治县图书馆自 2014 年起举办“书香山寨行”活动，将关注重点放在了山区留守儿童和广大农村居民身上。该图书馆平均每月开展 1~2 次活动，以缓解农村居民书籍匮乏的问题。到目前为止，石柱土家族自治县图书馆已送书下乡共计 60 余次，累计送书约 12000 册，服务人群达 1 万人次以上。

城口县图书馆从 2017 年起，创新开展“图书与贫困村同在”阅读服务，坚持图书馆流动服务与文化扶贫同行，尽量让资源活起来、动起来、用起来，充分发挥图书馆资源应有的社会服务功能。城口县图书馆年均开展丰富多彩的读书活动 20 场次以上，深入基层流动服务 50 场次以上，共服务读者 3 万余人次，有力助推了革命老区——城口的全民阅读工作开展。

2. 利用新技术、新思维探索服务新模式

除了通过活动扩大阅读的影响力，重庆市公共图书馆还利用新媒体、新科技来丰富读者服务的形式。

九龙坡区图书馆创新开展“私人定制”服务，针对农家书屋技术力量薄弱、资源缺乏、人手不足、场地使用率不高等问题，九龙坡区图书馆结合老百姓需求及农家书屋现状，开创农家书屋服务新模式。该图书馆开发出“百姓点单”网上数字文化服务平台，图书馆的图书、数字资源、活动等根据老百姓点单需求，开展“私人定制”服务，实现了农家书屋数字化、网络化、智能化、点单化服务。

巴南区图书馆在总馆、分馆和基层服务点三级联动的总分馆服务制基础上，立足自身特点，从广大基层群众的需求和解决实际困难出发，创新全民阅读服务模式，推出“巴图优借”免费快递借还服务系统。“巴图优借”服务借助移动互联网、物联网等技术，将邮政快递物联网系统、全市公共图书馆“一卡通”平台和本馆资源进行有效整合，提出“一部手机等于一座图书馆”的概念，通过线上线下互通融合、文献资源开放共享、卡证合一兼容并用、服务延展助力分馆等方式，秉承“公益性、基本性、均等性、便利性”原则，打通数据链条，为偏远山区提供“24 小时不打烊”的全免费的远程图书借还服务，实现真正“零距离”阅读。截至目前，“巴图优借”服务范围已经实现全区 22 个镇街分馆、35 个基层服务点全面覆盖，累计向偏远地区群众提供图书快递借还服务 2.30 万余册次，办理有效读者证 1.50 万个。

3. 读者活动与旅游相融合

重庆整体地势以丘陵山地居多，蕴含丰富的旅游资源。重庆市公共图书馆在开展读者活动的时候，充分考虑利用自身的区位优势，把读者活动和地区旅游发展相结合。

垫江县图书馆自 2016 年起开展了“全民悦读进景区”的活动，在每年旅游旺季、全国旅游日、全县重大民俗节庆活动期间，走进景区开展活动。在活动现场，猜灯谜、听民俗讲座、获取免费赠书、体验数字阅读、体验电子书法等项目成为广大游客和读者争相参与的项目。

酉阳“桃花源”全国闻名，酉阳土家族苗族自治县图书馆在桃花源景区举办“五月爱上桃花源”大型亲子诵读会。活动通过亲子诵读引领阅读风尚，让广大家长、儿童感受诵读的魅力，是一次文旅融合的成功尝试。

4. 针对特殊群体开展读者活动，确保服务标准化、均等化的持续推进和提高

《中华人民共和国公共图书馆法》要求：公共图书馆不断提升均等化服务水平，保障老年人、未成年人、残疾人、异地务工人员、农村留守妇女儿童等特殊群体享有基本的公共文化服务。重庆市公共图书馆在“十三五”期间逐步建设和完善面向未成年人、老年人以及残障人士的服务设施，同时针对特殊群体开展读者服务，为其更好地融入社会创造条件。

重庆图书馆为了响应全民阅读的号召，落实“盲人数字阅读推广工程”要求，加快推进视障文化服务事业发展，更好地保障视障群体的基本文化权益，不仅为视障群体配备专门的阅览室，还举办丰富多样的活动，帮助视障群体参与到全民阅读中来。重庆图书馆视障阅览室有各类盲文书籍 11000 余种，盲文视听光盘及磁带共计 9000 余件，还为视障人员配套专用电脑、盲用智能听书机、录音机、双面刻印盲文刻录机、一键式阅读机、扫描棒、“听书郎”等先进设备。该阅览室全年免费为视障人士提供书刊文献电子化盲文阅读、语音阅读、网上信息交流、技能培训等多元化服务。

“红绿熊心阅读”视障儿童阅读关爱行动项目是重庆图书馆从 2015 年起开展的一项针对视力残疾、低视力儿童及家长的阅读关爱行动项目，2016 年该项目获得“中国青年志愿服务项目大赛”银奖。“点亮心灵之窗 开启美好人生——重庆市视障人群志愿服务关爱行动”项目依托重庆图书馆读者服务平台以及丰富的馆藏资源，通过开展口述电影、无障碍电影、无障碍行走模拟体验、无障碍电脑培训、无障碍手机培训、盲人用品展览等多系列阅读推广志愿服务活动，让广大视障人士平等地享受和体验最新文明发展成果。2014 年该项目获得“首届中国青年志愿服务项目大赛”金奖，2017 年成为中国青年志愿服务大赛的示范项目。视障阅览室为盲人读者提供的阵地服务多次受到中央电视台《晚间新闻》《人民日报》及《图书馆报》等数十家媒体的正面报道，百余家媒体对这些报道进行转载。视障阅览的阵地服务得到了社会的好评，产生了积极的影响。

除了帮助视障群体开启阅读新体验，2018 年至 2020 年，重庆图书馆还牵头全市 43 家公共图书馆以接力的方式共同开展了“常青 e 路幸福夕阳——老年人数字阅读系列培训”。这个活动主要针对老年人群体，通过统一制作通俗易懂、易于理解的培训课件，对老年群体进行长期、系列化的培训，开启老年人丰富的数字化生活，尽量缩小、弥补老年群体和年轻人之间的数字“代沟”。系列培训包括“智能手机与老年朋友的日常生活”“无忧出行”“防电信诈骗”“手机带我去旅行”“手机摄影实用技巧”“电子相册制作”“短视频实用讲解”“掌上智慧生活季”及“‘渝康码’推广使用培训”9 个方面的主题，涵盖了人们日常休闲娱乐等生活内容，受众达 3 万余人次。

在重庆图书馆的指导和带动下，重庆市各区县公共图书馆通过各种方式为特殊群体“量体裁衣”，不仅提供设施上的便利，还组织大量有针对性的活动，吸引更多读者走进图书馆，扩大阅读的影响力。

綦江区图书馆针对特殊人群开展个性化服务，如“阅读走进身边”“我读你听”等助听助读阅读活动，补充馆内盲文资源并完善设施设备。为腿脚不便的读者提供搀扶等贴心服务；针对未成年人群体，利用假期开展小小图书管理员培训、小志愿者服务招募等活动；对不能到馆的边远贫困山区学校的留守儿童开展“流动校园 读写未来”公益助教行动。

忠县图书馆自2016年起举办“忠图故事会”，通过读书心得分享、好书共享、讲故事等形式，培养未成年人的阅读兴趣，提升未成年人的阅读能力。从2016年起，该馆针对老年群体举办老年读书节活动，通过开展读书征文比赛、公益讲座、文艺演出、老年书画作品展览等活动，并将老年大学图书室作为分馆，为广大老年人提供阅读服务。

开州区图书馆为辖区内的汉丰一校、汉丰五校的学生举办了“相约星期三”活动，每周三下午邀请学生到图书馆开展阅读活动，图书馆工作人员提供耐心、细致的阅读指导和心理辅导。“相约星期三”活动搭建了师生读书交流学习的平台，让学习成果得以共享。同时，开州区图书馆还针对视障群体推出了“我是你的眼”特殊服务品牌活动，通过诵读优美文章和讲解电影，丰富盲人的精神文化生活，激励他们自立、自强。另外，该馆打造的“爱暖心灵”品牌活动是“留守儿童视频对话活动”的升级和延伸，通过为留守儿童较为集中的学校捐赠图书，组织留守儿童开展读书活动、课外阅读以及培训、观看视频等方式抚慰他们的心灵，在他们心中种下希望和爱的种子。针对少儿群体，南川区图书馆利用自身独创的“快乐的笋宝宝”少儿绘本课堂和“小方竹故事会”两个针对少儿的阅读推广品牌，采用“走出去”和“请进来”的模式，以少儿喜闻乐见的形式，组织少儿开展阅读活动，从小培训少年儿童阅读学习的良好习惯。

（二）打造品牌阅读推广活动，扩大全民阅读影响力

在“十三五”期间，重庆市公共图书馆大力开展全民阅读活动，精

心组织阅读推广活动，为广大读者提供优质的公益服务。五年来，重庆市公共图书馆共开展了 12083 场阅读推广活动。

重庆市公共图书馆发挥已有品牌阅读活动的示范引领作用，结合各地区公共图书馆的自身优势和地方特色，针对不同群体、知识层次、欣赏习惯等特点，创新阅读推广活动方式，满足不同层次文化需求，通过亲子阅读、体验式阅读、互动式阅读、讲座式阅读以及阅读交流等形式，不断提升活动的吸引力和参与度。

公共图书馆"开展阅读指导、读书交流、演讲诵读、图书互换共享等活动，推广全民阅读"已经纳入《中华人民共和国公共图书馆法》要求的范畴。重庆市公共图书馆通过打造不同层级的阅读推广活动品牌，不断扩大全民阅读的影响力。

重庆图书馆作为中国保存联合国文献最早的公共图书馆之一，托存联合国文件近 26 万余件，出版物 2.3 万余册。为了拓宽青少年群体服务，从 2017 年起，重庆图书馆以托存的由联合国及其所属机构分发的文件和出版物为基础，以 12~18 岁的青少年群体为活动主体，自主举办了首届"重庆青少年模拟联合国大会"。该活动是青少年角色扮演类体验式阅读活动，通过模拟联合国，让青少年扮演不同国家的外交官，作为各国代表，通过查阅信息、阐述观点、政策辩论、投票表决等亲身体验、熟悉联合国的运作方式，了解世界发生的大事对他们未来的影响和自身可以发挥的作用，用立体、生动、具象的形式进行体验式阅读。"模联活动"以创新型的"体验式阅读"促进了公共图书馆的阅读推广，几年来，该活动得到了包括西南大学、华东师范大学、美国里士满大学、纽约大学在内的国内外高校，以及重庆外国语学校、重庆第二外国语学校、重庆渝高中学、凤鸣山中学等中学的百余名青少年学子的大力支持。同时，该活动还得到了重庆电视台、《重庆日报》《晨报》、华龙网等主流媒体的关注，同时也受到了中国联合国协会的高度评价，2014 年荣获“出版界图书馆界全民阅读年会”案例一等奖。

重庆市各区县公共图书馆也群策群力，依托馆藏资源，创新活动形式，开展了丰富多样的阅读推广活动。

渝北区图书馆创新建设家庭图书馆，通过家庭图书馆带动家庭成员、亲戚朋友和社区居民开展阅读活动，形成“图书馆＋家庭”的全民阅读服务体系，创新性推动全民阅读。2018 年渝北家庭图书馆建设获第一届公共图书馆创新创意征集推广活动“最佳创新奖”，受到国家、市、区级媒体推广报道 20 多次。

沙坪坝区图书馆 2013 年起就开发了“妙妙屋”亲子快乐阅读活动俱乐部，该活动专门针对 3 ~ 6 岁低幼儿童，以亲子绘本图书阅读、家庭故事会、家长阅读沙龙、亲子派对、绘本剧表演等为主要形式，活动阵地以馆内为主，基层、线上阵地为辅，吸引了大量小读者以及家长参与。为充分拓宽品牌项目的影响力，精心打造品牌文化，“妙妙屋”还充分利用现代化服务平台，建立起自己的会员 QQ 群、微信群，定期分享育儿知识、推荐绘本新书、发布活动信息，加强会员家长之间的网络互动与交流，不断丰富活动内容，创新活动形式，将精彩的活动信息通过图书馆网站、微信公众号、各级新闻媒体发布出去，充分发挥了图书馆阅读推广活动的引领作用，得到了社会的普遍认可。

北碚图书馆于 2015 年策划推出了“碚城同读一本书”系列活动，并作为全民阅读活动品牌逐年坚持开展，到 2020 年，已举办了 6 届。该活动以纸质读本、数字阅读为载体，每届精心选择一本好书，倡议全城同读，并延伸举办讲座、沙龙、展览、征文、演讲、诵读以及线上听书、书评、知识竞赛等活动。平面阅读、多媒体阅读、数字阅读多渠道并行，读书讲座、读书沙龙、经典诵读、图片展览齐头并进，立体化的阅读方式使读者到馆率和满意度明显增加。

长寿区图书馆坚持通过“学校—学生—家庭—社会”链条推进全民阅读活动，坚持“图书馆推动、学校主动、家庭互动、社会联动”的机制，“书香学校”带动了成百上千个“书香家庭”“书香企业”“书香村社”“书香街镇”的发展，直接带动中小学生达 12 万人、教师 8000 余人，带动家庭成员 30 余万人次，成为全区影响力最大、带动力最强的全民阅读活动品牌，形成了全民共享的文化品牌，获得了国家、市级多项荣誉。

潼南区图书馆联合社会力量打造阅读推广品牌，该馆与潼南籍青年作家润叶发起的书友会联动共建读书会，致力传播核心价值观，弘扬传承优秀传统文化，推进“红色文化”主题全民阅读。目前润叶及其书友会已成为潼南地区具有重要影响力的成熟阅读推广品牌，阅读推广社会服务效能初见规模。

（三）举办讲座展览，发挥公共图书馆的社会教育功能

举办讲座和展览是公共图书馆发挥社会教育功能的重要渠道。近五年来，重庆市公共图书馆举办的讲座展览数量稳中有升，讲座和展览参与的人数有较大增长。“十三五”期间重庆市公共图书馆共举办讲座 6770 场，举办各种展览 4763 场。

重庆市各公共图书馆结合馆藏优势致力于打造讲座品牌。很多公共图书馆打造的讲座已经成为市民修身养性、提升个人修养的主要方式之一。

“重图讲座”是重庆图书馆面向社会和大众推出的双休日学术文

化系列讲座。从1996年与部分区级公共图书馆联合举办周末讲座，到2004年独立举办重图讲座，再到2007年全力打造品牌讲座，至今，"重图讲座"已成为重庆广大市民感受前沿观念、分享名家智慧、提高文化修养的精神家园。截至2020年12月，1369位讲师莅临重庆图书馆这方讲坛，倾囊相授，碰撞智慧。原重庆市市长黄奇帆、时任市政协副主席陈万志曾通过重图讲座的讲台宣讲大政方针；儿童文学家方素珍、杨红缨，著名作家白先勇、美国著名作家傅高义、北京广播电视台著名节目主持人晏积瑄、"网红教授"戴建业、文艺作家安意如等分别带来文化艺术潮流讯息；女高音歌唱家卡拉德里科夫等也通过"重图讲座"，为听众打开了解世界多样化文化的窗户。"重图讲座"内容丰富、形式多样，以传统讲座为基础配合现场访谈、音乐赏析、诗歌朗诵、沙龙对话等多种形式，衍生出名家名著、历史文化、艺术鉴赏、重庆作家、健康大讲堂、法律大讲坛、国学大讲堂、社会百科、特别策划9个系列。完善的前期筹备、精心的现场组织、及时的后期宣传，使"重图讲座"的影响力进一步扩大，逐渐成为重庆一张特殊的文化名片。

重庆图书馆2020年策划举办原创展览，实现讲座、展览首次跨界融合。《中国神话有意思》原创绘本展，结合展览开启线下沉浸式分享讲座，特邀编著者及作者在展览现场与读者分享中国神话中的东方美学精神，通过嘉宾分享和实境观展，带给读者全新体验。该馆还立足重庆市丰富的古籍文献资源，联合全市"全国古籍重点保护单位"，完成"册府千华——重庆市藏国家珍贵古籍特展"的选目、撰稿、协调、设计和展览工作。展览得到国家图书馆和国家古籍保护中心领导的高度评价，并由央视做了专题直播报道。《辉煌记忆——邓小平主政大西南文献展》精选档案文献图片200余幅，分为解放西南、建政西南、建设西南3

个部分、9 个单元，全方位展现了新中国成立初期，邓小平在重庆主政大西南工作时所取得的成绩。该馆还举办了主题为“地标巴渝，图览山城”的地图展，通过呈现重庆古代地图、近代地图和当代地图的变化来展示重庆城的历史变迁和发展新貌，并以此为契机，开展地图征集，打造地图特色馆藏。

渝中区图书馆于 1996 年开始举办“三峡大讲坛·渝中讲台”，每周六开讲，讲题内容涵盖经济、时事、生活、文学、美术、教育等领域，现已逐渐发展融思想性、知识性、普及性、趣味性于一体的综合性的市民课堂。此外，该馆每年还会在 6 个分馆举办各种特色专题讲座，同时与学校、机关、企业合作，送讲座到基层。2016 年“三峡大讲坛·渝中讲台”获评全国终身学习品牌项目。

沙坪坝区图书馆的“星期日讲座”是从 1986 年开馆以来就一直坚持举办的公益性讲座。讲座邀请了中国当代知名学者、文史学家、北京鲁迅博物馆前馆长陈漱渝先生，“百家讲坛”主讲人之一、重庆大学曾国平教授，国学专家、清华大学钱迅教授，重庆市音协主席叶语先生、重庆作协主席黄济人先生、歌德学院北京分院金贞善女士等一批国内、市内知名的专家学者，始终保证讲座的高品质。该讲座由于内容丰富、形式多样、贴近群众，赢得了广大听众的喜爱，被广大群众誉为“没有围墙的大学”。

江北区图书馆自 2012 年开始着力打造“书香北滨”读者讲座，在本馆、分馆、各街镇、基层文化站等地开展健康养生、礼仪素养、花道学习、国学知识解读、书法教学、音乐与舞蹈教学、家庭教育、茶文化体验、剪纸等讲座活动。如今，“书香北滨”读者讲座已连续开展 8 年，在 2016~2020 年，共成功举办了 270 余场。该活动深得群众的好评，在江北区形成了良好的品牌形象。

北碚图书馆打造的“缙云文化大讲堂”已经成为公益性文化服务品牌，先后在北碚图书馆主场地举办182场，在区内镇、街、村（社区）、学校、驻地部队等分场地举办讲座145场，总计327场，深受群众欢迎，被授予“2019年重庆市终身学习活动品牌”荣誉称号。

江津区图书馆主办的“江州文化讲堂”自2014年推出以来，深受当地民众好评，现已成为江津市民文化休闲的最佳选择。

万州区图书馆打造的“白岩文化大讲堂”除了开展书法、美学鉴赏、历史文化、民生民俗文化、励志教育、文学艺术、生态文化等常规讲座外，还建立了大讲堂专家资料库和讲座题库，实现与周边城市大讲堂的资源共享。2020年受疫情影响，线下讲座开展场次减少，线上讲座成了新兴的传播知识的有效方式。

三、新媒体服务

（一）传统媒体服务

截至2020年底，重庆市公共图书馆被《中国文化报》、新华社、人民网、光明网、《中国日报》、重庆电视台、《重庆日报》、华龙网、《图书馆报》等各类媒体报道共计10482次。其中国家级媒体报道625次，省市级媒体报道3090次，其他报道6827次。在国家级媒体报道中，超过10次的有13个图书馆，超过30次的有6个图书馆。省市级媒体报道超过100次的有7个图书馆。

近年来，公共图书馆越来越重视依靠媒体力量，加强宣传推广。“融媒体”时代强调“资源通融、内容兼融、宣传互融、利益共融”，随着各馆举办活动数量的增加，媒体宣传数量也相应增加，宣传覆盖面随之扩大，媒体宣传影响力日益彰显，取得了良好的宣传成效。

（二）新媒体服务

随着信息技术的推广与发展，传统媒体在与新媒体的新一轮博弈中逐渐让出主场，碎片化的信息传播已经成为日常。在媒体融合的今天，人们获取信息的途径已经发生了巨大变化。作为提供信息服务的公共图书馆，在新的媒介环境下，需要不断更新和调整服务理念、服务途径，积极发展新媒体服务已成为当下图书馆事业发展的必然趋势。

2017 年，李克强总理在国务院常务会议上指出："建设公共图书馆，要注意线上线下相结合，两方面要配合好。""通过建好线上线下相融合的统一平台，让公共图书资源真正能够为大家共享。"在互联网技术的影响下，公共图书馆的服务模式已经发生了深刻变革。

重庆市图书馆先后开通微博、微信、抖音等新媒体平台的官方账号，开展活动预告、话题讨论、特色活动、新书通报、好文欣赏、资源推介等服务。截至 2020 年底，全市公共图书馆微博粉丝共计 407883 人次，推文发布量 28440 条；微信粉丝共计 855621 人次，推文发布量 23605 条；抖音粉丝共计 12563 人次，推文发布量为 224 条。各馆新媒体服务主要用于信息宣传和推广，用户主要通过图书馆微博、微信、抖音等渠道及时地了解图书馆发布的各种动态信息，了解到图书馆的资源情况，同时也可在线咨询答疑，让图书馆信息宣传更加及时、高效。所有公共图书馆均开通了微信服务平台，新媒体主要宣传渠道为微信（见表 3-3）。其中微信公众号开通订阅号的有 20 个图书馆，开通服务号 24 个图书馆，重庆市少年儿童图书馆既开通了订阅号又开通了服务号；有 5 个图书馆开通了抖音服务，抖音宣传时间不长且对后期制作要求较高，因此目前粉丝数量、发布量、播放量均处于初步阶段；部分图书馆逐步关闭了微博宣传渠道，目前有 14 个图书馆还在使用中。新媒体服务以满足用户个性化需求，改善用户体验，增加用户互动为宗旨，结合馆藏资源特色，扩大图书馆的社会影响力。

表 3-3　重庆市公共图书馆微信公众号统计表

单位名称	开通时间	类型	推文总发布量（篇）	粉丝数（人）
重庆图书馆	2014 年 4 月 21 日	服务号	1920	410014
重庆市少年儿童图书馆	2018 年 5 月 30 日	订阅号	63	1581
	2016 年 5 月 13 日	服务号	550	71023
渝中区图书馆	2014 年 9 月 5 日	订阅号	696	895
大渡口区图书馆	2016 年 12 月 1 日	服务号	892	9918
江北区图书馆	2014 年 10 月 14 日	服务号	1128	13256
沙坪坝区图书馆	2015 年 6 月 19 日	服务号	567	48677
九龙坡区图书馆	2016 年 9 月 13 日	订阅号	1080	31376
南岸区图书馆	2014 年 3 月 24 日	订阅号	567	17743
北碚图书馆	2015 年 11 月 3 日	服务号	504	7325
渝北区图书馆	2016 年 11 月 30 日	订阅号	1357	25847
巴南区图书馆	2017 年 2 月 17 日	服务号	734	51191
涪陵区图书馆	2017 年 5 月 16 日	服务号	1039	11191
涪陵区少年儿童图书馆	2017 年 4 月 21 日	服务号	349	2589
长寿区图书馆	2017 年 5 月 3 日	订阅号	273	6952
江津区图书馆	2017 年 3 月 17 日	订阅号	300	11680
合川区图书馆	2016 年 4 月 22 日	服务号	724	12407
永川区图书馆	2017 年 7 月 1 日	订阅号	114	3720
南川区图书馆	2016 年 4 月 25 日	服务号	345	7759
綦江区图书馆	2017 年 5 月 10 日	服务号	516	3145
大足区图书馆	2017 年 3 月 10 日	订阅号	298	5233
双桥经开区图书馆	2017 年 4 月 13 日	订阅号	176	1128
璧山区图书馆	2017 年 5 月 17 日	服务号	457	6753

续表

单位名称	开通时间	类型	推文总发布量（篇）	粉丝数（人）
铜梁区图书馆	2017 年 5 月 30 日	服务号	700	6604
潼南区图书馆	2015 年 11 月 19 日	服务号	576	1938
荣昌区图书馆	2017 年 4 月 13 日	服务号	306	2951
万盛经济技术开发区图书馆	2013 年 11 月 26 日	服务号	266	4789
万州区图书馆	2017 年 5 月 8 日	服务号	978	9295
开州区图书馆	2016 年 12 月 6 日	订阅号	941	21691
云阳县图书馆	2016 年 10 月 8 日	订阅号	354	3249
奉节县图书馆	2016 年 2 月 18 日	订阅号	217	760
巫山县图书馆	2016 年 10 月 8 日	服务号	368	2168
巫溪县图书馆	2017 年 2 月 20 日	订阅号	219	818
梁平区图书馆	2016 年 12 月 5 日	订阅号	585	3707
城口县图书馆	2017 年 8 月 21 日	订阅号	425	2155
丰都县图书馆	2017 年 2 月 20 日	服务号	125	2822
垫江县图书馆	2016 年 11 月 8 日	服务号	200	99996
忠县图书馆	2015 年 9 月 17 日	服务号	756	2496
武隆区图书馆	2017 年 2 月 13 日	订阅号	335	6167
黔江区图书馆	2014 年 2 月 8 日	订阅号	329	4703
石柱土家族自治县图书馆	2015 年 7 月 24 日	服务号	685	2188
秀山土家族苗族自治县图书馆	2017 年 2 月 6 日	订阅号	266	2928
酉阳土家族苗族自治县图书馆	2018 年 8 月 20 日	服务号	112	492
彭水苗族土家族自治县图书馆	2017 年 3 月 1 日	订阅号	213	2301

2011 年开通重庆图书馆官方微博，微博推文发布量 25535 条、粉丝共计 136870 人次。2014 年开通重庆图书馆微信公众号，微信推文发布量 1920 条，粉丝共计 410014 人次。2019 年开通重庆图书馆抖音，抖音发布量 157 条，粉丝共计 12000 人次。微博、微信在公共图书馆监测月报省级图书馆中名列前茅，影响广泛。微信、微博、抖音等新媒体推文力求原创。微信头条推文通过馆藏文献、自主摄影、全民阅读活

动等选题，联系时代热点，紧扣图书馆主题策划，原创率达到 90%。

据《全国公共图书馆微信微博监测月报》统计，我馆微博排名基本保持全国前 3 名，官方微信基本保持全国服务号第 2 至 5 名。据人民网舆情数据中心统计，2019 年至 2020 年该馆官方微博多次入选“全国十大图书馆微博”，且在“重庆十大文旅系统微博”排名领先。重庆图书馆新媒体荣获由中国新闻出版集团、中国全民阅读媒体联盟主办的第五届“大众喜爱的阅读新媒体号”。2019 年 6 月，在“微悦读 新互动”——第六届图书馆微服务研讨会暨第二届图书馆新媒体创新服务评选活动中，由重庆图书馆申报的《“阅读之星”—重庆市民诵读大赛》从全国图书馆众多新媒体评选案例中脱颖而出，荣获优秀新媒体创新服务案例奖。

在“十三五”期间，重庆市各区县公共图书馆也利用新媒体平台拓展服务空间，开展了大量新媒体服务。

万盛经济技术开发区图书馆加强新技术应用，不断打造多元化、全媒体的公共服务平台，通过开通微信公众号、微博、小程序、手机移动图书馆和触摸媒体，为读者提供不受时间和空间限制的数字阅读服务。

渝北区图书馆开通“数字微图”“阅享渝北”小程序等，为读者提供集图书在线阅读、音频听书、公开课、新书连载、视频直播、互动分享等多元化阅读服务平台。

双桥经开区图书馆 2015 年建成门户网站，2017 年建成微信公众号，2019 年建成文化云平台。读者可通过多个渠道实现馆藏查询，各平台也联动发布活动通知，进行简报推送等，加深与读者的沟通和联系。

梁平区图书馆除了在新媒体平台发布馆务信息、新书推荐等常规信息外，还结合自身情况，精心策划活动。为了加强与读者的联系与互动，梁平区图书馆定时在新媒体平台进行内容更新，每周二、五及时发布新书推荐、活动报道、名人讲座等信息，同时每月进行“入馆之星”“借阅之星”等评选活动，让读者时刻掌握馆内阅读情况。为了让读者广泛参与平台互动，梁平区图书馆还在线上开展“战疫作品征集赛”“‘缤纷童画 以梦为马’六一绘画作品网络征集”“抗疫原创文艺作品展”“庆祝故宫建成 600 周年展”等阅读活动与展览。截至目前，该馆微信公众号粉丝已达 4 万多人，2020 年每月在重庆市区县公共图书馆微信统计中均排名前十，2020 年 5 月该馆在《全国公共图书馆微信微博监测月报——县级馆》微信订阅号排名中位居第二。

重庆图书馆官方微博　　重庆图书馆官方微信　　重庆图书馆 App

第四章

古籍和特色文献的保护与利用

建设社会主义文化强国是国家“十三五”文化规划的战略目标。习近平总书记曾指出:“文运同国运相牵,文脉同国脉相连。”“文化自信是更基本、更深沉、更持久的力量。”“中华文化独一无二的理念、智慧、气度、神韵，增添了中国人民和中华民族内心深处的自信和自豪。”挖掘地方文化资源、开展地方文献数字化建设，进一步推动古籍资源的保护和再利用是公共图书馆对于文化强国战略的突出贡献，是对文化建设的积极参与，是对树立民族文化自信的有力推动。

“十三五”期间，重庆市各级政府为建立健全地方文化资源建设工作体系，首先通过制定和完善系列工作规范、业务标准及管理办法，对本土文化资源的挖掘、保护与利用进行规范，为开展地方文化资源建设提供根本保障。重庆市各级公共图书馆把地方文化资源建设放在图书馆工作的重要位置，进一步推动本土文献资源的收集整理，在保护古籍和民国文献的基础上进行多种形式的二次开发，结合数字信息技术，努力创建出有价值的、能够长远发展的、有活力的地方文献信息资源库，让这些宝贵的"历史智慧"真正活起来、动起来，从而提升本土文化自信。

一、古籍资源的保护与利用

古代文献典籍承载着丰厚的历史文化内涵，是中华民族数千年历史发展过程中创造出的重要文明成果，蕴涵着民族的精神价值，凝聚着人民的智慧结晶。

2017 年中共中央办公厅、国务院办公厅印发了《关于实施中华优秀传统文化传承发展工程的意见》，其中明确指出"实施国家古籍保护工程，完善国家珍贵古籍名录和全国古籍重点保护单位评定制度，加强中华文化典籍整理编撰出版工作"，这份政策文件的出台对"十三五"期间的古籍资源保护与利用具有重大现实意义。紧随其后，文化部发布《"十三五"时期全国古籍保护工作规划》，提出了加强古籍保护工作的 20 项重点任务。2018 年 1 月 1 日起正式施行的《中华人民共和国公共图书馆法》对公共图书馆的古籍保护、研究、宣传和利用作出专门规定。

作为公共文化服务体系重要组成部分的公共图书馆，是重要的古籍收藏机构，在保障古籍资源安全、传承利用古籍方面肩负着重要使命。重庆图书馆作为国务院颁发的首批"全国古籍重点保护单位"和"重庆市古籍保护中心"，与北碚图书馆、江津区图书馆、九龙坡区图书馆、万州区图书馆、涪陵区少年儿童图书馆等获得授牌的 10 个区级古籍保护中心一起，联合重庆市其他区县公共图书馆开展大量工作，对重庆市

内的古籍资源进行挖掘、整理、保护和利用。（详见附录二、三）

（一）古籍普查与名录申报

1. 古籍普查

古籍普查是对现存古籍的品种、数量、级别等次、破损情况和保存保护环境所进行的调查、鉴定和记录。通过对登记的古籍进行详细清点和编目整理，建立中华古籍综合信息数据库，可以使国家全面了解和掌握各级图书馆、博物馆等单位和民间所藏古籍，以便有重点、有针对性地开展古籍保护工作，加强对古籍的管理，促进对古籍资源的利用。

古籍普查是古籍保护的基础性工作，是古籍抢救、保护与利用工作的前提。

重庆市的古籍普查工作开展得较早，在2014年出版《重庆市三十三家收藏单位古籍普查登记目录》的基础上，2016年出版了《重庆市北碚图书馆等八家收藏单位古籍普查登记目录》，2017年出版了《西南大学图书馆古籍普查登记目录》。2017年，《重庆图书馆古籍普查登记目录》（3册）由国家图书馆出版社正式出版，该套书收录了古籍数据23000余条，凡宣统三年以前的刻本、活字本、抄本、稿本等皆在收录之列。在进行古籍普查登记的基础上，重庆图书馆启动了碑帖整理工作。2017年，重庆图书馆初步完成了馆藏4000余种碑帖拓本的普查登记，并即将出版《重庆图书馆古籍普查登记目录·碑帖卷》，成为全国第一家出版馆藏碑帖普查目录的公共图书馆。该馆将已出版的23326条古籍普查数据导入全国古籍普查登记基本数据库，逐步实现古籍普查成果的电子检索，方便读者查阅。

至此，重庆市第一阶段古籍普查工作圆满收官，全市所有已知古籍收藏单位的古籍普查登记工作全部完成并出版，全面摸清了全市古籍的收藏数量与状况，为下一步科学管理、开发与保护古籍打下了坚实的基础。

在古籍普查工作中，重庆市区县公共图书馆也做了大量工作。

北碚图书馆是重庆市41个区县公共图书馆中唯一获得“全国古籍重点保护单位”称号的区级图书馆。该馆珍藏有古籍文献10万余册，作为全市首批试点单位，率先启动古籍普查登记工作和全国第一次可移动文物普查。截至目前，北碚图书馆共有23部、6874册古籍入选《国家珍贵古籍名录》，136部、近万册古籍入选《重庆市珍贵古籍名录》。该馆根据馆藏特色，编辑出版了《北碚图书馆精品图录》（艺术卷）（古籍卷）（民国文献卷），影印出版了《北碚图书馆藏方志珍本丛刊》（100册）《宋拓圣教序（未断本）》《北碚月刊》。

九龙坡区古籍保护中心在九龙坡区图书馆挂牌，该中心深入全区19个镇街，199个村居，1073家教育、宗教、企业、文物单位，有针对性进行古籍普查、登记和保护，形成以图书馆为中心的网络结构。全区126种、1851册古籍数据入选《全国古籍普查登记目录》，填补了九龙坡区古籍入藏及古籍编目的空白。该区还在2018年筹集资金13.5万元修复了1662册古籍。

大足区图书馆投入资金20余万元，利用非接触式冷光专业扫描仪技术，对保存在石刻研究院的1500余种、2500余册地方文献进行了整理修复，对193部、2027册古籍文献进行整理、清洁、扫描和编目，最大程度地保护了文物文献善本。在此过程中，该馆还系统地梳理出了医学类古籍、地方志和石刻书籍等珍贵资源。2016年该馆联合大足石刻研究院深度参与全国古籍普查登记目录的普查登记工作，将这一批古籍书登记造册，为古籍保护和利用提供依据。

酉阳土家族苗族自治县图书馆积极向县人民政府、县财政局提交经费报告和经费预算，经过努力，争取到古籍普查专项经费 8 万元，纳入每年财政预算，以保障古籍普查保护工作的顺利开展。“十三五”期间，该馆派专人积极下乡、村进行寻访，花费大量资金，共收购古籍 673 册（古籍线装书、民国线装书、部分手抄经书和连环画等）。同时，该馆协助重庆市古籍保护中心对收购来的古籍进行普查、登记，共编号 139 个，其中有 391 册线装书被列为古籍。由酉阳土家族苗族自治县古籍普查中心申报，县桃花源民俗馆收藏的《八铭熟钞十卷》（吴懋政编 清乾隆四十八年浙江海盐文诚堂刻本）入选第一批《重庆市珍贵古籍名录》。

2. 名录申报

《国家珍贵古籍名录》评审制度是我国古籍保护工作的重要内容，是我国政府为建立完备的珍贵古籍档案，确保珍贵古籍的安全，推动古籍保护工作，提高公民的古籍保护意识，促进国际文化交流和合作，由文化部拟定、报国务院批准后公布的一份名录。

在《国家珍贵古籍名录》的评审中，重庆市有多部古籍入选。在《第四批国家珍贵古籍名录》名单中，重庆市黔江区图书馆的馆藏傣文古籍——《尖达塔度》名列其中，实属难得。“十三五”期间，重庆市共有 10 部珍贵古籍入选《第五批国家珍贵古籍名录》，其中重庆图书馆 9 部、西南大学图书馆 1 部；10 部珍贵古籍入选《第六批国家珍贵古籍名录》，其中重庆图书馆 5 部、西南大学图书馆 3 部、北碚图书馆 2 部。重庆图书馆的明初拓本《汝帖十二卷》是重庆市第一部入选《国家珍贵古籍名录》的碑帖，这是重庆图书馆开展馆藏碑帖普查登记工作以来取得的又一重要成果。至“十三五”末期，重庆市入选第一至六批

《国家珍贵古籍名录》的珍贵古籍达到了 274 部，其中重庆图书馆就有 222 部，在全国省级图书馆中位居前列。

（二）古籍保护（修复）

古籍是中华民族的宝贵文化遗产，古籍的整理与修复工作是公共图书馆事业中非常重要且意义重大的部分。

在古籍修复方面，2016 年至今，重庆图书馆先后完成了《妙华莲花经》《清殿试卷》《米芾词堂贴》等 63 部、89 册 / 件古籍的修复，对民国时期文献、书画方面的修复也小有建树。为了提高技艺水平，重庆图书馆每年邀请古籍修复专家赵嘉福①来馆指导古籍修复、碑刻传拓、碑帖书画装裱等工作，同时对全市公共图书馆、重庆大学、华岩寺等古籍收藏单位的相关工作进行指导。在 2015 年成立“国家级古籍修复技艺传习中心重庆传习所”的基础上，重庆图书馆成功取得了重庆市可移动文物修复资质，成为重庆地区古籍善本、碑帖拓片、档案文书类文物修复及技术保护中心。2019 年，经传习所申报，古籍修复技艺成功申报重庆市级第六批非物质文化遗产代表性项目。

在重庆图书馆的指导帮助下，重庆市区县公共图书馆在古籍整理与修复方面也取得了不错的成绩。

北碚图书馆完成 31 件馆藏珍贵字画的修复，完成 429 种、4000 余册馆藏古籍地方志的数字化工作并自建了“北碚图书馆古籍方志数据库”，读者可免费查阅 202 种、1178 册、16 万页的古籍方志。该馆通过创新古籍文献服务方式，使珍贵字画和古籍文献以本真面目永存世间，

①赵嘉福，上海图书馆副研究馆员，上海书法家协会会员，是国内系统掌握古籍修复、碑刻传拓、碑帖书画装裱等技艺的综合型专家。2010 年，他被重庆图书馆聘请为古籍修复导师，2015 年，被聘为国家级古籍修复技艺传习中心重庆传习所导师。

并以翻检便捷的形式，为学术研究者和广大读者提供阅读便利。

巴南区图书馆设置有专业级的线装文献书库，收藏有线装文献8219册（其中古籍413册，民国文献7806册），晚清疆域图82幅，民国《大公报》146册，收藏有《清光緒二年欽定四庫全書簡明目録二十卷　京都琉璃厂珍藏光绪二年新镌本》《清光緒二年王家评本杜工部集二十卷　粵東翰墨園刻五色套印本》《清光緒十五年醫學五則　宏道堂刻本》《清光緒长沙王先谦先生注韓非子集解二十卷　埽葉山房石印本》《清末文選考異四卷　鄱陽胡氏本》等珍贵古籍。目前，巴南区图书馆正积极着手古籍的修复、保存和数字化，并将结合巴渝文化的研究工作和《巴渝文库》的编撰事业，进一步激活古籍内容元素，让公众更方便地认知和阅读古籍文献。

渝中区图书馆重视对古籍保护工作人员的培养，有针对性地派出工作人员参加古籍修复、古籍传拓、民国文献编目等培训。为了延长古籍文献的生命，渝中区图书馆开展了三期数字化项目，按照《古籍数字化工作手册V.1修订版》对本馆古籍进行加工，三期分别数字化古籍14种，70册，5835拍；7种，55册，5312拍；8种，54册，5041拍。

大足石刻是重庆唯一的世界文化遗产，大足区图书馆收集整理全国各地有关石雕石刻艺术的图书报刊、音像制品、数字资源，以期更好地保护传承发展中华优秀传统文化，讲好重庆故事和大足故事。该馆现收藏有《大足石刻全集》《中国美术全集》《敦煌百年文库》《云冈石窟全集》《云冈石窟考古报告》等。同时，大足区图书馆还密切联系大足区地方志办公室、大足石刻研究院以及南京图书馆，对大足区最早且仅存的官方文献——清代四大县志进行版本梳理、研究、补配、修润，用技术手段将古籍善本数字化，并精装影印成册出版。

涪陵区少年儿童图书馆是重庆市古籍重点保护单位。为了更好地保护馆藏古籍文献资源，2015 年该馆率先建成重庆市内首个古籍数字化管理平台，对馆藏的 263 种、6000 余册古籍文献进行了数字化工作，其中有 17 种、199 册古籍文献入选了《重庆市珍贵古籍》名录。为加大对馆藏古籍再生性保护利用和开发，该馆分别于 2018 年影印再版了《九成宫醴泉铭》《颜鲁公书争座位稿》，2019 年影印再版了《涪陵古本伤寒杂病论》，为传承和弘扬中华优秀传统文化，守护历史文脉做出了一定的贡献。

江津区图书馆是重庆市古籍重点保护单位，为进一步发挥古籍资源利用价值，该馆对馆藏珍贵古籍进行数字扫描、加工和再版，目前已再版《三希堂》《振振堂》《玉機微義》《二十四史：三国志》《殷商青铜器铭文研究》等古籍文献。2018 年，依托江津区创建第三批国家公共文化服务体系示范区，江津区图书馆对部分馆藏古籍文献进行扫描加工和数字化，建成江津区馆藏古籍资源数据库，积极推动古籍保护工作宣传和推广。

黔江区图书馆在“十三五”期间开展的黔江地方古籍再版工程取得重要成果，出版发行了黔江清代知县重要著述的点校版本《双冷斋文集校注》《笏珊年谱校注》，不但填补了黔江清代历史文献的空白，也修正了以前黔江历史文化研究中存在的不足和错讹，对于渝东南历史文化研究和民族文化生态保护都具有非常重要的意义。《叠岫楼诗草校注（共 8 册）（精）》共 8 卷，为晚清有名经学家冯壶川的得意门生，即出生于黔江县的土家族著名诗人陈景星所作。同时该馆还完成了地方古籍《程氏支谱》的录入、编辑、整理工作。该馆现有古籍藏量 4000 余册，被列入市级珍贵古籍名录的有 22 种，共 153 册。因历史原因和存藏条件，现存的大部分古籍破损严重，80% 达到一级破损，保护现状堪忧。该馆率先启动并完成首批濒危市级珍贵古籍的抢救性修复，填补了近年来渝东南武陵山区城镇群无古籍修复历史的空白。为加大古籍修复保护力度，该馆分两批次启动修复计划和方案，已在渝东南武陵山区城镇群率先完成 12 种、76 册珍贵古籍的修复和数字化工作，重庆电视台等多家媒体纷纷报道，引起社会的极大关注。

丰都县图书馆为了进一步加强本馆古籍与特藏文献的规范管理和保护，制定了一系列规章制度，如《丰都县特藏文献管理制度》《古籍文献管理制度》《古籍文献书库安全管理办法》《古籍文献书库查阅制度》等。该馆用三年时间按时按量完成了古籍普查工作，整理出现有古籍 83 种、580 册，主要包括清末时代的刻本、抄本、稿本、批校本，建立了丰都县图书馆古籍普查登记目录档案，并纳入《全国古籍普查登记目录》图书出版。该馆古籍普查登记数据信息已上传到全国古籍普查中心。该馆馆藏有清康熙四十四年刻本《忠武志》共 8 卷，由于历史原因，80% 达到一级破损，急需抢救修复。丰都县图书馆委托社会单位制定《丰都县图书馆馆藏古籍整理修复方案》，通过消毒、清洗、除虫、除霉、去污、脱酸、配纸、染纸、修复等技术，达到对古籍科学有效的保护，延长其使用寿命，并在室内配备了相应的设施设备加以保护。

万州区图书馆是重庆市古籍重点保护单位，现存古籍 6761 种、44695 册（其中民国前古籍数量为 2739 种、22503 册；民国时期古籍数量为 4022 种、22192 册）。目前，重庆市珍贵古籍目录共有书籍 1124 册，其中，万州区图书馆有 102 册，占全市公共图书馆珍贵古籍量的 9%，馆藏量仅次于重庆图书馆和北碚图书馆，馆藏的文史类书籍和地方文献，如明代万历刻本《文苑英华》、清代咸丰刻本《万县志》等，具有极高的历史文化价值。该馆完成了重庆市珍贵古籍名录、国家珍贵古籍名录的申报工作，102种古籍（民国前）入选《重庆市珍贵古籍名录》。同时，该馆积极开展了《全国古籍数字化情况调查》，完成了库存字画的审核、登记造册、照片拍摄上传，并把相关信息录入全国可移动文物信息平台，目前该馆已有201种可移动文物经专家组认定并上报该平台。

（三）古籍宣传

古籍不仅有文物的收藏价值，更有文化的研究价值。2013年，习近平总书记在谈到文化发展时指出要“让书写在古籍里的文字活起来”，对优秀传统文化进行创造性转化、寻求创新性发展的现实需求，促使全社会都开始关注古籍的保护和利用。

《中华人民共和国公共图书馆法》第四十一条规定：“政府设立的公共图书馆应当加强馆内古籍的保护，根据自身条件采用数字化、影印或者缩微技术等推进古籍的整理、出版和研究利用，并通过巡回展览、公益性讲座、善本再造、创意产品开发等方式，加强古籍宣传，传承发展中华优秀传统文化。”这是让古籍里的文字活起来的法律要求和实现方式。

为了最大程度发挥古籍资源的价值，“十三五”期间，重庆市公共图书馆从“以藏为主”转变为“重藏不轻用”。在开发利用古籍资源、满足读者各种需求的同时，重庆市公共图书馆通过举办展览、市民体验活动、拍摄宣传视频等方式，系统全面地向民众展示古籍的魅力，宣传保护古籍文献的重要性，培养全民的古籍保护意识。

2016年重庆图书馆举办了“重庆传习所揭牌拜师仪式暨赵嘉福老师及重庆图书馆弟子古籍修复成果展”，普及古籍保护与修护的知识；

2017 年以文字、图片及珍贵实物展览的方式举办了“物华天宝　书韵流芳——重庆图书馆建馆 70 周年特藏文献暨保护成果展”，展示重庆图书馆 70 年来珍藏的文献古籍，满足了民众体验典籍文化的需求，同时为束之高阁的典籍文化走出神圣殿堂发挥价值提供了舞台；2018 年重庆图书馆制作了“刘伯承元帅捐赠文献展”；2019 年开展了“中华传统晒书活动”之“巴茶蕴 渝留香——重庆茶文化历史文献展”；2020 年策划了“册府千华——重庆市藏国家珍贵古籍特展”，通过现场展板的高清扫描图详细呈现了由重庆市入选《国家珍贵古籍名录》的珍贵古籍中精选出来的部分；与此同时，本次展览还分批展示了 150 部珍贵古籍的原书。首批和观众见面的原书有近 50 种。这也是截至目前，重庆市规格最高、参展数量最多的一次古籍展览。通过举办系列古籍展览，读者获得了更多近距离接触古籍文献的机会，从古籍中感受中华文明。

2017 年至 2019 年，在“4・23”世界读书日活动期间，重庆图书馆坚持在渝中区解放碑举办古籍修复、装订、雕版印刷、碑帖拓片制作等活动，邀请市民到场互动，触摸“历史”、体验匠心。每年的活动都吸引了广大市民的积极参与，得到了广泛好评。

除此以外，重庆图书馆长期和重庆市高校合作，先后到重庆大学、西南大学、重庆邮电大学、四川外国语大学等高等学府，开展“古籍保护 你我同行——古籍修复技艺进校园”重庆站活动。古籍修复人员到现场讲解古籍保护、线装书制作、古籍修复以及传拓等专业知识，向大学生进行古籍保护的宣传。北碚图书馆与西南大学图书馆签有古籍和民国文献互借、资源共享等协议，与重庆大学、重庆师范大学等高校保持长期友好合作，累计接待国内外研究学者查阅 200 余人次，并提供外地学者、图书馆代查等服务。

在古籍的对外宣传方面，2018 年 7 月，由重庆市文化委员会组团，重庆图书馆派专人赴白俄罗斯参加“2018 重庆文化旅游日”活动。在活动现场，重庆图书馆的工作人员展示了古籍传拓和雕版印刷工艺，将中国传统文化及技艺发扬光大。

除了开展线下的各类体验及宣传活动外，重庆图书馆还开展了线上的古籍保护利用宣传活动。2019 年，重庆图书馆完成了“馆长晒国宝”的视频拍摄，在全国中华传统晒书活动启动仪式上播放，并在央视网、国家古籍保护中心及重庆图书馆微信公众号上发布，得到了重庆市民的广泛关注。

古籍资源宣传之
古籍传承人申报片

古籍资源宣传之
古籍修复技艺申报片

古籍资源宣传之
馆长晒国宝 3 部

二、民国文献资源的保护与利用

1911 年辛亥革命以后至 1949 年 9 月，民国时期出版的图书超过 20 万种，全国 50 家图书馆收藏民国期刊总量约 3 万种，国家图书馆、上海图书馆收藏的民国报纸总量高达 0.8 万种。民国文献因复本较少、纸质较差、价格攀高，无法像现版图书那样容易为大众所用。长期以来，民国文献的搜集、整理、保护、开发工作深受学界、业界的关注。

中国抗日战争时期，随着国民政府迁都重庆，沿海沿江地区 200 多家工厂和大批商业金融机构、文化教育科研机关相继迁往重庆，重庆成为抗战时期中国的政治、经济、文化教育、军事指挥中心。正因为有这样一段历史，使重庆有机会保存了较为丰富的民国文献资源，成为全国民国文献资源的重要组成部分。重庆图书馆历经七十多年的建设与发展，现收藏有近 20 万册民国文献，其中馆藏抗战文献 3 万余种、7.6 万册。抗战文献中，图书有 27710 种、60041 册；期刊 3623 种、12152 册；报纸 186 种、4456 册，内容涉及各个领域。

（一）民国文献的收集

重庆图书馆是国内馆藏抗战文献范围最广、数量最多、类型最全的图书馆。“十三五”期间，重庆图书馆在原有丰富馆藏的基础上，进一步加大民国文献资源收集及建设力度。该馆不仅从国家图书馆、上海图书馆及台湾地区等相关机构购买或收集到大量抗战文献资料，也从美国、英国、日本、俄罗斯等国家购买和收集民国时期的出版物影印本，如《美国国家档案馆馆藏中国抗战历史影像全集》《抗日战争时期中国人口伤亡和财产损失调研丛书》《民国文化与文学研究文丛》等。此外，重庆图书馆还购买了《民国图书数据库》《全国报刊索引》《晚清民国大报数据库》《传记文学数据库》《台湾中研院期刊系列数据库》《民国图书馆学文献数据库》等 7 个馆藏民国数字资源库。

重庆市区县公共图书馆也积极收集散落在民间的民国文献，极大地充实了民国文献资源的收藏。

（二）民国文献整理与出版

在收集民国文献的基础上，重庆图书馆作为中国抗战大后方历史文献中心，对民国文献进行了系统整理，并集结出版，充分发挥民国文献资源的价值。

2011年，《中国抗战大后方历史文献联合目录》（上、中、下）出版。该书获得重庆市第八次社会科学优秀成果图书馆学、情报学类一等奖，成为研究抗战的专家学者们的必读工具书。《国文天地》刊登书评《漫卷诗书喜欲狂〈中国抗战大后方历史文献联合目录〉述评》，对该目录给予高度评价：“宏篇钜帙，各类文献总量居首；按图索骥，反映馆藏真实情况；著录确实，纸本电子本目录俱全”。此书还帮助重庆师范大学、西南大学等高校的专家学者多次成功完成国家社科基金重大项目。

《重庆图书馆藏民国时期未刊书丛编》（全120册）是“十二五”国家重点图书出版规划项目和民国时期文献保护计划项目，于2016年10月出版。该书收录了重庆图书馆藏民国时期未刊精选图书579种，内容涵括哲学宗教、政治法律、经济、军事、语言文学、历史地理、科技、文化教育八大类。所选文献中，除存世极少的论著、教材外，还包含了大量抗日战争时期国民政府及县、乡管理机构的统计报告、会议记录等，为研究国民政府大后方战时经济的社会状况提供了重要的一手资料。在民国文献耗损日渐严重、保存不易的今天，这本书的出版尤显其填补空白的价值，也有利于民国文献的保护。

2017年，重庆市“十三五”规划重大文化工程《巴渝文库》丛书的首批重点项目——《巴渝文献总目》出版，历时7年。该书共200多万字，分为“古代卷”“民国卷”，共7册，收录巴渝著作文献7212种，单篇文献29479条。《巴渝文献总目》学术牵头人之一、重庆市文联原党组书记、巴渝文化专家蓝锡麟表示，《巴渝文献总目》出版发行的意义体现在“四个有利于”：有利于坚定文化信念，传承巴渝文脉；有利于保持先进理念，涵养文化生态；有利于扩大文化视野，提升学术水平；有利于锻炼文化新人，壮大文化队伍。2020 年，重庆图书馆作为重要的编撰委员会组成成员单位之一，正式启动巴渝文库的整理编撰工作。

在对民国文献整理出版的同时，重庆图书馆还成功申报并完成了多个社科项目的研究，如《英国国家档案馆藏中国抗战大后方史料整理与研究》《巴渝文献总目研究》、国家图书馆革命文献与民国时期文献保护中心重大项目——《抗战时期英国驻华大使馆档案资料汇编》等。

（三）民国文献数字化

2006 年起，重庆图书馆实施“民国文献全文数字化工程”，在全国率先开始对民国文献进行全文数字化扫描加工，通过数字化扫描、元数据著录标引、开发网络检索平台等，逐步实现了重庆图书馆民国文献的局域网阅览服务，开创全国民国文献数字化保护先例。2008 年 3 月，重庆图书馆在全国率先建立了“民国文献全文检索系统”，实现了民国时期历史文献的数字化，成为国内第一家为社会提供抗战文献数字化资源服务的公共图书馆。经过努力，目前重庆图书馆已基本完成近 20 万册民国文献的扫描和数字化加工工作，开发《重庆图书馆馆藏民国文献数据库》等特色资源数据库，总容量达 55TB。

自 2016 年 8 月起，重庆图书馆开始开展民国报纸缩微数字化工作，截至 2020 年 12 月底，已完成 655 种民国报纸、240 余万拍的缩微胶卷数字化工作，制作成《重庆图书馆民国报纸数据库》，并向读者提供馆内在线查阅服务。

特色资源数据库的开发，一方面对珍贵文献进行了保护，另一方面也极大方便了读者的使用和查阅，吸引了海内外研究民国抗战的专家学者。

三、地方文献资源建设

2017年，重庆市人民政府办公厅发布的《重庆市公共图书馆管理办法》明确指出：“公共图书馆应当系统搜集、整理、保护、研究、开发地方和传统文献信息资源,逐步形成馆藏特色,保存和传承地方文化”。

地方文献作为文献资源体系的重要组成部分,记载了一个地区政治、经济、文化等领域的丰富信息，是一个地区社会发展的真实缩影。同样，地方文献资源建设也是评价公共图书馆文献资源建设的一个重要标准。地方文献不仅能反映和展现公共图书馆的文献特色服务，还能满足不同类型读者的信息需求，因此，加强地方文献资源建设对公共图书馆的发展具有重要意义。

五年来，加强地方文献资源建设已成为重庆市各级公共图书馆工作的重要内容，通过加强地方文献资源建设，既实现了馆藏特色藏书体系的构建，同时也提升了公共图书馆的核心服务能力。

（一）结合地方文化特色，收集与整理地方文献

重庆图书馆作为重庆市的中心图书馆，2016年以来，通过加强地方文献宣传、拓展获取渠道、增加人力物力、划拨专门经费等措施，全面提升地方文献入藏数量和质量。截至目前，重庆图书馆共入藏中华人民共和国成立以来反映重庆地区政治、经济、文化等方面的公开出版物和内部资料4万余种、8万余册/件，其中图书4万余册，期刊1815种、

24396 册，报纸 196 种、14000 余册，视听资料种 600 余件，照片、节目单、地图等其他文献 500 余件。

地方文献作为宝贵的文化遗产，属于不可再生资源，在收集整理地方文献的同时积极开展地方文献数字化建设，能够为地方文献长久保留提供基本的保障，可以有效避免地方文献的破损、遗失等问题出现。

重庆图书馆在强调重庆地方实体文献资源的收集与整理的同时，着力构建独具地方文化特色的数字资源体系。一方面以文献数字化方式深度挖掘馆藏特色文献资源，另一方面通过地方历史文化资源的收集、整理、开发、利用，持续不断地推动公共数字文化工程地方资源库群的建设。

地方数字文献资源主要分为自建特色资源和公共数字文化工程地方资源库群两类。目前，重庆图书馆自建特色资源包括“馆藏民国文献数据库”“重庆文史资料专题库”和“重图讲座”三类资源，数据库容量已达到 71.7TB。

自 2006 年起，重庆图书馆就开展了公共数字文化工程地方专题资源建设。作为公共数字文化工程的省级实施单位，在承担文化共享工程、数字图书馆推广工程等公共数字文化工程地方资源库群建设任务中，重庆图书馆充分调动重庆市级、区县级文化单位及其他社会文化机构的积极性，围绕地方文化资源的挖掘与文化品牌的塑造，坚持“古为今用，以古鉴今”的原则，努力推进传统文化的创造性转化、创新性发展。

重庆图书馆从图片、文字、影音等角度，以电视专题片为主、多媒体资源库为辅，深度展示包括巴渝文化、革命文化、三峡文化、移民文化、抗战文化、统战文化等多种地域文化形态，逐步形成了“巴渝文化记忆系列”地方资源库群，数据库容累计达到 8.09TB。

在重庆图书馆的带动和指导下，在“十三五”期间，重庆市各区县公共图书馆也在地方文献的收集整理方面开展了大量工作，取得了突出成绩。

1. 巴南区图书馆汇集巴渝文化研究者共建共研地域文化

巴南区图书馆地方文献建设开始于1962年，实行定责专岗，坚持广泛收集，积极承担起地域文化的收集、整理、保存、开发、利用、教育的职责。目前，该馆的地方文献独具特色，以界石儿歌、木洞山歌、接龙吹打、胡天成民俗文化、族谱、志书等最为丰富，具备独树一帜的资源品牌基础。为了积极响应习近平总书记关于弘扬中华优秀传统文化的指示精神和重庆的"六个文化"建设，巴南区图书馆于2019年率先创建了"巴渝文化文献馆"和"巴渝文化研究中心"，旨在系统梳理研究巴渝文化文献，积极搭建巴渝文化论研平台，为公众阅读、政府决策、专题研究、地域文化教育等提供系统性资源。目前，文献馆共馆藏巴渝文化专题文献4390册，涵盖历史、地理、文学、政治、经济、文化、自然科学类，其中有丰富的《文史资料选辑》，也有孤本和精品，如《胡天成全集》《清代四川巴县衙门咸丰朝档案选编》《北碚图书馆馆藏方志珍本丛刊》《大足石刻全集》《巴渝文献总目》等，并与重庆国学学会巴渝文化研究专业委员会签订了合作协议，设立并挂牌"巴渝文化研究中心"，以期汇集巴渝文化研究者共建共研地域文化。

2. 渝北区图书馆打造独具特色的"重庆名人文献馆"

渝北区图书馆从2014年开始进行地方文献的收集整理工作，重点收集地方志、行业志、家谱、地方史料、年鉴等以及地方出版物，自建了地方文献数字资源库及渝北视频资料库。2018年，该馆与重庆书香网合作，集中收藏重庆本土名人出版的关于文学、书法、美术、摄影等方面的著作，建成"重庆名人文献馆"，彰显渝北馆藏特色，目前已征集到2000余册名人文献。同时，该馆依托渝北名人——"巴渝第一状元"

冯时行的名人效应，还原宋朝时候的书房，建设“状元书房”，打造出一个集阅读体验与参观为一体的阅读环境，宣传和传承中国传统文化。

3. 渝中区政府规范地方文献本呈缴制度，建设母城文化

2017年，渝中区政府办公室印发了《渝中区地方文献本呈缴制度》，为渝中区图书馆地方文献征集提供了制度保障。

加强母城文化文献建设是渝中区图书馆地方文献工作的重点。该馆在地方文献查阅室开辟了母城文化文献专架，在收集途径上，通过在旧书网上采购、与渝中区地方志办公室等单位联系收集等方式不断充实文献资源。截至2020年6月，已收集相关纸质图书600余册。与此同时，该馆在重庆数字图书馆的全国报刊索引数据库中下载了1583条关于老重庆的新闻，通过网络查找收集到有关渝中区的老照片300多张，在天涯论坛、重庆论坛人文重庆版、重庆晚报数字报等媒体上搜集关于老重庆的文章、照片等文献资料。截至目前，渝中区图书馆共收藏地方报纸5000余册，地方期刊7000余册，图书5000余册。借着成渝双城经济圈建设的东风，该馆与成都市青羊区图书馆结对，拟订了合作宣传地方文献方案，签订了《地方文献资源共建共享协议》。

4. 沙坪坝区图书馆专项收集红岩文化和沙磁文化资源

抗战期间，以重庆大学校长胡庶华、南开学校校长张伯苓为首的一批爱国教育家、文化人及其他爱国主义者共同倡导，以沙坪坝区磁器口古镇为中心创建学术文化中心，沙坪坝区因此成为抗战时期中国的文化区。沙坪坝区图书馆根据本地独特的历史文化背景，对红岩文化和沙磁文化做了专项整理收藏，并在所收藏的地方文献的基础上，自建了“沙坪坝特色资源专题库”，共收集整理特色资源11.5万条。截至目前，该馆馆藏地方文献资料1668种、2850册。馆藏种类丰富，

囊括了地方出版物、地方图片、地方音视频文献、地区方志、谱牒类和地方档案。

5. 大渡口区图书馆、长寿区图书馆用影像记录地方文化

大渡口区图书馆非常重视地方文献的建设，从地方文献的征集、采购、整理、编目加工、入藏到读者查阅等对外服务都有专人负责，工作规范严格。根据《大渡口区地方特色文化资源挖掘项目》规划，该馆通过制作地方名人专访、地方文化专题片、地方记忆数据库等，以新文献、二次文献的方式进一步扩充地方文献的内容。该馆制作的专题数据库《钢城史话》，以数字化的形式全方位展示大渡口区的历史和文化，将原有的历史记录以数字化的形式保存下来。目前大渡口区图书馆完成了《堰兴剪纸》《马桑溪》《谢氏烧烤》等地方特色文化视频资源建设，从多方面准确、真实、艺术地记录和表现了大渡口区的历史沿革和文化传承，为大渡口区留下了珍贵的影视和数字化资料。

“十三五”期间，长寿区图书馆也加强了视频资料库的建设，并积极申报全国文化信息资源共享工程地方资源建设项目 4 个，获文化和旅游部全国公共文化发展中心专款立项。其中《福寿故里 长寿文化》《巴渝民居》专题片已结项验收。《长江支流中的巴渝文化》《远去的歌谣——巴渝口承语言民俗之劳动歌谣》专题片也正在积极拍摄制作。该馆还设立了优秀传统文化阅览室及地方文献特藏室，并向市民免费开放。到目前为止，该馆共收录整理地方文献 2791 册，其中接受单位和个人捐赠的地方文献达 2000 余册，同时，图书馆还为捐赠单位和个人颁发收藏证书。这些地方文献主要包括方志、族谱、地方人士著述、老照片、部门资料刊物、地方票据、手抄本等。下一步，该馆将为地方文献设立陈列室。

6. 巫山县图书馆、合川区图书馆、铜梁区图书馆结合本土旅游资源建设地方文献

巫山县图书馆立足于巫山地方特色资源建设整体框架的构想，着力建设神女文化、非物质文化、移民文化、巫文化四大主题文化资源。“十三五”期间，该馆建成地方文献采购、征集、呈缴、交换、复制、数字化等多种方式相结合的地方文献建设机制，着力构建与市民沟通交流的渠道，加强地方文献收集，常年面向社会各界团体、机构及个人接受文献捐赠，也得到了社会各界人士的关心和支持，得到捐赠的文献500余册。截至目前，该馆收集到地方文献2000余册，对馆藏的800册地方文献进行了数据加工，构建了地方文献体系，免费为读者提供资料查阅，地方文献入藏完整率达到95%。

合川区图书馆从2012年开始自建地方文献数据库——“钓鱼城地方文献”资源库。资源库包含钓鱼城历史的文献、手稿以及图书资料等，以时间为线，以事件为面，全面整理钓鱼城的各种地方资源，充分展示了当地的名山大川、文化景点、民俗风情、历史遗迹、历史事件和著名人物等。该馆地方文献数据库目前已初建规模，共有资料约560万余字，照片2300余幅。地方文献由采编部工作人员专人进行编目管理，有合理、严格的管理制度，按读者需求定期开放。

铜梁区图书馆坚持发展以龙文化为魂的节庆活动与农耕文明相结合的文化旅游业，为更好地服务大局，铜梁区图书馆着手建设龙文化特色文献资源数据库，采集、整理、整合了海量的中华龙文化数据，不仅丰富了公共数字文化服务资源，同时为铜梁区建设中华龙文化旅游名城提供了内涵支持。

7. 酉阳土家族苗族自治县图书馆、秀山土家族苗族自治县图书馆致力于挖掘少数民族地区地方特色文献资源

酉阳县和秀山县均为土家族苗族自治县，有丰富的少数民族资源。为了推进地方文献资源建设，酉阳土家族苗族自治县图书馆和秀山土家族苗族自治县图书馆大力开展缺藏文献的补藏工作。

酉阳土家族苗族自治县图书馆立足酉阳县少数民族众多的实际，积极征集比较有优势和个性特质的少数民族文献，2019 年开展“酉阳县地方文献数据库”建设，加大馆藏文献信息资源的保存和保护力度。目前，该馆地方文献总藏量为 3756 种、8502 册。秀山土家族苗族自治县图书馆立足于秀山地方特色资源建设整体框架的构想，着力建设秀山花灯文化、边城文化、红色文化等主题文化资源，以及土家织锦、金珠苗绣、龙凤花烛等非物质文化资源。该馆广泛开展地方文献的挖掘、整理、研究和开发，增加了地方文献揭示的深度。

（二）地方文献资源价值的开发与利用

地方文献承载着一个地区的历史和现实，可以为地区文化发展、经济繁荣，为地区政府制定方针政策及重大决策提供资料和历史借鉴。重庆市公共图书馆在完成地方文献收集整理工作后，为了能让其社会价值得到体现，积极投入进一步的开发，实现资源价值最大化。

1. 整理地方文献，依托馆藏策划文献展览

重庆图书馆拥有重庆市最丰富的地方文献馆藏，该馆以“开辟望向社会人文的窗口”为办展理念，深度挖掘馆藏地方文献的文化价值，通过策划丰富多样的专题展览，拓展地方文献的展示空间和生存空间，促进社会文化的建设与繁荣。2017 年至今，重庆图书馆先后举

办了“宗族文化 家国春秋——重庆新修谱牒文献巡回展”“重庆图书馆地方文献纪念陈列展”“巴茶蕴 渝留香——重庆茶文化历史文献展”“辉煌记忆：重庆图书馆藏西南军政委员会文献展”“地标巴渝图览山城——重庆图书馆藏渝州古今地图文献展”等专题文献展览。（见图 4-1）

图 4-1 “宗族文化 家国春秋——重庆新修谱牒文献巡回展”展览现场

2. 展开专题研究，形成学术成果

除了利用地方文献资源举办专题展览扩大文化影响力外，重庆市公共图书馆还深度挖掘地方文献的学术价值，开展专题研究，取得了丰硕的学术成果。

2020 年，重庆图书馆对收藏的地方文献进行梳理，完成了《重庆图书馆家谱文献目录提要》《重庆地方文献馆藏地图文献目录提要》《重庆图书馆建国初期重庆地方期刊目录》的整理，极大地方便了读者查阅此类文献。同时，重庆图书馆还对重庆茶文化进行了专题研究，学术专著即将出版。

黔江区图书馆也致力于对地方文献的研究、整理，由该馆副研究馆员陈彤主编的地方民族文化图书《黔江民俗礼仪》《重庆市少数民族生命之礼》、黔江历史类长篇小说《诗与远方》、地方民族文化图文集《遇见濯水》、诗集《濯水诗百首》等一批优秀作品相继出版面世。

彭水苗族土家族自治县图书馆与彭水苗族土家族自治县档案馆合作编写了《彭水縣史料辑成》，此项工作的开展在一定程度上弥补了彭水苗族土家族自治县历史文献资料不足的遗憾。全书共收集彭水历史文献30余万字，其中关于记载彭水的珍稀历史资料，是迄今为止较为系统、全面、真实的彭水历史文献。

3. 开展地方文献数字化工作

如何在充分利用稀有珍贵的地方文献的同时，又能最大限度降低对地方文献的损害？文献数字化是实现永远共享的最佳途径。

从2017年到2020年，重庆图书馆完成《重庆日报》（1992—1996年份）共计1587期报纸的全文数字化工作，完成了精选的《重庆市志》等65种地方文献，以及《巴蜀百贤》等68种地方文献的全文数字化工作，同时对馆藏家谱文献实现了全文数字化，共计602册。

江津区图书馆以地方文献资源收集整理和地方文献资源数字化等方式积极开展地方文献资源建设。目前江津区图书馆馆藏地方文献6000余册，包括江津漆氏、李氏、高氏等家谱族谱，《向阳花》《芳草地》等校园刊物，《曾维惠文集》《红色掌柜》等江津作家作品以及地方（乡）志等各类地方文献。依托推广工程数字资源联合建设，对部分地方文献进行数字化，目前已完成1.5万余页地方文献数字化。同时该馆致力于挖掘、收集江津区地方特色资源，自建“联圣钟云舫”多媒体资源库、津沙抗战文化数据库、江津当代文学数据库等4个地方特色资源数据库，极大地促进了江津区地方资源的推广宣传利用。

“十三五”期间，九龙坡区图书馆为更好地保护纸本馆藏，将馆藏进行数字化处理，自建总容量达49.4GB的数据库，建设地方文献数据库2个。荣昌区图书馆经过5年的时间，共收集地方纸质文献2000余册（件）、地方数字资源5TB，地方纸质文献藏量全部实现数字化。綦江区图书馆近年来开展地方文献数字化工作，累计完成地方文献图书数字化共3万余页。

4. 提供地方文献专题服务

为了保护纸质文献，重庆各公共图书馆成立专门的地方文献阅览室，制定规范的阅览管理制度，由专人负责地方文献的收集、整理、开发及读者咨询和查阅服务。除了提供地方纸质文献的查阅服务外，重庆市公共图书馆还大力建设和推广地方文献数字资源。重庆图书馆通过官方网站栏目向读者展示重庆地方文献的数字资源，如《重庆地方文献馆藏专题目录》《地方特色专题片》《重庆市志》专题系列的电子图书、《重庆日报》电子报纸等。万州区图书馆与三峡库区公共图书馆紧密协作，搭建了三峡库区地方文献数据库建设平台，以本馆书目数据为依据，建立区域文献书目数据库，使读者能够比较清楚地了解到三峡库区地方文献的典藏分布情况。通过向读者提供纸质文献和数字资源服务，促进了重庆市公共图书馆地方文化资源的最大化利用。

重庆图书馆利用馆藏地方文献每年为党政机关、科研院所、企事业单位和个人提供专题服务6000余人次。该馆与中央新闻记录电影制片厂、华东师范大学当代文献史料中心、西南大学、重庆师范大学新闻与传媒学院及音乐学院、重庆工商大学等单位签订合作协议，依托丰富的地方文献馆藏，参与学科服务，共同开展课题研究。潼南区图书馆与四川省遂宁市图书馆签订合作协议，开展馆际地方文献资源学术研究合作，互赠《遂宁县志》《遂宁当代文学作品选》《杨氏家国梦》《文化潼南》系列丛书，开启地方文献资源共建共享，为打造两地文旅休闲走廊和文旅产品提供文化底蕴支撑。

第五章

法人治理改革与体系建设

公共文化机构建立法人治理结构是与国家治理体系和治理能力现代化相适应的体制机制改革，也是政府转变职能、提升公益性事业单位效能的重要举措。党的十九大报告指出，要深化文化体制改革，完善文化管理体制，加快构建把社会效益放在首位，社会效益和经济效益相统一的体制机制。《中华人民共和国公共图书馆法》第二十三条规定，国家推动公共图书馆建立健全法人治理结构，吸收有关方面代表、专业人士和社会公众参与管理。2017 年 9 月中央七部委联合印发《关于深入推进公共文化机构法人治理结构改革的实施方案》，部署推进在公共图书馆、博物馆、文化馆、科技馆、美术馆等建立以理事会为主要形式的法人治理结构。

为加快现代公共文化服务体系建设，推进基本公共文化服务标准化、均等化，保障人民群众基本文化权益，中共中央办公厅、国务院办公厅印发《关于加快构建现代公共文化服务体系的意见》。《“十三五”推进基本公共服务均等化规划》中提到，落实国家基本公共文化服务体系建设，深化公益性文化事业单位改革，以县级文化馆、图书馆为中心推进总分馆制，实现农村、城市社区公共文化服务资源整合和互联互通。2016 年 12 月 29 日，文化部、新闻出版广电总局、体育总局、发展改革委、财政部以文公共发〔2016〕38 号印发《关于推进县级文化馆图书馆总分馆制建设的指导意见》。把总分馆制建设纳入现代公共文化服务体系，明确功能与运行机制，因地制宜推进总分馆制建设，创新服务方式和手段，引导社会力量参与总分馆制建设，进一步健全城乡基层公共文化设施网络。

一、重庆市公共图书馆理事会建设

推行法人治理结构建设对于公共图书馆的社会化管理和规范化运行有非常积极的作用。法人治理结构的核心是组建理事会，而政事分开、管办分离不是要取消政府的管理，而是以法人治理的方式更加有效地促进政府对公共图书馆进行管理，其实质是在法人内部进行合理的权利划分与配置，形成一种分权制衡、相互协同的关系，以及利益相关者参与共同治理的机制，可以有效改善公共图书馆封闭低效、供给方式单一、资源配置不合理等诸多问题。

按照文化部“十三五”文化事业发展规划，公共图书馆法人治理结构改革是发展的必然之路。重庆市积极推动公共图书馆的体制机制改革，在“十三五”期间稳妥开展了公共文化机构法人治理结构改革。

2013 年，重庆市编办确定重庆图书馆为全市事业单位法人治理结构改革试点单位。2014 年，国家文化部明确重庆图书馆为全国 10 家公共文化法人治理结构改革试点单位之一。

（一）前期筹备

按照国家文化部和重庆市机构编制委员会办公室、重庆市文化委员会的相关部署，重庆图书馆从 2014 年 5 月开始着手法人治理结构试点工作的前期筹备。

1. 收集资料，开展调研，制定实施方案

为了更好地推进法人治理结构改革，重庆图书馆首先组织人力展开资料收集和前期调研，积极关注、研判和吸取其他公益性事业单位法人治理结构改革中的经验和做法，结合本馆实际，探索法人治理结构改革的有效途径。在前期调研和资料收集的基础上，2014 年 6 月重庆图书馆深化改革领导小组成立，下设办公室具体负责统筹协调法人治理结构改革的工作，制定完成《重庆图书馆法人治理结构改革实施方案》。

2. 起草并讨论《重庆图书馆理事会章程》

公共图书馆法人治理结构建设需要科学全面的规章制度做保障，2014 年 7 月至 8 月，重庆图书馆在《重庆图书馆法人治理结构改革实施方案》的基础上进一步细化，并组织专家对章程框架进行讨论，最终形成了《重庆图书馆理事会章程》，明确了决策层、管理层的职责权限和规则。

3. 组织专家论证，进一步完善理事会制度

2014 年 11 月，文化部公共文化司法人治理结构工作研讨会召开，根据会上各位专家的意见和建议，《重庆图书馆理事会章程》改名为《重庆图书馆章程》，同时对理事会构成和理事会职权等方面也进行了相应修改。

2015 年，重庆图书馆法人治理结构改革被纳入市委市政府确定的 81 项重点改革任务之中。2015 年 4 月至 7 月，结合重庆市机构编制委

员会办公室、重庆市文化委员会和有关专家所提出的意见和建议，重庆图书馆对《重庆图书馆章程》的架构和制度设计进行了认真梳理和讨论修订。2015 年 7 月 30 日，中共重庆市委全面深化改革领导小组文化体制改革专项小组最终审定通过了《重庆图书馆章程》(以下简称《章程》)。《章程》是对理事会组织和行为的基本规范，对指导和规范重庆图书馆理事会工作，推动重庆图书馆事业发展起到了积极作用。

（二）重庆图书馆理事会成立

根据《章程》的规定，重庆图书馆积极开展理事会的理事遴选工作，通过各单位、各层面的共同协作和有序推进，最终推选并产生了 15 名理事候选人。2015 年 8 月至 9 月，重庆市文化委员会召开专题会议，研究部署重庆图书馆理事会成立的相关事宜，最终确定了理事会理事长、理事和秘书长名单。

2015 年 12 月 25 日，重庆图书馆理事会成立大会召开，重庆市人民政府副市长谭家玲出席会议并做重要讲话。重庆市委宣传部、重庆市政府办公厅、重庆市机构编制委员会办公室、重庆市文化委员会、重庆市区县公共图书馆代表、重庆图书馆中层干部和全体理事会成员参加了会议。

重庆图书馆理事会的成立是重庆市公共图书馆法人治理结构改革的重要里程碑。理事会作为法人治理结构的决策层，通过了《章程》和理事会会议行使议事权、决策权和监督权，支持管理层工作，不直接参与重庆图书馆日常管理。重庆图书馆馆长及副馆长组成的管理层负责图书馆日常工作，管理层执行理事会决议，接受理事会监督，为理事会工作提供便利和保障。重庆图书馆理事会秘书处设在重庆市文化委员会公共服务处。

重庆图书馆理事会成立后，充分调动社会力量和社会资源，在逐步构建现代管理制度和运行机制的同时，加紧实施图书馆服务的“供给侧改革”，努力推动城乡图书馆服务一体化发展，进一步加快数字阅读建设步伐。重庆图书馆理事会全面推动公共图书馆讲座联盟、展览联盟和农民工服务联盟的建设，着力满足广大人民群众的精神文化需求，切实提高图书馆的服务能力和影响力。重庆市公共图书馆成立理事会时间如表 5-1 所示。

表 5-1 重庆市公共图书馆成立理事会时间表

序号	单位	成立时间
1	云阳县图书馆	2014 年 4 月 23 日
2	江北区图书馆	2014 年 12 月 1 日
3	重庆图书馆	2015 年 12 月 26 日
4	黔江区图书馆	2016 年 3 月 14 日
5	万州区图书馆	2016 年 7 月 18 日
6	江津区图书馆	2017 年 1 月 17 日
7	武隆区图书馆	2017 年 2 月 20 日
8	忠县图书馆	2017 年 5 月 25 日
9	城口县图书馆	2017 年 5 月 25 日
10	璧山区图书馆	2017 年 6 月 15 日
11	石柱土家族自治县图书馆	2017 年 6 月 28 日
12	涪陵区图书馆	2017 年 12 月 6 日
13	大渡口区图书馆	2017 年 12 月 27 日
14	沙坪坝区图书馆	2018 年 1 月 18 日
15	潼南区图书馆	2018 年 12 月 29 日
16	南川区图书馆	2019 年 5 月 12 日
17	秀山土家族苗族自治县图书馆	2019 年 9 月 20 日
18	开州区图书馆	2019 年 10 月 10 日
19	酉阳土家族苗族自治县图书馆	2020 年 1 月 6 日
20	渝北区图书馆	2020 年 1 月 8 日
21	綦江区图书馆	2020 年 1 月 15 日

续表

序号	单位	成立时间
22	长寿区图书馆	2020 年 5 月 11 日
23	九龙坡区图书馆	2020 年 7 月 20 日
24	奉节县图书馆	2020 年 8 月 10 日
25	巴南区图书馆	2020 年 8 月 22 日
26	北碚图书馆	2020 年 9 月 25 日
27	永川区图书馆	2020 年 9 月 25 日
28	合川区图书馆	2020 年 10 月 19 日
29	大足区图书馆	2020 年 10 月 23 日
30	梁平区图书馆	2020 年 10 月 26 日
31	渝中区图书馆	2020 年 11 月 3 日
32	荣昌区图书馆	2020 年 11 月 12 日
33	万盛经济技术开发区图书馆	2020 年 11 月 24 日
34	铜梁区图书馆	2020 年 11 月 25 日
35	南岸区图书馆	2020 年 11 月 25 日
36	涪陵区少年儿童图书馆	2020 年 12 月 7 日
37	重庆市少年儿童图书馆	2020 年 12 月 18 日

（三）重庆图书馆理事会运行情况

重庆图书馆积极推进法人治理改革试点工作，各方联动，实现各部门的理解、认同、支持与落实，使社会力量更多地参与到重庆图书馆事业的建设与发展之中，通过理事会的决策与监督机制，优化管理层的工作质量，以满足人民群众对美好生活的需求。

“十三五”期间，重庆图书馆在事业单位法人治理结构改革工作中不断探索和实践，取得了一定的成效。2016 年文化部对全国 10 家试点单位评审验收，重庆图书馆获第三名，评审专家对重庆图书馆理事会的组建模式和运行方式给予了充分肯定。2018 年重庆图书馆被重庆市文化委员会推荐为文化部第二批法人治理结构改革试点单位。

1. 定期召开理事会工作会议，及时修订《重庆图书馆章程》

根据《章程》，理事会每年定期召开两次会议。第一届理事会运作期间，共召开五次工作会议，在决策过程中，严格实行集体审议、独立表决、个人负责制度。理事会认真审议讨论了重庆图书馆年度工作总结、计划、财务预决算、主要业务规划等图书馆重大事项；理事们积极为图书馆发展建言献策，在重庆图书馆二期工程、古籍保护、文献开发、信息技术、课题研究、阅读推广等工作上提出了宝贵意见和建议。根据《章程》规定，理事会每届任期为三年。在广泛遴选并征求多方意见的基础上，2019 年 10 月 30 日，重庆图书馆第二届理事会成立并召开第一次会议（见图 5-1）。来自不同行业的理事们结合自身专业优势和社会影响力，从重庆图书馆新馆工程推进、智慧图书馆建设、文献资源保护利用、全民阅读推广等方面继续为图书馆事业发展提供思路和建议。

图 5-1 重庆图书馆馆长任竞在重庆图书馆第二届理事会第一次工作会议上向理事会做重庆图书馆工作汇报

为深入学习贯彻习近平总书记系列重要讲话精神和治国理政新理念新思想新战略，围绕中央关于构建现代公共文化服务体系的总体部署，加强党对公共文化机构的领导，促进公共文化事业发展，重庆图书馆理事会秘书处借鉴国家图书馆法人治理结构改革的经验做法，对执行了三年的《章程》进行了修改，增补了关于加强党的建设部分的内容，明确党组织在法人治理结构中的法定地位，发挥党组织政治核心作用。

2. 健全监督监管，强化理事会内部协作

有效的监督管理机制是公共图书馆法人治理结构的重要环节。重庆图书馆将法人治理结构改革试点工作纳入该馆与市文化委签订的年度目标绩效考核指标体系中，按照“一季度一汇报”的实施办法，依据考核目标，定期向举办单位——市文化委汇报考核目标完成情况，定期提交法人治理结构改革试点进展总结和理事会年度工作报告。理事会在议事决策过程中，与市文化委加强沟通，充分酝酿，民主决策，确保重庆图书馆各项业务建设可持续发展和公共文化服务提质增效。

理事会成员主要通过举办单位协商、相关部门委派、名家志士支持产生，大多数是义务兼职担任，对图书馆事业本身不熟悉。为使理事会最大限度发挥作用，理事会秘书处加强与理事沟通，积极传达并组织理事学习《关于深入推进公共文化机构法人治理结构改革的实施方案》等党和政府关于公共文化服务的政策法规，定期寄送重庆图书馆发展建设材料，及时交流我国其他公共图书馆法人治理结构改革进展情况，为理事履职创造条件。

3. 深化图书馆业界交流合作，探索开展法人治理结构改革研究

为了进一步探索公益性文化事业单位法人治理结构改革的深化途径与措施，重庆图书馆理事会秘书处先后与上海图书馆、深圳图书馆、云南省图书馆、广西壮族自治区图书馆、海南省图书馆等多家省级图书馆开展座谈交流，学习借鉴其他公共图书馆法人治理结构改革的先进经验。同时理事会秘书处在保证理事会正常运行的前提下，积极开展相关学术科研工作，先后申报“公共图书馆法人治理模式研究”“党建工作与公共文化机构法人治理结构改革的融合研究”等科研课题，在图情专业核心期刊等刊物上发表多篇关于法人治理结构改革的学术论文，充分发挥重庆图书馆作为文化部和重庆市的法人治理结构改革双试点单位的示范带动作用。

4. 深度参与公共图书馆评估定级，推动重庆图书馆公共文化服务迈上新台阶

文化部组织的公共图书馆评估定级工作是对全国县级以上公共图书馆服务效能、业务建设和保障条件的全面客观总结。重庆图书馆理事会高度重视重庆图书馆的第六次评估定级工作，了解跟进重庆图书馆的评估工作完成情况。重庆图书馆理事会先后选派理事参加重庆图书馆试评估工作以及第六次评估定级工作意见反馈会，与文化部评估专家、市文化委分管领导、重庆图书馆领导班子就评估工作开展座谈与交流，总结发展成就，明晰存在问题，并提出相关意见和建议。

5. 参与文化扶贫，积极提升图书馆的社会效益

重庆图书馆理事会在图书馆的文化扶贫工作中起到了桥梁纽带作用，理事会的建立进一步强化了公共图书馆的公益属性。

在重庆图书馆举办全国文化扶贫研讨会和实施贫困地区青年馆员赴东部发达地区实地培训项目的过程中，企业家理事们给予了大力支持，多方引导社会资金参与到图书馆的文化扶贫工作中，确保了项目圆满完成。这一项目也得到文化部公共文化司领导的高度评价，认为是公共图书馆文化扶贫中的创新，值得借鉴和推广。

除此以外，重庆市区县公共图书馆也陆续开展了法人治理结构改革，以此激发图书馆事业发展活力，提高运行效率。

涪陵区图书馆法人治理结构改革有序推进。作为全区唯一的事业单位法人治理结构改革试点单位，在上级有关部门和重庆图书馆的指导下，该馆先后制定并出台了《涪陵区图书馆章程》《涪陵区图书馆绩效考核制度》等5个配套制度，得到涪陵区深化改革领导小组和涪陵区机构编制委员会的审核同意，成功组建理事会，发挥理事会决策和监督作用，使图书馆法治化管理更加明晰，发展环境更加宽松，激活了事业发展的活力，被文化和旅游部确定为全国法人治理改革试点单位，其经验获得同行认可。

潼南区图书馆2018年被文化部确定为文化事业单位法人治理结构改革试点单位。该馆随后成立了潼南区图书馆法人治理结构工作领导小组，审定完成了《潼南区图书馆理事会章程》。2018年12月29日，召开理事会成立大会暨第一次会议，投票推选了第一届图书馆理事会理事成员，基本建立起以理事会为主要形式的法人治理结构，决策、执行和监督机制进一步健全，相关权责更加明晰，运转更加流畅，活力不断增强，人民群众对公共文化的获得感明显提升。

2016年，江津区图书馆开展了事业单位法人治理结构改革试点工作，原区文化委制定并印发《江津区文化馆、图书馆法人治理结构试点工作方案》，并制定《江津区图书馆理事会工作实施方案》。2017年江津区图书馆成立第一届理事会，2020年完成第二届理事会换届。在第二届理事会换届过程中，通过与雅安市图书馆积极沟通对接，双方达成共识，互派馆员担任对方理事会成员，有效助推双城经济圈建设。

大渡口区图书馆自 2017 年成立理事会以来，吸引社会力量参与图书馆建设与推广活动，共同进行图书馆的决策、管理、监督与绩效评估。2020 年召开图书馆第一届理事会第三次会议，共同讨论图书馆空间升级改造后，如何利用空间开展服务，提升公共文化服务能力和水平。理事会还组织召开“百本好书送你读”调研座谈会、宣传发动会，参与现场调研，指导书香社区建设规划及布局，让每个人都能成为公共文化建设的主体，以此来增强人们的归属感和责任感，形成社会力量共同建设图书馆的新局面。

秀山土家族苗族自治县图书馆法人治理结构改革工作从 2019 年 8 月正式启动以来，县委改革办、县编办、县文化旅游委等相关职能部门和领导，因地制宜，先后到县图书馆进行调研，反复酝酿，对《秀山土家族苗族自治县图书馆章程》以及相关制度进行了多次研究和修改，最终完成了作为未来 5 年秀山土家族苗族自治县图书馆发展行动指南，标志着法人治理改革有了实质性推动。

图书馆理事会的成立，标志着图书馆的发展开启了一个新的篇章。通过改革促发展，实现法人治理结构改革最大的目标——未来公共文化服务更加精准，不断满足人民群众日益增长的美好生活需要，顺应时代的发展，加快完善公共文化服务体系，增强人民群众的文化获得感，实现文化自信。

二、总分馆建设

《中华人民共和国国民经济和社会发展第十三个五年规划纲要》要求“构建现代公共文化服务体系。推进基本公共文化服务标准化、均等化”。要实现这个目标，深化图书馆总分馆建设是关键途径。

“十三五”期间，根据文化部、新闻出版广电总局、体育总局、发展改革委、财政部联合发布的《关于推进县级文化馆图书馆总分馆制建设的指导意见》，以及重庆市文化委员会、重庆市体育局、重庆市发展和改革委员会、重庆市财政局联合发布的《关于推进区县文化馆图书馆总分馆制建设的实施意见》的通知要求，重庆各级公共图书馆按照“合理布局、精心管理、优化服务”的思路，构建“均等化目标、一体化建设、双重化管理、标准化服务”的运行模式，深入开展总分馆建设，最大程度实现了覆盖城乡、资源共享、服务高效的公共文化服务网络。

（一）总分馆建设情况

重庆市公共图书馆根据本地实际情况，本着合作实务的原则，在实践中谋求发展，构建了以区县公共图书馆为总馆，以乡镇（街道）基层综合性文化服务中心为分馆，以在有条件的村（社区）基层综合性文化服务中心、农家书屋设置分馆或基层服务点为补充的“1+X”公共图书馆总分馆“联合”服务体系。重庆市公共图书馆分馆建设情况如表5-2所示。

表5-2 重庆市公共图书馆分馆建设情况一览表

单位类别	单位名称	分馆数量（个）①	街道、乡镇图书室（个）	社会合建分馆（个）
省级公共图书馆	重庆图书馆	7	0	7
	重庆市少年儿童图书馆	21	13	8

①表5-2 重庆市公共图书馆分馆建设情况一览表中，分馆数量统计仅含街道、乡镇图书室和社会合建分馆。

续表

单位类别	单位名称	分馆数量（个）①	街道、乡镇图书室（个）	社会合建分馆（个）
中心城区公共图书馆	渝中区图书馆	12	6	6
	大渡口区图书馆	9	8	1
	江北区图书馆	39	13	26
	沙坪坝区图书馆	30	22	8
	九龙坡区图书馆	34	19	15
	南岸区图书馆	38	15	23
	北碚图书馆	24	17	7
	渝北区图书馆	30	22	8
	巴南区图书馆	35	24	11
主城新区公共图书馆	涪陵区图书馆	31	27	4
	涪陵区少年儿童图书馆	4	0	4
	长寿区图书馆	21	19	2
	江津区图书馆	36	30	6
	合川区图书馆	32	30	2
	永川区图书馆	24	23	1
	南川区图书馆	40	34	6
	綦江区图书馆	20	20	0
	大足区图书馆	41	27	14
	双桥经开区图书馆	13	12	1
	璧山区图书馆	26	16	10
	铜梁区图书馆	30	28	2
	潼南区图书馆	23	22	1
	荣昌区图书馆	30	21	9
	万盛经济技术开发区图书馆	11	10	1
渝东北三峡库区城镇群公共图书馆	万州区图书馆	17	8	9
	开州区图书馆	40	40	0
	云阳县图书馆	59	42	17
	奉节县图书馆	33	29	4
	巫山县图书馆	26	26	0

续表

单位类别	单位名称	分馆数量（个）[①]	街道、乡镇图书室（个）	社会合建分馆（个）
渝东北三峡库区城镇群公共图书馆	巫山县图书馆	26	26	0
	巫溪县图书馆	32	32	0
	梁平区图书馆	37	33	4
	城口县图书馆	25	25	0
	丰都县图书馆	31	30	1
	垫江县图书馆	32	26	6
	忠县图书馆	37	29	8
渝东南武陵山区城镇群公共图书馆	武隆区图书馆	27	27	0
	黔江区图书馆	30	30	0
	石柱土家族自治县图书馆	35	33	2
	秀山土家族苗族自治县图书馆	28	27	1
	酉阳土家族苗族自治县图书馆	42	39	3
	彭水苗族土家族自治县图书馆	39	39	0

渝北区图书馆总分馆制建设于 2018 年就已全面完成，现已形成以 1 个区级核心总馆为主导，涵盖 22 个镇（街道）图书分馆、8 个社会单位直属分馆、7 个 24 小时自助图书馆、38 个图书阅读点、8 个爱心图书流动点、81 个农家书屋、147 个社区图书室的公共图书馆总分馆网络体系，较好地整合了区域内公共文化资源。渝北区的总分馆制建设坚持与经济社会发展和群众文化需求相适应的方针，统一规划，合理布局，严格管理，公平考核，实现了辖区内阅读资源共建共享，逐步缩小了城乡图书服务差距。

荣昌区图书馆建立了 30 个图书分馆，其中乡镇分馆 21 个、与社会联合建设分馆 9 个、服务点 3 个、24 小时自助区图书馆 1 个，分馆图书藏量 82713 册、外借人数 27279 人次、外借册数 50573 册次，区域内所有图书分馆和服务点全部纳入通借通还“一卡通”服务。

巫山县图书馆在 2016 年启动全县 24 个乡镇分馆和 2 个街道分馆建设，先后与 26 个分馆签订关于人、财、物的协议，建立详细的分馆信息，对分馆实行统一管理、统一标识、统一采购、统一编目、统一制度、统一业务系统，先后对分馆投入了 24.7 万元资金支持。分馆使用图书馆集群管理系统（Dlibs），统一制作分馆牌子并制定管理制度，统一安排工作人员对分馆的图书编目上架。实现了通借通还“一卡通”服务，使阅读从过去的“单点式”转变成“互联互通”的集群模式。

重庆市武隆区图书馆近几年来建成 2 个直属分馆、27 个乡镇分馆、2 个 24 小时自助图书馆及 1 个流动图书车（汽车图书馆），实现了二级行政区域全覆盖，现正逐步推进行政村总分馆建设，目前赵家乡、白马镇、平桥镇已完成部分村级业务平台建设。

（二）经验与做法

由于我国公共图书馆的建设基于财政体制和事权分配体制的关系，基本上采取一级政府建一级公共图书馆、谁建设谁管理的方式。从国家图书馆到省级公共图书馆，从地市级公共图书馆到区县公共图书馆再到乡镇（街道）文化站、图书馆（室），最后到村（社区）图书室，我国公共图书馆总分馆建设基本实现了全覆盖。但如果总分馆建设没有体系化运作，缺乏系统化管理，加上乡镇政府公共服务保障力度较弱、乡镇等基层图书馆（室）运行效率低下等问题，最终会导致总分馆建设流于形式。为了避免出现这种状况，重庆市公共图书馆在总分馆建设方面采取统一部署、建章立制，统一管理、资源共享共建，在此基础上发挥各馆自身特色，确保了总分馆真正发挥各自的作用，为辖区群众提供最优质的公共文化服务，实现了服务的标准化和均等化。

1. 坚持政府主导，工作落地落实

（1）建章立制

由政府主导，明确运行机制，创新服务方式，积极吸引社会力量共同参与，是总分馆制建设的关键。重庆市各区县政府按照总分馆建设的任务和要求，由区县文化旅游委牵头，图书馆具体落实，出台了关于推进图书馆总分馆建设的实施意见，为总分馆建设的具体实施提供了重要保障。

合川区图书馆结合本区各镇街的实际情况，2017 年 4 月至 2018 年 8 月 30 日，在钓鱼城、南津街、大石等街道，三汇、龙市、涞滩、土场等镇，古楼镇天子摇金村以及青少年活动中心等 32 个条件完善、功能齐全、设施运行良好、管理到位的文化中心、活动中心和特色乡村陆续建立了总分馆制。总馆与每个分馆签订了《合川区图书馆总分馆制合作协议书》，制定了《合川区图书馆总分馆制“一卡通”读者通借通还制度》《合川区图书馆总分馆制“一卡通”借书卡办理须知》，全面实行了“通借通还”一卡通服务，全部开通与区内图书分馆相同的图书编目，确保图书正常流转。

九龙坡区委、区政府以政府主导为原则，按照“三足鼎立，三维支撑”的发展模式以及“横向拓展，纵向延伸，多点支撑，网格运行”的运行机制，统筹规划总分馆体系建设。九龙坡区图书馆充分利用现有设施和资源进行改造和功能完善，搭建“总馆＋分馆＋基层服务点”的总分馆服务体系，实现了与中心城区的通借通还服务，以及区内的“一卡通”服务。目前，九龙坡区已建立起少儿分馆 1 个，24 小时自助图书馆（直属分馆）6 个，

镇街图书分馆 19 个，村（社区）基层服务点 199 个，与政府、企事业单位等共建图书分馆 15 个。初步实现城镇“10 分钟图书服务圈”、农村“半小时图书服务圈”，构建起强有力的区、镇街、村居三级公共图书服务网络。

秀山土家族苗族自治县积极推进以“政府主导、多级投入、集中管理、资源共享”为主要特点的城乡一体化公共图书馆服务体系建设。2016 年 6 月，县文化委下发《关于印发秀山县文化馆图书馆总分馆制体系建设方案的通知》，指明了县图书馆总分馆建设的目标任务和实施方案。为提升服务效能，充分发挥总分馆体系作用，秀山土家族苗族自治县图书馆制定出台了《秀山土家族苗族自治县图书馆乡镇分馆管理暂行办法》《秀山土家族苗族自治县图书馆乡镇分馆考核细则》，完善考核督查，建立健全长效发展机制。到 2018 年中期，全县 27 个乡镇（街道）分馆（包括 3 个街道、18 个镇、6 个乡）全部建成。

巫溪县将“图书馆总分馆制”作为带动公共文化服务体系建设的有力抓手，按照“一个总馆 + 多个分馆 + 若干服务点”的模式，全力推进图书馆“总分馆制”建设。为加强对“总分馆”建设工作的领导，巫溪县图书馆专门成立“图书馆总分馆制”项目创建工作领导小组，让分馆成为总馆的有机组成部分，让农家书屋（社区图书室）、基层服务点成为分馆的延伸补充，逐步达到基础设施标准化、文化资源共享化、服务系统网络化。到 2017 年底，全县 15 个乡镇（街道）文化站和巫溪中学建成了 16 个图书馆分馆，2018 年底，总分馆达到全县二级行政区全覆盖。

（2）资金保障

围绕资金保障这个重要环节，重庆各区县政府、文化委强化措施、完善机制，确保专项资金到位，并统一安排运行经费的使用，保证分馆建设工作有序开展。有条件的区县政府将所需经费由各区县级财政给予保障和统筹，专项经费用于乡镇分馆“一卡通”自助借阅建设、硬件建设、阅读推广活动等业务工作的开展，保证总分馆建设的可持续发展。

为完善“10 分钟文化圈”公共文化服务网络，将免费服务送到读者家门口，2011 年 10 月，“渝中区图书馆总分馆体系建设工程”立项并纳入渝中区发改委区级重大项目，总投资 1670 万元，历经近九年的建设，项目发挥了显著效能。

涪陵区政府在 2018 年将涪陵区图书馆总分馆建设纳入重要民生实事工程，拨付 400 万元专项资金，对业已建成的 27 个乡镇分馆进行提档升级，各分馆由区馆派遣业务副馆长，加强对各分馆的业务指导和规范化建设，取得了非常显著的效果。该馆紧扣涪陵作为移民大区的属性，以服务移民，丰富移民精神文化生活为着眼点，先后获得三峡移民资金 900 余万元，建设城区移民分馆，对服务中心、稳定大局起到积极作用，进一步完善了图书馆服务体系，扩大了覆盖面。

（3）奖惩严格

为了更好地促进分馆建设，保证服务能效，在不改变现有体制的基础上，重庆各区县公共图书馆都制定了双重考核制度，总馆对分馆工作实行双向考核。每年按照办证、图书外借、活动开展、读者投诉等标准对分馆、服务站运行情况进行考核评比，由各区县文旅委根据考核情况予以奖惩，并直接与分馆年度运行经费拨付挂钩，极大地促进了分馆工作的开展。

万州区图书馆在健全机构、完善机制、明确职责的基础上，强化奖惩制度的建立，扎实有序推进全区基层图书服务资源整合工作。为了提高现有基层图书室特别是社区（村）图书室的利用率，指导社区基层图书室合理布局，万州区建立了基层图书室考核和绩效评价机制。到2020年底，万州区挂牌建成镇乡（街道）文化服务中心图书馆分馆8个、村（社区）基层服务点20个，形成“总馆—分馆—基层服务点”的服务模式，实现区图书馆总分馆全覆盖。

2. 规范建设标准，服务提档升级

重庆市公共图书馆的总分馆建设按照总馆对分馆进行统一管理，各分馆对标对表，按照统一模式开展分馆工作的方式进行，充分保证了广大市民可以享受到均等、无差异服务。在设施设备方面实行统一要求、统一标识、统一配备，图书资源进行统一采购、统一编目、统一配送，工作人员开展统一培训、统一辅导、统一协作，业务活动按照统一时间、统一要求、统一标准进行。将人力、物力、财力集中统一划归总馆管理，实现管理权的高度统一。

（1）管理模式

重庆市公共图书馆中有部分图书馆成立了总分馆建设领导小组，实施了馆长轮值制度，由馆领导亲自抓业务工作的开展，具体指导分馆工作开展，进一步加强总分馆建设工作的组织领导。同时，总馆与分馆签订服务协议，明确建设程序、业务统筹、业务管理、具体目标以及职责任务。

南岸区图书馆不断创新公共文化服务理念，依托国家公共文化服务体系示范项目——“南岸区社区图书馆标准化建设”，打造了分馆100家，其中乡镇街道分馆15家，社会合建分馆23家，其他社区、村图书室62家。总分馆实行统一平台管理，实现了“一馆办证，多馆借书；一馆借书，多馆还书”的通借通还服务。不定期举办各种阅读推广活动，实现活动资源共享，满足了新时代市民多元化精神文化需求，增强了活动的影响力与辐射力，实现了财政经费利用最大化。

渝中区的总分馆建设以渝中区的人口分布为依据，以地区文化中心为基础建设直属分馆，与社会单位合作或者以条件成熟的街道、社区图书室为基础建设社区分馆，以城市街区 24 小时自助图书馆和渝中图书漂流站为延伸服务手段，从而构建起管理、流通、服务一体化的三级图书馆资源共享体系。渝中区通过对区域内服务体系的整体规划，使图书馆建设的分馆和图书漂流站能够覆盖到文化中心、街道、社区、企业、部队、学校、养老院、电影院等场所，完善了渝中区“10 分钟文化圈”公共文化服务网络，使市民能够更便捷地享受公共文化服务。现共建成 6 个文化中心直属分馆、6 个社会单位合作分馆、3 个城市街区 24 小时自助图书馆、18 个图书馆漂流站和 11 个其他分馆。

（2）业务指导

重庆市公共图书馆在进行总分馆建设的过程中，要求条件相对优越的主城区图书馆充分发挥互联网等现代信息技术优势，对分馆进行监控管理，建立数据库，通过实时联机技术支持，实时查看每个分馆的服务动态，便于总馆图书选配、服务更新等。

北碚图书馆作为总馆，指导各镇街分馆进行图书编目、著录、上架等，定期流转图书到社会分馆，委派业务骨干具体指导、联系各分馆业务工作，有效开展阵地服务、流动服务和数字服务，不断扩大图书馆服务半径，为更好地满足广大群众基本阅读需求创造良好条件，提供有力保障。在业务指导的同时，北碚图书馆还积极开展阅读推广活动，与政府购买、志愿服务相结合，做细做实分级配送，区级总馆年均送讲座、送展览、送辅导到街镇分馆和社会分馆 110 余场，街镇分馆年均送流动文化服务到村社区基层服务点300余场，有效丰富了服务供给，促进了公共文化服务均等化。

双桥经开区图书馆地处双桥经开区公园内，主要服务双桥经开区辖区11.86万名群众。双桥经开区以双桥经开区图书馆为总馆，建立了龙滩子街道分馆、双路街道分馆等13个分馆，实现乡镇（街道）分馆全覆盖，总分馆建设比例达100%。双桥经开区图书馆每年年初制定培训与基层辅导计划，以街镇为单位，每年12次对分馆、农家书屋及社区图书室管理员进行培训，以提高分馆的服务水平。

梁平区图书馆与所有分馆都签订了《分馆建设协议书》，同时邀请技术人员对全区分馆业务人员进行“集群数字图书馆平台”培训，以提升各分馆工作人员的业务能力。2019年年初，该馆为全区33个乡镇（街道）分馆分别配送300册图书、200张读者证、1个条码枪，并开展现场辅导培训业务1次。全区33个乡镇（街道）实现了总馆主导下的文献资源统一采购、统一编目、统一配送、通借通还和人员的统一培训。2020年，梁平区图书馆以“全民阅读·全域联动”为理念，探索出“阅读+旅游”创新模式。根据各个景区、民宿的特色和不同定位，将阅读融入其中，形成独有的风格，现已建成景区、民宿分馆4个。

（3）资源调配

重庆市公共图书馆的总分馆建设采取资源统一调配的模式，总馆与分馆形成图书通借通还、资源共建共享、服务规范高效的工作模式，读者只需要办一张读者卡就可以享受到均等服务。此外，重庆市还充分利用网络服务平台，对物联管理系统、微信平台、全市公共图书馆“一卡通”平台进行资源和数据整合。在此基础上，重庆各公共图书馆还建立起区域联动机制，充分发挥总馆、分馆优势和特点，实现活动联办、品牌联创。

渝北区图书馆实现了直属分馆和镇街分馆与总馆的统一业务系统，集中采编，统一检索，图书资源“一卡通”通借通还。2019年开始，结合“乡村振兴”工作，总分馆制建设工作将“一卡通”服务向有条件的农家书屋、社区图书室进行延伸，进一步加强公共资源均等性、普遍性建设。“十三五”期间，总馆向分馆、阅读点配送图书10万册，统一加工入库分馆图书5万余册，深入基层开展业务辅导200余次，开展“书畅渝北”阅读活动进分馆100余场次，总分馆服务群众220万余人次，成效显著。

江津区图书馆根据各分馆的特色，结合各行业、各层次、各年龄段的群众需求，配置不同类型的图书，统一编码上架，方便群众借阅，同时根据图书管理系统大数据分析和实地调研分析结果，掌握阅读人群、受众需求、阅读偏好等数据，多种形式相结合，按需调配图书，提高资源利用率，提升服务效能。江津区图书馆各社会分馆运行以来，每馆年均接待读者5万余人次，年均借阅2万余册次。在总馆的指导下，江津区图书馆社会分馆不仅极大地丰富了城乡群众的文化生活，还拓展了城市休闲空间，激发了群众的读书热情，在全社会形成了良好的读书氛围和文明风尚。

3. 合理布局谋划，资源共建共享

为了让更多的读者享受到公共文化服务，让图书馆这样一个传统的文化载体在保持整体性的同时，化整为零，进入到社会的各个细胞里去，重庆市公共图书馆利用各自优势，充分实现资源共享。分馆根据当地产业优势、地域特点和人文环境确定本馆特色，在满足常规服务外，重点突出各自的特色服务，满足不同读者的需求，同时辅以开展各类阅读推广活动，不断丰富服务形式，拓宽服务范围，充分发挥分馆的作用。

在分馆建设中，对分馆的图书根据受众对象、受众地点、受众形式分类提供服务：为分馆农家书屋提供更多的老年读物、儿童文学读物及农业科普读物；为商业机构提供更多的旅行、文学、励志、管理类读物；为学校提供更多绘本、低年级拼读文本、儿童文学、科技类读物。鉴于社区书屋主要服务于老年读者，因此将健康理念和健康书籍整合到音频库中；在上班族居多的社区，将专业技术、职场晋升等书籍融入有声图书馆；在游客居多的旅游景区，将旅游、历史、文化等书籍融入有声图书馆，市民可以在线收听、免费下载喜欢的图书，用“科技 + 文化”的方式，打造“耳朵里的图书馆”；在人口密集的场所和镇街建设 24 小时城市书房，为读者提供 24 小时不打烊的阅读学习空间；与社会单位以合作的方式，将全民阅读以多种形式延伸到学校、商业体、旅游景点、医院等场所；通过物联网管理解决全区偏远地区借书难问题。

巫山县图书馆引入社会力量打造特色阅读空间，让图书馆更好地为读者服务，取得了一定的成效。2016 年起，县图书馆为了让每一个角落都有图书可阅读，在机关、企事业单位、社区、学校等地建立“图书外借点”和“悦读坊——全民阅读阵地”，开展阅读活动，构建了“图书馆 + 社会团体”的全民阅读服务体系新模式，让周边市民享受到“零距离阅读”，大大方便了市民就近享受图书馆服务。2019 年与县委组织部联合创建 24 小时自助党建图书馆，配备党建图书 4000 余册，形成党建特色阅读室，在党员教育活动中发挥实效，成为广大党员理论学习的重要阵地，也成为各单位、各支部党员活动的重要场所。

4. 因地制宜，充分发挥“一馆一特色”

重庆市部分公共图书馆按照“一分馆一特色”的工作思路，根据所在辖区实际情况，组织开展一系列接地气、聚人气、有生气且各具特色的读书征文、知识讲座、科技培训、观摩评比等读书学习活动，不断丰富服务形式，拓宽服务范围，充分发挥分馆的作用，实现总分馆有效联动。

江津区图书馆在民办公助实现分馆共建共享的同时，强调文商互补、合作共赢。江津区图书馆与重庆宽田文化创意孵化运营有限公司、“风马牛”书吧等社会力量签订共建江津区图书馆分馆的合作协议，科学规划布点，对符合条件的白沙“宽读”公共图书馆、“风马牛”书吧、“大脑壳城市书架”等赋予其图书馆分馆功能，配置图书馆自动化管理系统和图书借阅卡，确保了图书馆分馆的正常有序运转。该馆定期派出专业人员对分馆管理人员进行业务培训和指导，同时指导分馆适时开展读书活动。如“风马牛”书吧与樊登读书会合作，每周四晚 7 点 ~9 点，采用视频的方式，为读者解读工具类书籍，大大提升了读者的阅读效率；与“宽读”书屋合作，适时组织开展了以机关、企事业单位青年为主体，以丰富精神文化生活、增强学习乐趣、提升理论水平为目的“江畔读书会”。2018 年 3 月 17 日，中央电视台七套对“江畔读书会”作了相关报道。

南岸区图书馆充分发挥社会分馆的各自优势，采取政府购买公共文化服务的模式，积极培育特色阅读活动。一是“图书馆 + 实体书店”，在精典书店分馆开展“你选书、我买单”读者荐购服务；二是“图书馆 + 老街文化”，在下浩里、小馆等分馆举办“重拾儿时记忆”“存念下浩”为主题的展览活动，将作为南岸开埠文化具体承载体的老街更全面地展现在市民面前；三是“图书馆 + 文化交流”，在少数花园分馆、龙门书院文史分馆开展诗歌分享、古琴、书法等文化交流活动；四是“图书馆 + 文化培训”，在资武道院分馆、南山书院分馆开展武当功夫、太极拳、国画、乐器等培训。社会分馆开展的特色阅读活动，拓展了公共文化服务内容，丰富了公共文化内涵，提升了公共文化服务的品质。

为发挥图书馆在全区公共文化服务建设中的中枢作用，让广大基层群众享受到均等的优质阅读服务，涪陵区少年儿童图书馆优化资源配置，积极引导社会力量参与图书馆总分馆建设，共建立了美西、萃辰天心书院、焦耳、拾光里书苑 4 个分馆，馆藏文献达 7000 余册，4 个分馆与主馆均实现通借通还。4 个分馆各具特色，共同成为涪陵区少年儿童图书馆服务读者的重要组成部分。

三、"一卡通"建设

2017 年 3 月 1 日起施行的《中华人民共和国公共文化服务保障法》要求"地方各级人民政府应当加强基层公共文化设施的数字化和网络建设，提高数字化和网络服务能力"。2018 年 1 月施行的《中华人民共和国公共图书馆法》将"推动公共图书馆利用数字化、网络化技术向社会公众提供便捷服务"纳入法律范畴。随着我国公共文化服务体系建设的深入，"数字化图书馆"已经成为目前公共图书馆建设的根本目标。随着图书馆网络化的日趋完善和 IC 卡应用技术的日渐成熟，"一卡通"系统的建设和使用已成为公共图书馆管理发展的必然趋势。

重庆图书馆在"十二五"期间就开展了数字环境下重庆市公共图书馆图书"通借通还"问题的研究，并在 2013 年成功申报了"重庆市文化艺术广播影视科学研究规划项目"。要实现图书馆由单馆到多馆、信息资源由孤岛到共享、读者服务由一馆独立到多馆联动，需要有大图书馆理念作为指导，建立起图书馆集群概念，需要有以技术为依托的整体化管理来承担集群的运作，因此在全市公共图书馆范围内实行"一卡通用"和"通借通还"势在必行。重庆图书馆充分发挥引领和带动作用，带领主城公共图书馆实行“一卡通”服务，开通“通借通还”短信服务平台和“重庆市公共图书馆统一服务电话”，揭开了重庆市公共文化服务共建共享的新篇章。为加强重庆市主城区公共图书馆“通借通还”工作，提高图书借阅服务水平，统一各分馆“通借通还”服务口径，2014年11月，《重庆市主城区公共图书馆通借通还管理办法》开始执行。2015年1月，《重庆市主城区公共图书馆通借通还技术标准》出台，为各分馆的“通借通还”编目、文献流通、系统集成等业务提供了统一的技术规范和标准化的处理流程。

2017年，重庆市政府发布《重庆市公共图书馆管理办法》。该办法对公共图书馆的规划与建设、文献信息资源管理、运行与服务等方面作了详细规定。2018年，重庆市文化委员会印发了《重庆市公共图书馆服务规范（试行）》，2019年，《重庆市公共图书馆服务规范（修订版）》出台，对服务设施与环境、服务对象与开放时间、服务内容与方式、服务管理与监督等方面进行部署。2019年7月，《重庆市主城区公共图书馆通借通还管理办法（修订版）》出台，进一步加强了全市公共图书馆“通借通还”管理。在重庆市政府相关制度规范的约束和指导下，“十三五”期间，重庆市公共图书馆进一步完善了主城区“一卡通”的服务标准和技术标准，建立了全市性的“通借通还”管理体系，并以此为推动区县公共图书馆总分馆制的实施。到“十三五”末期，重庆全市一小时、主城半小时图书馆服务网络基本建成，主城区“通借通还”全面实施，成员馆新增文献全部进入了“一卡通”系统。

伴随着“一卡通”建设的推进，重庆市公共图书馆加大文献供应，“十三五”期间平均每年新增文献446196.6册，文献供应总量呈逐年平稳上升趋势。“一卡通”为读者阅读提供了方便，越来越多的读者能够享受到更多的图书资源服务。从2016年到2019年，重庆市公共图书馆外借人次和图书外借册次逐年增加，并且增幅十分明显。2020年因疫情防控的需要，虽然全年读者到馆人次明显减少，但外借人次和外借册次却超过了2016年全年的统计数量，分别达到483835人次和1988346册次。重庆市公共图书馆“一卡通”数据统计见表5-3。

表5-3 重庆市公共图书馆“一卡通”数据统计表

项目名称	2016年	2017年	2018年	2019年	2020年
文献年新增量（册次）	277145	723049	430179	377206	423404
文献供应总量（册次）	2351609	3114050	3476899	3704302	4156141
外借人次（人次）	481436	580833	722393	718405	483835
外借册次（册次）	1841858	2543662	2855994	2647774	1988346

（一）完善机制，构建“通借通还”系统化管理体制

虽然重庆市公共图书馆“通借通还”业务有各自相应的技术标准、服务标准、管理办法予以规范，但仍有许多有待完善之处。通过实践中的不断摸索、总结，重庆市公共图书馆进一步完善了相关的管理制度，让制度能够更加符合各分馆的实际情况，更好地为读者服务。在具体实施环节，该馆出台了更为详尽的规范指南和实施细则。例如，为各分馆明确指出参与“通借通还”馆藏的范围，针对其他馆归还图书过多，导致“暴库现象”出现的问题，建立物流管理办法等等。针对实践中发现的种种问题，重庆市公共图书馆进一步建立了运行问题反馈制度，及时采集各成员馆在工作中出现的问题或服务建议，从读者及成员馆的切实需求出发，不断完善“通借通还”服务理论指导工具，通过构建系统化

的管理体制实现服务质量和效能的长足发展。

（二）强化沟通，实现服务平台系统持续化发展

一体化平台是“通借通还”服务的重要实施载体。“十二五”期间，重庆图书馆“通借通还”服务平台尚处于初期运行阶段，存在启用功能模块单一、新旧系统衔接不畅、数据库同步化滞后等多个问题。“十三五”期间，重庆市公共图书馆进一步加强沟通，通过定期召集成员馆间的会议及网络在线交流，汇总系统问题，由专人负责收集、整理，配合系统开发商及时解决。同时强化各分馆与系统供应商间的交流，将平时操作中的问题及时反馈，一些简单的问题系统供应商能够在第一时间解决，而其他较为烦琐或需要协商解决的问题则进入相应的问题解决程序进行处理。

（三）统筹规划，设立专项经费开展专业化管理

在“通借通还”的经费管理方面，重庆图书馆对于统一的软硬件配套和运行经费实施统筹规划的管理模式，通过设立专项运行经费和专门账户，实现收支统一化管理。对于图书管理相应费用，则建立了相应的押金、滞纳金、超期费、赔偿费登记制度，通过明细账户区分登记种类，对押金、退证费用等在退回时做出勾稽标注，确保所有费用被记录到正确的账户中，做到各项业务有据可查。

第六章

事业发展与国际交流

“重庆市‘十三’五发展规划纲要”提出了要“牢固树立创新、协调、绿色、开放、共享的发展理念”，以创新激发文化发展动力，以协调缩小文化发展差异，以绿色推动文化健康发展，以开放力促文化走向世界，以共享推进文化全民受益。重庆市公共图书馆在全面建设文化强市、实现文化小康的大背景下，在经费得到充足保障的基础上，大力推动图书馆事业的发展。“十三五”期间，重庆市各级公共图书馆加大人才队伍建设力度，建立多渠道人才培养机制，提高公共图书馆的科研能力和专业化水平，促进科学成果的转化利用。同时进一步优化拓展服务领域，依托馆藏资源开展国际交流合作，以文化搭桥，让重庆的特色资源走出重庆、走向世界。

一、人力资源建设

我国“十三五”规划明确提出要加快建设人才强国，深入实施人才优先发展战略，推进人才发展体制改革和政策创新，形成具有国际竞争力的人才制度优势。实施人才强国战略的根本任务是加强人才队伍建设，打造在思想品质、作风和业务上出类拔萃的人才梯队。对于图书馆事业来说，人才同样是最核心的竞争力。随着公共图书馆内外环境的变化和发展以及“互联网 +”战略的实施，人才队伍建设显得更加重要，其建设成效直接关系着公共图书馆的生存和发展前景。重庆市公共图书馆员工人数统计如表 6-1 所示。

表 6-1　重庆市公共图书馆员工人数统计表

单位类型	单位名称	在编员工人数（人）	编外员工人数（人）
省级公共图书馆	重庆图书馆	231	0
	重庆市少年儿童图书馆	57	0
中心城区公共图书馆	渝中区图书馆	25	20
	大渡口区图书馆	10	14
	江北区图书馆	15	26
	沙坪坝区图书馆	26	4
	九龙坡区图书馆	16	15
	南岸区图书馆	15	24
	北碚图书馆	26	8
	渝北区图书馆	21	14
	巴南区图书馆	15	45
主城新区公共图书馆	涪陵区图书馆	25	5
	图书馆	19	5
	长寿区图书馆	20	11
	江津区图书馆	14	11
	合川区图书馆	10	18
	永川区图书馆	9	11
	南川区图书馆	15	7

续表

单位类型	单位名称	在编员工人数（人）	编外员工人数（人）
主城新区公共图书馆	綦江区图书馆	8	8
	大足区图书馆	8	7
	双桥经开区图书馆	13	9
	璧山区图书馆	7	27
	铜梁区图书馆	9	8
	潼南区图书馆	25	8
	荣昌区图书馆	10	1
	万盛经济技术开发区图书馆	6	13
渝东北三峡库区城镇群公共图书馆	万州区图书馆	25	0
	开州区图书馆	58	0
	云阳县图书馆	15	6
	奉节县图书馆	12	3
	巫山县图书馆	6	4
	巫溪县图书馆	5	2
	梁平区图书馆	8	11
	城口县图书馆	6	6
	丰都县图书馆	6	10
	垫江县图书馆	6	26
	忠县图书馆	7	3
渝东南武陵山区城镇群公共图书馆	武隆区图书馆	8	4
	黔江区图书馆	15	9
	石柱土家族自治县图书馆	5	4
	秀山土家族苗族自治县图书馆	7	8
	酉阳土家族苗族自治县图书馆	10	3
	彭水苗族土家族自治县图书馆	6	4

《重庆市公共图书馆管理办法》中规定："公共图书馆应当根据工作需要设置岗位和选配人员，其中专业技术人员不得低于总人数的

75%。”“十三五”期间，重庆市公共图书馆树立人才强馆的理念，高度重视人才队伍的建设和培养，通过公开招聘、人才引进等多种形式选拔优秀人才，努力调整人才结构，目前各馆的专业人员配备基本达标。

（一）重视人才队伍培养 优化人才引进机制 高学历人才比例明显提升

重庆市公共图书馆现有员工共 1282 人，其中在编人员 860 人，专业技术人员 606 人。从学历结构看，重庆市公共图书馆员工中具有研究生及以上学历的有 68 人，占员工总数的 5.30%，具有本科学历的有 618 人，占员工总数的 48.21%，具有大专学历的有 415 人，占员工总数的 32.37%（见图 6-1）。

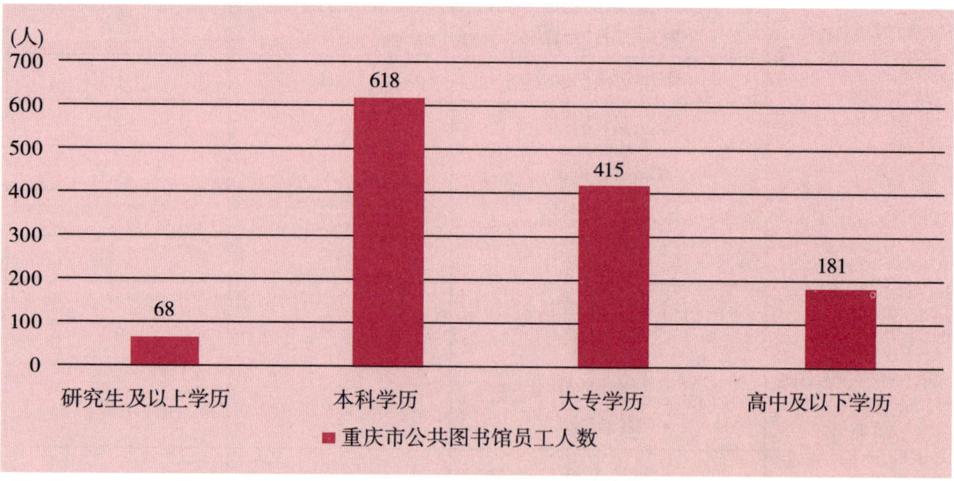

图 6-1　重庆市公共图书馆员工学历结构图

从职称结构看，目前重庆市公共图书馆高级职称人数为 131 人，占专业技术人员总数的 21.62%，中级职称有 284 人，占专业技术人员总数的 46.86%，初级职称有 191 人，占专业技术人员总数的 31.52%。

从数据看，重庆市公共图书馆的职称结构较为合理，高级技术人员数量较“十二五”期间有所增加，中级职称人数相对稳定，初级职称人数呈上升趋势。（见图 6-2）

“十三五”期间，重庆市公共图书馆通过调整人员结构，使各馆的学历结构、人员年龄等均得到了优化。大部分图书馆已经形成了以青年人才为主，老、中、青有机结合，结构较为合理、稳定的人才梯队，为图书馆的持续发展奠定了良好的人才基础。从统计数据看，大专及以上学历的员工成为重庆市公共图书馆的核心主力。针对各馆建设发展需要，引进专门人才，强化人才培训，已经成为常态。

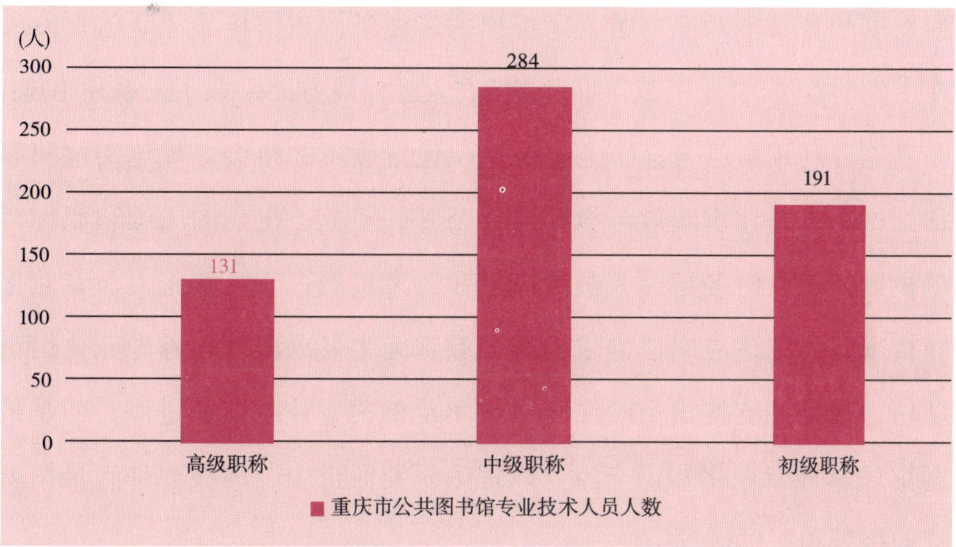

图 6-2　重庆市公共图书馆专业技术人员职称结构图

重庆图书馆非常注重人才建设工作，“十三五”期间共引进人才 28 名，其中博士 2 人、硕士 8 人、本科 18 人。通过 5 年的人才建设，大专以上学历人员占比显著提高，研究生、博士生等高学历和图书情报专业人才数量进一步增加，中级职称人才占比随之增大。重庆图书馆将人才建设的重点放在培养与引进科研创新学术带头人、信息咨询与信息处理的图情专业研究生、局域网建设与大型数据库开发应用人才等多个方面。值得一提的是，作为国务院颁发的首批“全国古籍重点保护单位”，为了更好地组织和指导各区县公共图书馆开展古籍修护和保护工作，重庆图书馆 2018 年新引进 2 名古籍版本鉴定与碑帖鉴定博士，以充实重庆市古籍保护人才队伍。

大渡口区图书馆探索实施对专业技术人员、管理人员、临聘人员等分类界定的方式，建立以岗位绩效考核为基础的人员考核评价制度，并制定人才强馆战略和中长期人才发展规划。

武隆区图书馆位于渝东南武陵山区城镇群，为了适应信息技术高速发展的背景下对图书馆人才提出的新要求，该馆将人才队伍建设放在工作的首位。“十三五”期间该馆在人才保障方面采取了一系列措施：一是充分利用撤县升区事业单位岗位设置改革的机会，优化岗位和职称结构；二是注重绩效考核，建立公开、规范、定期的岗位和职称考核机制，建立对各层面人员的激励和约束机制；三是实施人员专业化教育项目，以适应岗位需求的继续教育为主要手段，培养专业化馆员队伍，鼓励并支持馆员参加图书馆学及相关专业的在职进修；四是鼓励馆员参与专业化知识交流，以理论研究促进中、高级职称人员拓展职业视野和工作境界。

重庆市少年儿童图书馆常年开展公共图书馆业务辅导工作，赴各区县公共图书馆就少儿文献资源建设、少儿阅读推广、读书活动策划等业务进行辅导，帮助区县公共图书馆提升业务能力。除此以外，该馆还定期开展重庆市“图书馆少儿服务工作学术研讨会”“少图馆际交流合作行动计划”等活动，创造学习机会，提升重庆市公共图书馆界的学术氛围。

为贯彻落实中央关于推进公共数字文化融合创新发展的要求，加快重庆市数字文化工程建设，重庆图书馆作为公共数字文化共享工程分中心，精心设计教学内容，于 2016 年开始举办“重庆市公共数字文化管理与服务培训班”，2018~2019 年连续举办三期“全国公共文化巡讲暨重庆市公共数字文化建设与服务培训班”，2020 年举办了“重庆市文化旅游公共服务工作推进会”、“公共图书馆馆长工作会暨公共数字文化建设与创新服务培训”。除了线下培训，“十三五”期间，重庆图书馆每年还组织全市各区县公共图书馆参加“数字学习港”“网络书香讲坛”两大线上网络专题培训。系列培训为基层公共数字文化建设工作提供了指导，对基层业务骨干启发思维、拓展视野提供了有效帮助，同时对提升公共数字文化在基层的服务效能起到了积极作用。

（二）人才队伍结构日趋合理，缩小地域性人力资源差异，推动图书馆事业发展

在公共图书馆信息化、数字化、网络化发展的总体趋势下，要实现传统图书馆向现代图书馆的转型,那就对图书馆的人才结构提出了更高要求。

从馆员的学历构成看，“十三五”期间，重庆市各公共图书馆学历层次总体水平均有明显提升，大专及以上学历人员在各地区公共图书馆中都占据了最大比重，学历结构较为均衡。

但在对比重庆市五大区域公共图书馆的人员学历结构后不难发现，重庆市不同区域公共图书馆高学历人才资源的差异还是比较明显的，省级馆及中心城区公共图书馆在吸纳高学历人才方面有明显的自身优势，高学历人才向偏远地区的输出渠道不畅。如图 6-3 所示，重庆图书馆和重庆市少年儿童图书馆两个省级公共图书馆的大专及以上学历者占总

人数的 98%，其中研究生及以上学历占比达 15%。重庆其它区域公共图书馆研究生及以上学历者人数整体较少，中心城区公共图书馆有 4% 的占比，主城新区公共图书馆有 3% 的占比，渝东北三峡库区城镇群公共图书馆有 0.44% 的占比，渝东南武陵山区城镇群公共图书馆为 0。高学历人才的缺乏对图书馆专题研究等工作的开展有很大影响，必须引起重视。

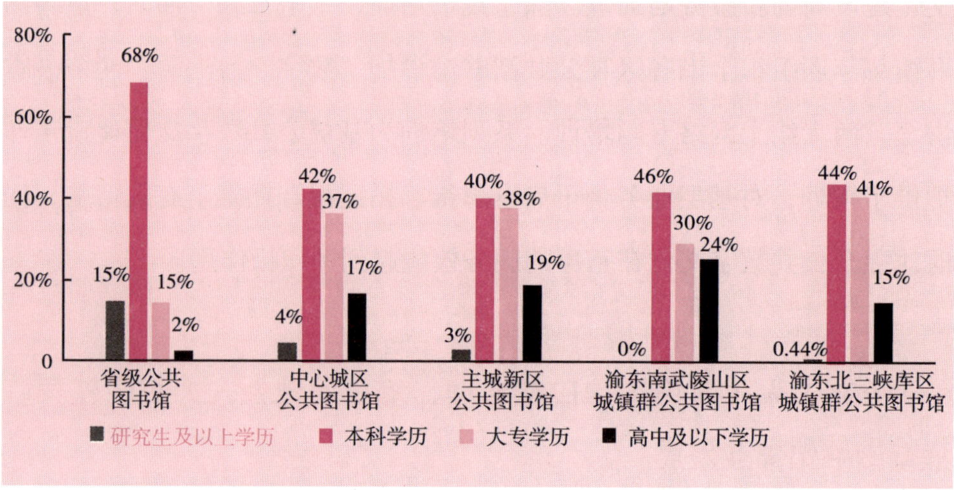

图 6-3 重庆市各区域公共图书馆人员学历结构比例图

如图 6-4 所示，从职称结构看，重庆市公共图书馆初、中、高级职称比例整体较为合理，中级职称的专业技术人员成为图书馆的核心主力，占比接近专业技术人员总数的一半。高级职称的技术人员数量有所增加，但部分区域高级职称的技术人员占比较少。在渝东南武陵山区城镇群公共图书馆的职称结构中，初级职称人数占比较大，研究型人员偏少。

按照《公共图书馆服务规范》等文件的规定：每服务人口 10000~25000 人应配备 1 名图书馆工作人员。重庆市目前仍有较多区县公共图书馆应配编制与实际配备编制存在一定差距，编制不足也是导致部分区县公共图书馆中、高级职称人员比例不合理、部分岗位专业人才缺失的原因。高级职称工作人员的缺失会使各项业务工作缺乏核心带动力量，从而影响服务读者工作的开展。比如重庆市部分公共图书馆因为没有专业的少儿阅读服务馆员，使面向少年儿童的阅读指导和社会教育活动开展受到极大影响；部分公共图书馆因为技术人员的缺失，导致数字资源的建设工作无法开展。整体来看，重庆市区县公共图书馆的人力资源问题仍然存在。

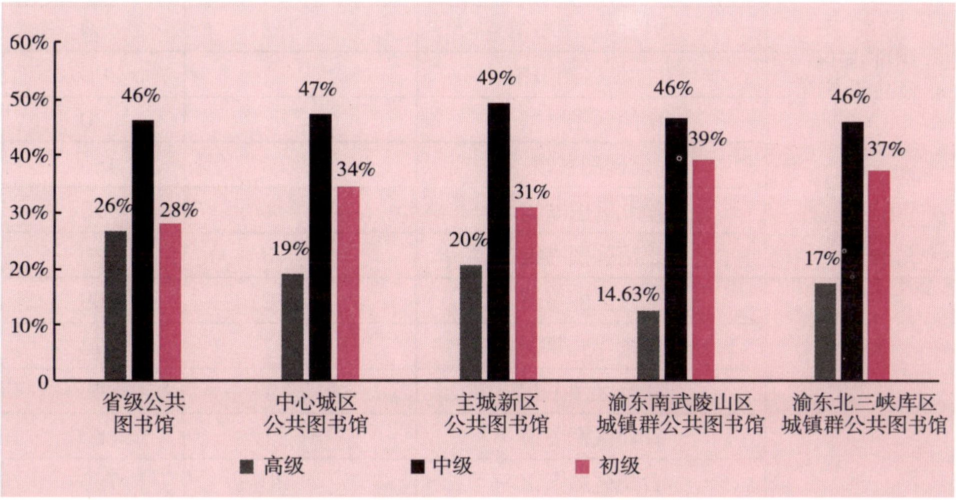

图 6-4 重庆市各区域公共图书馆专业技术人员职称结构比例图

为有效推动现代信息技术在现代公共图书馆的运用与服务创新，重庆市公共图书馆应进一步健全人才引进机制，增加复合型人才的比例，鼓励创新性劳动，这样才能促进人才和文化事业的全面发展。

（三）吸纳社会力量参与图书馆建设，积极开展志愿者服务

始于 1996 年的公共图书馆志愿者行动开展到今天，志愿者的规模

逐步壮大，志愿者队伍建设日益规范。如表 6-2 所示，“十三五”期间重庆市公共图书馆均开展了志愿者服务，共组建了 118 支志愿者队伍，志愿者人数达 8855 人。

表 6-2　重庆市公共图书馆志愿者服务队伍统计表

单位类别	单位名称	志愿者服务队伍数量（个）	志愿者人数（人）
省级公共图书馆	重庆图书馆	7	3276
	重庆市少年儿童图书馆	2	313
中心城区公共图书馆	渝中区图书馆	5	212
	大渡口区图书馆	8	240
	江北区图书馆	4	120
	沙坪坝区图书馆	2	50
	九龙坡区图书馆	1	200
	南岸区图书馆	2	20
	北碚图书馆	2	480
	渝北区图书馆	1	300
	巴南区图书馆	3	320
主城新区公共图书馆	涪陵区图书馆	2	299
	涪陵区少年儿童图书馆	1	73
	长寿区图书馆	1	68
	江津区图书馆	1	360
	合川区图书馆	20	760
	永川区图书馆	2	78
	南川区图书馆	1	23
	綦江区图书馆	1	15
	大足区图书馆	1	280
	双桥经开区图书馆	12	50
	璧山区图书馆	1	31
	铜梁区图书馆	5	78
主城新区公共图书馆	潼南区图书馆	4	98
	荣昌区图书馆	1	214
	万盛经济技术开发区图书馆	1	36

续表

单位类别	单位名称	志愿者服务队伍数量（个）	志愿者人数（人）
渝东北三峡库区城镇群公共图书馆	万州区图书馆	5	67
	开州区图书馆	1	152
	云阳县图书馆	2	30
	奉节县图书馆	1	15
	巫山县图书馆	1	30
	巫溪县图书馆	1	40
	梁平区图书馆	1	28
	城口县图书馆	1	50
	丰都县图书馆	1	119
	垫江县图书馆	1	20
	忠县图书馆	2	20
渝东南武陵山区城镇群公共图书馆	武隆区图书馆	2	66
	黔江区图书馆	1	10
	石柱土家族自治县图书馆	1	25
	秀山土家族苗族自治县图书馆	2	80
	酉阳土家族苗族自治县图书馆	2	39
	彭水苗族土家族自治县图书馆	2	70

1. 规范志愿者队伍管理，激发志愿者服务热情

专业规范的志愿者队伍成为重庆市公共图书馆人才队伍的有力补充，为开展读者服务注入了新的活力和动力，同时也在一定程度上弥补了图书馆服务不断深化和拓展带来的人力资源不足的问题。

重庆图书馆早在2010年开始就建立专门的管理机制，对志愿者进行专业化管理。重庆图书馆编订了《重庆图书馆志愿者手册》，对志愿者的分类、招募、评定与考核、权利与义务等做了细致完备的解释。同时，重庆图书馆还建立志愿者培训机制，提高志愿者上岗效率，完善激励机制，激发志愿者的服务热情。在重庆图书馆的指导和带动下，重庆

市区县公共图书馆的志愿者队伍管理和建设工作全面展开。

开州区图书馆共招募了152名志愿者，成立了文化志愿服务队，由图书馆馆长任队长，同时安排图书馆分管领导和部门负责人对志愿者的文化服务活动进行指导、培训。经过系统的指导和培训，有效激发了志愿者服务的热情，增强了服务的持久性。

长寿区图书馆成立了区、镇街两级文化志愿者队伍，建立并完善“阅读推广大使”志愿者目录库，常态化组织开展志愿者读书活动。

2. 因地制宜开展丰富多样的志愿者活动，有效弥补人力资源的不足

渝中区图书馆结合本馆业务工作，广泛开展了形式多样的志愿者活动，取得了较好的成效，其中包括：成人志愿者活动、小星星少儿志愿者活动、以志愿者招募形式开展“故事妈妈讲故事”活动、通过与重庆师范大学师生联合开展阅读活动服务等。目前渝中区图书馆已拥有上百名志愿者，并成立了5支志愿服务队。

北碚图书馆广泛吸纳辖区高校的大学生，各类培训机构、文化教育机构及政府机关事业单位、社会团体中的高素质人才，成立“大手拉小手”“领读者”志愿服务队，培育打造“梦想心愿 夏乡之泉”“音你而生”等品牌志愿服务活动，围绕社会和读者需求开展多种形式的阅读推广活动，最大限度地满足读者的多样化阅读服务需求。2018年，北碚图书馆被中共重庆市委宣传部授予重庆市“最美支援服务站”荣誉称号。

丰都县图书馆得益于“三区人才”志愿服务支持，常年派2名志愿者在图书馆定岗服务。该馆借力西部志愿者、寒暑期大中小学生、本地文艺爱好者，建立起安徽大学研究生支教团、青青禾苗、文化志愿扶贫队、红色文艺轻骑兵等4个团队，在馆内、学校、社区、乡镇、村居委凝聚成活跃的志愿服务队伍，开展活动、整理图书，有效缓解了图书馆人员的不足。

云阳县图书馆指导下的基层文化志愿服务活动项目——“云阳诗朗诵活动项目”，以做一群有品位的云阳人为目标，积极开展文化志愿专业服务，建设“书香云阳”。至今大约有700多名云阳人参与了这个群众性的读书文化项目。

二、学术研究

随着重庆市公共图书馆人才队伍建设的逐步推进，“十三五”期间，图书馆馆员积极开展了各项学术研究工作，整体学术氛围日益浓厚，对重庆市公共图书馆事业的发展起到了积极的促进作用。

（一）成立学术委员会，制定科研管理办法

完善的组织架构是公共图书馆开展学术研究的基本保障。重庆图书馆为加强图书馆科学研究及人才培养等相关工作，促进科研业务工作决策的科学化、制度化、规范化，于2016年6月成立“重庆图书馆学术委员会”。该学术委员会统一协调和督促全馆的科研管理工作，以此提升馆员的科研水平，推动高质量研究成果的产出。

为鼓励科学研究，规范科研项目过程管理，高质量完成科研课题，重庆图书馆于2018年3月制定了《重庆图书馆学术委员会章程》《重庆图书馆科研项目及其经费管理暂行办法》《重庆图书馆科研项目间接费用管理办法》和《重庆图书馆科研成果奖励暂行办法》等系列管理制度和办法。新办法顺应形势，结合实际，有效地促进了科研管理的制度

化和规范化，极大地调动了员工从事科研的兴趣，推动了科研事业的进一步发展。

重庆市部分区县公共图书馆也纷纷成立了专门的学术委员会，强化对本馆学术活动的组织和管理。

武隆区图书馆为加强图书馆学术研究，努力把图书馆办成科研服务的学术性机构，成立学术委员会，并制定了业务研究激励制度。沙坪坝区图书馆制定了《沙坪坝区图书馆关于学术论文及科研项目的奖励办法》，激励职工开展业务研究。在馆学术委员会的指导下，加强业务管理，做好各类业务统计与分析，撰写业务统计分析报告，提高职工业务研究水平。合川区图书馆也成立了学术委员会，并制定了学术科研成果奖励办法。在学术委员会的带领下，合川区图书馆申报了“钓鱼城文献图书集成”科研项目，开展了馆内学术征文活动，员工年均参加全省学术业务活动 5.25 次、年均参加全国学术业务活动 2 次，员工“十三五”期间发表论文数量 53 篇，人均发表 1.9 篇。

（二）组织学术交流，提升科研实力

现代图书馆事业的发展对图书馆馆员的素质提出了很高的要求，其中科研能力是当代公共图书馆工作人员亟待培养的一种能力。重庆图书馆以科研项目为抓手，以人才培养为重点，发扬学术民主，开展学术交流，提高馆员科研素养，促进了图书馆各项事业的可持续发展。该馆多次邀请专家教授开展“图书馆员科研辅导讲座”，并将馆内学术活动常态化，使馆员在科研素养、论文撰写水平等方面得到很大提升。“十三五”期间，重庆图书馆引进了 2 名、培养了 1 名文学博士，涌现出一批具有较深学术功底和较强研究能力的中青年科研骨干，在历史文献学、图书情

报理论、信息技术等三个领域形成了较为稳定的研究团队，为科研工作持续发力奠定了坚实基础。

在省级馆的带动下，重庆市区县公共图书馆积极开展学术活动，通过参加学术交流活动、开展相关培训等方式提高馆员的科研素养，提升本馆的学术研究氛围，从而促进图书馆各项事业的可持续发展。

沙坪坝区图书馆倡导科研兴馆，提高馆员科研水平。年均参加全省学术活动和业务活动 5 次，年均参加全国性学术活动和业务活动 2.5 次。

荣昌区图书馆全体职工在参加全国图书馆扶贫研讨会、中国西部公共图书馆联盟 2017 学术研讨会、期刊领域出版服务创新研讨会、新时代公共图书馆服务与建设创新研讨会、新时期“两法”背景下公共图书馆数字服务创新研讨会等学习后，积极撰写理论性学术文章。

九龙坡区图书馆加强馆外学术研讨与交流，每年积极指派专业人员参加全国各地及全市各地学术交流活动，全面提升馆员综合素质。

长寿区图书馆先后组织职工参加中国西部公共图书馆联合会学术年会、重庆市第十届图书馆少儿服务工作学术研讨会、重庆市公共图书馆学术交流会年会。累计有 9 人获奖，其中二等奖 2 个、三等奖 7 个，并在 2018 年重庆市第十届图书馆少儿服务工作学术研讨会中荣获“优秀组织奖”。

（三）学术成果

在专门的学术机构指导和管理下，“十三五”期间，重庆市公共图书馆积极参与科研项目申报，组织论文发表和专著出版。

重庆图书馆职工共获得 16 项科研立项，其中省部级项目 12 项、横向课题 4 项。目前该馆职工申报的项目中，有 13 项项目顺利结项，另有在研项目 8 项。截至 2020 年 11 月 23 日，重庆图书馆职工以第一作者身份公开发表论文 394 篇，其中发表在图情专业核心（含 CSSCI）学术期刊上的有 34 篇。五年间，重庆图书馆先后出版了《邹容与苏报案档案史料汇编》《重庆市北碚图书馆等八家收藏单位古籍普查登记目录》《重庆图书馆藏民国时期未刊书丛编》《巴渝文献总目》《重庆图书馆古籍普查登记目录》《清代巴蜀籍考生殿试卷选粹》《重庆图书馆藏抗战画报选编》《重庆图书馆藏戏曲唱本普查目录及要目叙录》《抗战时期大后方经济社会资料汇编》《〈苦干〉与战时重庆：影像史学视野下的战时陪都》《第二次国共合作政策和策略研究》《烽火兵工》等 12 部、250 余册学术著作（编著）。

2016 年至 2020 年，重庆市少年儿童图书馆的职工共在公开出版物上发表学术论文 65 篇，其中 7 位职工在中国图书馆学会年会征文上获得等级奖，10 位职工在市级学术研讨会上获得等级奖。五年间该馆共开展各级科研项目 9 项，包括《公共文化服务体系建设中儿童服务模式创新研究》等市社科规划项目、社科普及项目 5 项、市文化委“青年文化优才”培养计划项目 1 项、市文旅委调研项目 3 项。

重庆市部分区县公共图书馆也在学术研究方面取得了不错的成绩。

九龙坡区图书馆每年至少开展一个科研课题的研究与实施。几年来，共完成了 6 个科研项目，内容涉及创新阅读服务、图书智能管理、特殊阅读指导与推广、总分馆建设等方面，既有软科学项目，又有社会发展项目。同时，“十三五”期间，全馆职工共发表论文 50 余篇，其中多篇获得国家级或市级奖，发表著作《图书馆管理与阅读服务创新研究》《走马民间文学》等，获取了 4 项实用型专利并投入试生产。

渝北区图书馆开展了《全民阅读推广模式创新研究——以重庆渝北

家庭图书馆为例》的课题研究，荣获“2017—2018 年国家公共文化服务体系制度设计研究课题”良好等次，并成功申报“第四批基层公共数字文化服务推广项目示范区”。

潼南区图书馆在重庆市区县公共图书馆中率先出版图书馆职工论文集《基层公共图书馆服务与管理创新实践》，多篇职工论文入选重庆市区域性公共图书馆联盟论文集《蕴藉》，职工公开发表论文 160 余篇。近年来学术征文获得国家级、市级学术奖项共 9 人次。其中：国家级学术奖项 3 人次（2019 中图学会学术论文和业务案例征集活动三等奖、中国教育管理学会全国素质教育教研成果奖、全国素质教育先进工作者）；重庆市公共图书馆学术交流会学术征文获奖 4 人次，重庆市公共图书馆少儿服务工作学术研讨会征文获奖 2 人次。

荣昌区图书馆也积极组织馆员开展学术研究，几年来共撰写行业内各题材学术论文 21 篇。同时，该馆正式出版《区域性公共图书馆联盟论文集——蕴藉》《荣昌区图书馆志（1989—2014）》2 本，2020 年出版《区域性公共图书馆联盟论文集——蕴籍（第 2 辑）》。

城口县图书馆也鼓励职工利用工作之余，保持学用结合、学有所思、思有所为的态度，积极探索行之有效的工作路径，认真撰写理论与实践相结合的论文，参与地方文化的研究并编辑出版系列丛书。“十三五”期间，共撰写论文（文学作品）近 30 篇，公开发表论文 21 篇。

三、重庆市图书馆学会

重庆市图书馆学会作为联系图书馆工作者的重要纽带，是发展重庆市图书馆事业的重要社会力量。“十三五”期间，重庆市图书馆学会严格遵守宪法、法律、法规和国家政策，践行社会主义核心价值观，遵守社会道德风尚，认真贯彻执行国家发展文化、教育、科技工作的基本方针，充分发挥学会组织在构建现代公共文化服务体系和创新驱动发展战略中的作用，团结广大图书馆工作者为发展社会主义先进文化与和谐社会建设贡献力量。

（一）健全组织架构

2018 年召开的重庆市图书馆学会第五届会员代表大会审议通过了《重庆市图书馆学会第四届理事会工作报告》《重庆市图书馆学会第四届理事会财务工作报告》《关于修改〈重庆市图书馆学会章程〉的报告》等系列报告，修订了《重庆市图书馆学会章程》，选举产生了新一届学会领导班子及 85 名重庆市图书馆学会第五届理事会理事。重庆市图书馆学会以换届为契机，创新思想、创新理念、创新工作方式方法，开创了重庆市图书馆学会工作的新局面。

（二）打造学术交流平台

重庆市图书馆学会于 2016 年、2019 年、2020 年分别举办了三次学术研讨会，会议覆盖重庆市各公共图书馆、高校图书馆的馆长及业务骨干（见图 6-5）。“十三五”期间，会议邀请了范并思、李超平等全国知名专家学者作主旨报告。同时，历届会议也邀请重庆市图书馆界专家学者就行业当前热点向参会人员进行解读和交流。为充分展示研讨会学术成果，促进行业学术氛围持续向好发展，学会编印了《守正创新笔力劲——重庆市图书馆学会第八届学术研讨会优秀论文集》。此外，学会还联合重庆市少年儿童图书馆每年举办一期“公共图书馆少儿服务馆员培训班”，对全市区县公共图书馆馆长、少儿服务馆员、分馆流通点工作人员和中小学图书馆管理员进行有针对性的业务培训。

2020 年，为有效推进重庆市公共图书馆科研课题工作，重庆市图书馆学会特别成立了学术委员会，并于同年开展重庆市图书馆学会 2020 年度科研课题申报工作。此外，学会持续加大力度创办地区学术交流期刊《重庆图情》，刊物对全市图书馆工作开展过程中具有典型意义和较高新闻价值、推广价值的事件、问题、现象进行详细报道和解读，成为重庆市图书馆工作成果的展示平台、区县公共图书馆辅导和绩效评估的交流窗口、重庆市图书馆事业发展的推进器。截至 2020 年底，《重庆图情》已刊至第 75 期，“十三五”期间共出版 19 期，共刊载图情信息 1300 余条。

图 6-5 重庆市图书馆学会第八届学术研讨会暨五届二次会员代表大会

（三）开展业务技能培训

重庆市图书馆学会两次策划并组织实施了“重庆市公共图书馆业务技能大赛”，2018 年，来自全市各区县公共图书馆的馆员分别完成了片区初赛、复赛、决赛三个环节。大赛充分展现了重庆市公共图书馆积极向上的精神风貌和文明优质的业务风采，切实激发了图书馆人学习的积极性，有效拓展了大家的思路与视野，取得良好的社会效果。此外重庆市图书馆学会，还针对区县公共图书馆开展了业务技能指导，升级培训体系，完善培训内容，建设师资队伍，使培训工作更加科学，效果更加突出。重庆市图书馆学会系统地帮助参训学员通过现场授课、实地调研等形式，提高图书馆专业技能，规范图书馆服务标准，升级图书馆服务内容。

四、区域联盟

公共图书馆作为社会主义公共文化服务体系的重要组成部分，肩负着推动社会发展的重要任务。大力推动公共图书馆区域协同发展是促进我国公共图书馆事业可持续健康发展的重要举措。2017 年 11 月 4 日颁布的《中华人民共和国公共图书馆法》第三十条明确规定：“公共图书馆应当加强馆际交流与合作。国家支持公共图书馆开展联合采购、联合编目、联合服务，实现文献信息的共建共享，促进文献信息的有效利用。”

因在资金来源、服务人群、服务目标上的高度一致性，公共图书馆在区域协同发展上具有其他行业无法比拟的基础优势。“十三五”期间，在合作共享、协同发展理念的指导下，重庆市公共图书馆以联盟求发展已成为一种趋势，通过区域协作，实现文化交流、资源共享，从而取长补短，解决因技术不足、人力及物力短缺造成的发展滞后问题，全面提高图书馆服务效能，共同打造文化品牌。

（一）打破区域制约，形成本土区域联盟

为推动公共图书馆之间的密切合作，实现本地区公共图书馆服务均等化、标准化、同城化、一体化发展，构建功能强大的区域性公共图书馆服务共同体已成为当下公共图书馆发展的必然趋势。

重庆市公共图书馆本着打通地域壁垒、加强区域合作，全面提升区域公共图书馆的服务水平和服务效能的共识，先后成立了重庆市区域公共图书馆联盟、“双江汇”图书馆联盟、渝东北三峡库区城镇群公共图书馆联盟和“重庆·武陵山”公共图书馆联盟等四大区域联盟。各联盟积极发挥整体优势，强化抱团发展的扩展效应，推动资源共享共建，加强馆际交流，实现馆际互助。

以最早成立的重庆市区域性公共图书馆联盟为例，在“十三五”期间，该联盟开展了丰富多彩的交流与合作，在提高公共图书馆服务能力、服务层次、服务水平等方面取得了突出的成绩。通过区域行业协作，最大限度地满足了区域性大众享受公共文化服务的需求。

1. 发挥联盟优势互补，实现资源共建共享

2014 年 12 月 30 日，重庆市区域性公共图书馆联盟（以下简称“联盟”）率先成立。北碚、合川、长寿、涪陵、永川、万盛、铜梁、潼南、荣昌、渝北、沙坪坝、大渡口、大足等 13 个区级公共图书馆加入联盟，并签署《重庆市区域性公共图书馆联盟章程》和相关合作协议（见图 6-6）。该“联盟”的成立，标志着重庆市公共图书馆资源整合的集约化发展迈上新的征程。

图 6-6　重庆区域性区县公共图书馆联盟成立仪式

在"联盟"的章程和合作协议框架内，各成员馆共同协商、共同出资，集合人才、设备、资源的优势，联合民营公司共同开发"重庆市区域性公共图书馆联盟数字资源平台"，实现了资源效益最大化。这也是重庆市第一个以联盟形式实现资源共建共享的平台。

2. 促进业务交流，开展馆际活动

重庆市区域性公共图书馆联盟有效集合各成员馆优势，取长补短，形成了各成员馆之间展开业务交流、探讨、互通互学的良好氛围。

"联盟"先后 12 次牵头召开成员馆工作商讨会、评估定级研讨会、绩效评估座谈会、业务建设交流会、馆员业务拓展会、论文写作培训会等，使各个成员馆业务得以加强，馆员队伍水平得以提高，为重庆市公共图书馆事业发展增添了后劲。

"十三五"期间，"联盟"的馆际合作更加广泛，各成员馆举办共享展览、讲座多达 27 次。

（1）强化学研结合，联合出版刊物和论文集

为实现学研与实践的有机结合，"联盟"双管齐下，汇集所有成

员馆图书馆员智慧与实践经验于一体的“联盟”论文集《蕴藉》第一辑于2016年正式出版，第二辑于2020年8月正式出版。

为了展示“联盟”各成员馆的馆际交流活动，报道业务动态，体现学研结合，《联盟汇刊》（季刊）按每季度一期出版，目前已出版9期。《联盟汇刊》目前已成为各成员馆学习、借鉴的有效途径，受到各成员馆的广泛欢迎。

（2）开展业务帮扶，推广全民阅读

“联盟”致力于全民阅读推广，卓有成效地开展了一系列全民阅读推广活动，让区域内的市民享受到更多的精神文化产品。

为认真践行肩负的使命和职责，“联盟”先后23次开展以“乡村振兴、文化下乡——重庆市区域性公共图书馆联盟在行动”为主题的读者活动。

在重庆图书馆的积极支持和领导下，“联盟”以“蒲公英梦想书屋”“爱心图书传递”等公益性阅读推广活动品牌为延伸，先后走进巫山、城口、垫江、巴南、铜梁、涪陵、北碚、渝北、永川、合川等31个区县，支援和资助贫困儿童解决读书难、看书难问题，让贫困山区的留守儿童也能享受到知识的快乐，实现了文化的均等性和公共文化的差异化服务。

除了区域内持续的帮扶活动外，“联盟”各成员馆在自身业务得到稳固发展的同时，受重庆图书馆、重庆市图书馆学会的委托，集合“联盟”优势，2016年先后走进贵州省紫云布依族苗族自治县图书馆、西藏藏族自治区昌都市图书馆开展对口支援建设，扩大了重庆市公共图书馆界的影响。

“联盟”以高品质、接地气、品牌化为着眼点，卓有成效地助推了全民阅读活动的有效进行，其影响和作用也在不断扩大，先后在文化部公共文化司主办的“全国基层图书馆馆长（成都）培训班”、中国图书馆学会举办的“数字时代全民阅读北京高峰论坛”、国家图书馆主办的“西部（贵阳）馆长培训班”“全国评估定级（郑州）培训班”和“重庆市首届公共图书馆学术交流上进行经验交流”，得到公共图书馆界的广泛认可，成为重庆市区县公共图书馆联合抱团发展的成功典范。

（二）促进成渝经济共建，开启川渝馆际交流

为贯彻落实中央关于成渝地区双城经济圈建设的战略部署，建立健全川渝两地公共图书馆联动机制，协同打造巴蜀文化旅游走廊，2020年6月，重庆图书馆、四川省图书馆和成都图书馆通过了《成渝地区公共图书馆联盟章程》，正式成立成渝地区公共图书馆联盟。

图 6-7　2020 年度成渝两地公共图书馆现代管理研学班

随着联盟合作的推进，成渝阅读“一卡通”、送书到家“一线通”、数字文化“一网通”、高铁阅读“一路通”、讲座展览“一站通”、成渝联编“一键通”等十二个合作项目陆续展开。以重大项目协同为统揽，以成渝相向共兴为引领，以毗邻地区合作为突破，成渝地区公共图书馆联盟将有效推动成渝地区公共文化服务体系一体化发展，传承并弘扬巴蜀文化的深厚底蕴和亮丽特色，切实发挥公共图书馆在打造巴蜀文化旅游走廊中的积极作用。2020 年 10 月 27 日，作为川渝地区首个合办的业务培训班——“‘成渝地 · 巴蜀情’2020 年度成渝两地公共图书馆现代管理研学班”在重庆举办（如图 6-7 所示），开启了川渝地区公共图书馆合作新元年。

图 6-8 成渝双城三馆合作框架协议签署仪式

图 6-8 为成渝双城三馆合作框架协议签署仪式现场，除了成渝两城三馆的合作以外，重庆市区域性公共图书馆联盟的 13 个成员馆也与遂宁、阿坝等地公共图书馆签订协议，共同打造成渝双城经济圈公共文

化服务项目。借成渝地区双城经济圈建设东风，重庆市北碚图书馆与四川省绵阳市图书馆、重庆市渝中区图书馆与四川省泸州市图书馆、重庆市渝东北三峡库区城镇群公共图书馆与四川省达州市（县）图书馆率先开展了深度交流合作，签订《全面合作协议》。随着成渝地区双城经济圈建设的持续推进，成渝地区越来越多的公共图书馆也陆续签订合作协议，搭建互学共建框架，全力助推两地公共图书馆事业的全面发展（见表6-3）。

表6-3 川渝两地公共图书馆合作总表

时间	项目/活动名称	参与单位名称
2020年4月10日	遂潼文化和旅游一体化发展座谈会	重庆市：潼南区图书馆 四川省：遂宁市图书馆
2020年4月16日	遂潼图书馆一体化发展座谈会、签订一体化发展战略协议	重庆市：潼南区图书馆 四川省：遂宁市图书馆
2020年4月23日至2020年5月30日	读万卷书行万里路——4.23世界读书日优秀读物展览	重庆市：开州区图书馆、万州区图书馆 四川省：达州市图书馆
2020年5月15日	签订《成渝双城经济圈公共图书馆合作协议》	重庆市：重庆区域性公共图书馆联盟 四川省：遂宁市、县（市、区）共6个公共图书馆
2020年6月12日	“巴蜀·巴渝”地方文献建设与研究第一次座谈会	重庆市：渝中区图书馆、北碚图书馆、大足区图书馆、重庆第二师范学院图书馆 四川省：邓小平图书馆、巴中市图书馆、达州市图书馆、南充市图书馆、成都市温江区图书馆、广安市邻水县图书馆、四川师范大学图书馆
2020年6月18日	万达开川渝统筹发展示范区文化旅游交流合作签约仪式	重庆市：万州区、开州区图书馆与相关文旅单位 四川省：达州市图书馆与相关文旅单位
2020年7月15日至2020年11月14日	地方文献互展互阅活动	重庆市：綦江区图书馆 四川省：自贡市图书馆

续表

时间	项目 / 活动名称	参与单位名称
2020 年 7 月 18 日	签订区域协同合作框架协议	重庆市：石柱土家族自治县图书馆 四川省：内江市图书馆
2020 年 7 月 20 日	签订区域协同合作框架协议	重庆市：江津区图书馆 四川省：雅安市图书馆
2020 年 7 月 24 日	重庆市渝中区文化旅游委和四川省雅安市芦山县文体旅局文化旅游协同发展合作框架协议	重庆市：渝中区图书馆 四川省：雅安市芦山县文体旅局
2020 年 7 月 25 日至 2020 年 11 月 25 日	地方文献互展互阅活动	重庆市：綦江区图书馆 四川省：攀枝花市图书馆
2020 年 8 月 7 日	重庆市渝中区文化和旅游发展委员会与成都市青羊区文化体育和旅游局关于深化文化旅游业高质量发展战略合作协议	重庆市：渝中区图书馆 四川省：成都市青羊区文化体育和旅游局
2020 年 8 月 15 日至 12 月 30 日	全民阅读活动摄影图片互展	重庆市：綦江区图书馆 四川省：自贡市图书馆
2020 年 8 月 20 日至 2020 年 12 月 20 日	全民阅读活动摄影图片互展	重庆市：綦江区图书馆 四川省：攀枝花市图书馆
2020 年 9 月至 2020 年 10 月	成渝地区双城经济圈文化与旅游产教联盟	重庆市：重庆市少年儿童图书馆、重庆市文化和旅游协会等 四川省：四川省旅游协会、西南财经大学马克思主义学院等
2020 年 9 月 2 日至 2020 年 9 月 26 日	书香迎国庆 共抒爱国情——万达开共读《红岩》	重庆市：开州区图书馆、万州区图书馆 四川省：达州市图书馆
2020 年 9 月 10 日	签订《渝阿公共图书馆联盟合作协议》暨开展四川省 2020 年汉藏文化交流活动，开展“微心愿”活动和“重庆人眼中的阿坝”主题征文活动	重庆市：重庆区域性公共图书馆联盟 四川省：遂宁市图书馆 四川省阿坝藏族羌族自治州：马尔康市图书馆、壤塘县图书馆、阿坝县图书馆、若尔盖县图书馆、红原县图书馆、金川县图书馆、小金县图书馆、黑水县图书馆、松潘县图书馆、理县图书馆、九寨沟县图书馆、茂县图书馆、汶川县图书馆

续表

时间	项目 / 活动名称	参与单位名称
2020 年 9 月 22 日	“成渝地 · 巴蜀情——文旅融合 · 资足常乐” 2020 年资阳大足中秋诗乐会活动	重庆市：大足区文化和旅游发展委员会、大足区文化馆 四川省：资阳市文化广播电视和旅游局、资阳市图书馆、资阳市文化馆、资阳市乐至县文广旅局
2020 年 9 月 25 日	四川省雅安市图书馆副馆长曹丽当选为重庆市江津区图书馆第二届理事会副理事长，召开“十四五”发展思路研讨会	重庆市：江津区图书馆 四川省：雅安市图书馆
2020 年 9 月 28 日	重庆市江北区图书馆、四川省德阳市图书馆、四川省什邡市图书馆、四川省德阳市旌阳区图书馆、四川省绵竹市图书馆、四川省德阳市中江县图书馆签订全面合作意向协议书	重庆市：江北区图书馆 四川省：德阳市图书馆、德阳市旌阳区图书馆、德阳市中江县图书馆、什邡市图书馆、绵竹市图书馆
2020 年 9 月 29 日	“月韵书香 . 中秋一家亲”2020 年“万人赏月诵中秋”活动	重庆市：江北区图书馆 四川省：德阳市图书馆
2020 年 9 月 30 日至 2020 年 10 月 10 日	“万人诵中秋 诗意满遂州”诗词竞答活动	重庆市：潼南区图书馆 四川省：遂宁市图书馆
2020 年 10 月 13 日	成渝文旅交流座谈会	重庆市：巴南区图书馆 四川省：成都市温江区文旅委
2020 年 10 月 20 日	馆际互助、文化交流	重庆市：璧山区图书馆 四川省：成都市成华区文体旅局
2020 年 11 月 20 日	签订交流合作框架协议	重庆市：彭水苗族土家族自治县图书馆 四川省：阆中市图书馆
2020 年 10 月 28 日	重庆市渝中区图书馆与四川省泸州市图书馆签订《川渝图书馆合作共建协议》	重庆市：渝中区图书馆 四川省：泸州市图书馆
2020 年 10 月 28 日	成渝两地公共图书馆现代管理研学班	重庆市：重庆图书馆 四川省：四川省图书馆、成都市图书馆
2020 年 10 月 28 日	2020 成渝双城文化交流——“南岸 · 书香之旅”主题展览	重庆市：南岸区图书馆 四川省：成都市龙泉驿区图书馆

续表

时间	项目 / 活动名称	参与单位名称
2020 年 10 月 29 日至 2020 年 10 月 30 日	重庆市渝东北三峡库区城镇群公共图书馆与四川省达州地区公共图书馆战略联盟座谈会 签订重庆市渝东北三峡库区城镇群公共图书馆联盟与四川省达州市川东北图书馆联盟战略联盟合作框架协议	重庆市：万州区图书馆、涪陵区少年儿童图书馆、奉节县图书馆、云阳县图书馆、垫江县图书馆、梁平区图书馆、巫溪县图书馆、巫山县图书馆、城口县图书馆、开州区图书馆 四川省：达州市图书馆、达州市通州区图书馆、达州市达州区图书馆、达州市宣汉县图书馆、达州市大竹县图书馆、达州市渠县图书馆、达州市开江县图书馆、万源市图书馆
2020 年 10 月 30 日	“巴蜀・巴渝”地方文献建设与研究第二次座谈会	重庆市：渝中区图书馆、北碚图书馆、大足区图书馆、重庆第二师范学院图书馆 四川省：邓小平图书馆、巴中市图书馆、达州市图书馆、南充市图书馆、四川师范大学图书馆、成都市温江区图书馆、广安市邻水县图书馆
2020 年 11 月 16 日	2020 成渝双城文化交流——“爱成都・迎大运”主题展览	重庆市：南岸区图书馆 四川省：成都市龙泉驿区图书馆
2020 年 11 月 18 日	川渝地区馆际合作框架协议活动	重庆市：垫江县图书馆、忠县图书馆 四川省：达州市图书馆、达州市宣汉县图书馆、达州市开江县图书馆、达州市大竹县图书馆
2020 年 11 月 19 日	重庆市忠县图书馆与四川省达州市宣汉县图书馆开展馆际交流并签署合作协议	重庆市：忠县图书馆 四川省：达州市宣汉县图书馆
2020 年 11 月 19 日	重庆市石柱土家族自治县图书馆、四川省华蓥市图书馆和四川省广安市广安区图书馆开展馆际交流并签署合作协议	重庆市：石柱土家族自治县图书馆 四川省：华蓥市图书馆、广安市广安区图书馆
2020 年 11 月 20 日	重庆市石柱土家族自治县图书馆、邓小平图书馆、四川省广安市前锋区图书馆开展馆际交流并签署合作协议	重庆市：石柱土家族自治县图书馆 四川省：邓小平图书馆、广安市前锋区图书馆

续表

时间	项目 / 活动名称	参与单位名称
2020 年 11 月 20 日	重庆市忠县图书馆、四川省达州市图书馆开展馆际交流并签署合作协议	重庆市：忠县图书馆 四川省：达州市图书馆
2020 年 11 月 21 日	“川渝四地”围棋交流比赛	重庆市：长寿区图书馆、大足区图书馆、丰都县图书馆 四川省：南充市图书馆
2020 年 11 月 24 日	重庆市忠县图书馆与四川省达州市大竹县图书馆开展馆际交流并签署合作协议	重庆市：忠县图书馆 四川省：达州市大竹县图书馆
2020 年 11 月 24 日	重庆市丰都县图书馆、四川省南充市图书馆协作交流活动	重庆市：丰都县图书馆 四川省：南充市图书馆
2020 年 11 月 25 日	重庆市梁平区图书馆与四川省达州市大竹县图书馆馆际合作交流会	重庆市：梁平区图书馆 四川省：达州市大竹县图书馆
2020 年 11 月 26 日	重庆市渝中区图书馆与四川省成都市青羊区图书馆签订《地方文献资源共建共享协议》	重庆市：渝中区图书馆 四川省 : 成都市青羊区图书馆
2020 年 11 月 27 日	“成渝地 · 巴蜀情”2020 年成渝地区文化和旅游公共服务及产品采购大会	重庆市：重庆图书馆、丰都县图书馆 四川省：四川省图书馆、成都市图书馆
2020 年 11 月 27 日	重庆市武隆区图书馆与四川省乐山市图书馆签订交流合作协议	重庆市：武隆区图书馆 四川省：乐山市图书馆
2020 年 12 月 3 日	签订《重庆市渝北区图书馆、邓小平图书馆、四川省广安市前锋区图书馆、四川省广安市邻水县图书馆馆际合作联盟协议》	重庆市：渝北区图书馆 四川省：邓小平图书馆、广安市前锋区图书馆、广安市邻水县图书馆
2020 年 12 月 3 日至 2020 年 12 月 23 日	举办“邓小平文献巡展”（重庆渝北站）	重庆市：渝北区图书馆 四川省：邓小平图书馆
2020 年 12 月 9 日	重庆市南川区图书馆与四川省乐山市图书馆馆际合作交流	重庆市：南川区图书馆 四川省：乐山市图书馆
2020 年 12 月 10 日	开展公共图书馆助力成渝双城经济圈建设研讨会暨津泸文献交流活动	重庆市：江津区图书馆 四川省：泸州市图书馆
2020 年 12 月 10 日	重庆市南川区图书馆与四川省都江堰市图书馆馆际合作交流	重庆市：南川区图书馆 四川省：都江堰市图书馆

五、文化交流

在经济全球化浪潮席卷世界，信息技术飞速发展的今天，中国越来越开放。国际间的文化交流得到加强，文化的交流与合作显得愈发重要。在这样的宏观背景下，作为国家文化事业重要组成部分的公共图书馆，也需要开展国际交流与合作，满足读者日益增长的国际化需求，以此推动图书馆事业发展和促进中国文化对外交流。

在推进“一带一路”建设、构建人类命运共同体的重大战略指引下，重庆市公共图书馆加强与国际间的文化交流与合作，形成了多元互动的人文交流格局。

为深化重庆旅游国际化发展水平，积极推动文化旅游工作全领域、全方位、全链条深度融合，重庆图书馆积极配合重庆市文化和旅游发展委员会筹建了重庆国际交流研究中心，并成为中心的挂靠单位，以此打造重庆市优秀文化国际交流的窗口和研究平台。

（一）“重庆之窗——中国图书角”开启重庆对外交流的窗口

作为重庆市对外文化交流的重要项目，“重庆之窗——中国图书角”项目已成为世界各地了解重庆、增进对华友谊的重要窗口。继 2011 年重庆市首次在泰国设立“重庆之窗——中国图书角”后，在“十三五”期间，重庆图书馆先后在俄罗斯、白俄罗斯、新加坡、毛里求斯等四国建立了五个“重庆之窗——中国图书角”。“重庆之窗——中国图书角”设立情况见表 6-4。

表 6-4 “重庆之窗——中国图书角”设立情况一览表

序号	时间	国家	地点
1	2011 年 6 月 17 日	泰国	朱拉隆功国立大学图书馆
2	2011 年 8 月 4 日	英国	威尔士国家图书馆
3	2012 年 6 月 14 日	德国	杜塞尔多夫市图书馆
4	2012 年 8 月 2 日	贝宁	科多努市卡乔姆区图书馆
5	2013 年 9 月 18 日	哈萨克斯坦	哈萨克斯坦国家图书馆
6	2014 年 12 月 17 日	西班牙	巴塞罗那“亚洲之家”
7	2016 年 6 月 4 日	俄罗斯	萨马拉州综合科学图书馆
8	2016 年 12 月 15 日	白俄罗斯	明斯克州立“普希金”图书馆
9	2017 年 8 月 26 日	新加坡	新加坡中国文化中心
10	2018 年 9 月 15 日	俄罗斯	沃罗涅日尼基京州立科学图书馆
11	2018 年 11 月 16 日	毛里求斯	毛里求斯国家图书馆

重庆图书馆通过与境外图书馆的合作，充分展示重庆城市形象，积极推进双方文化交流，促进多个领域的融合与发展，搭建对外文化交流可持续发展的平台，使“重庆之窗—中国图书角”真正成为重庆市对外交流的“窗口”。

（二）开展国际间项目合作，举办跨国联展

2017 年，重庆图书馆与俄罗斯叶利钦总统图书馆合作拍摄“中俄媒体交流年”重点项目——《中俄书途》纪录片，充分展示两馆在读者服务、数字工程和举办展览等方面的成功经验和深层次合作成果，该纪录片荣获“中俄交流”项目优秀组织奖、优秀项目奖。（见图 6-9）

2018 年 4 月，重庆图书馆利用本馆民国文献馆藏资源开展国际间合作，与牛津大学中国中心共同举办了《共度时艰：伦敦·重庆大轰炸展览》。该跨国联展以珍贵影像为载体，图文并茂地复原了二战时期重庆大轰炸及伦敦大轰炸的基本史实。本次展览由牛津大学中国中

图 6-9 重庆图书馆和叶利钦总统图书馆签署《关于合作创作视听作品协议》联合拍摄《中俄书途》签约仪式

心和重庆图书馆历时 3 年共同策划、研究、设计、制作而成，先后在英国伦敦和重庆两地展出。通过一张张历史照片，让重庆、伦敦大轰炸乃至第二次世界大战中的一些史实，在中西方主流社会中得到更广泛地传播和认知。此次展览是牛津大学中国中心首次与我国相关机构合作举办的专题展览，同时也是重庆图书馆在抗战文献国际交流合作领域的又一重大成果。

2019 年，重庆图书馆首次进驻纽约联合国总部举办“联合国文献回家省亲展”（见图 6-10），展示重庆图书馆作为联合国文献托存馆在联合国文献收藏、研究和利用等方面的成就，获得《侨报》《今日纽约》等多家具有国际影响力的媒体报道。

图 6-10　重庆图书馆进驻纽约联合国总部举办“联合国文献回家省亲展”

（三）举办文化交流活动，搭建文化交流互鉴桥梁

在全球一体化的背景下，重庆市公共图书馆以更全球化、现代化的视野积极推进国际城市间多元文化交流活动。

重庆图书馆与德国卡塞尔市格林世界博物馆、韩国釜山广域市图书馆、大英图书馆等文化机构建立合作关系，有效扩大了重庆文化的国际影响力。

2018 年 7 月，由重庆市文化委员会组团，重庆图书馆赴白俄罗斯参加了“2018 重庆文化旅游日”活动，现场展示古籍传拓和雕版印刷工艺，将中国传统文化及技艺发扬光大。

重庆图书馆还与多国驻川渝两地的总领事馆建成跨国界、跨时空、跨文明的文化交流，开展了丰富多彩的活动。重庆图书馆与美国驻成都总领事馆合作举办了“继往开来——纪念美中建交 40 周年”图片展，

组织了“重庆高中生英语现场写作竞赛”“英语教学论坛（重庆站）”“美国大学文书申请写作比赛”等活动；与日本驻重庆总领事馆合作举办“第三届重庆市日语作文演讲大赛”；与波兰共和国驻成都总领事馆合作举办两届“重庆·波兰文化节”系列活动；与德意志联邦共和国驻成都总领事馆联合推出“德国古典文化周”。丰富多彩的国际文化交流活动为重庆市民引入多元化的文化享受。

2019 年 8 月，应国际图联总部海报分会组委会邀请，重庆图书馆携成功入围国际图联第 85 届大会海报分会竞赛单元的海报原创设计作品《我们的图书馆扶贫故事》赴希腊雅典参加大会，进行了海报作品展示讲解，用鲜明的案例与创新的方式讲好中国故事，唱响中国旋律。

第七章

地区创新服务实践案例

一、重庆图书馆：“阅读之星——重庆市民诵读大赛”

“阅读之星——重庆市民诵读大赛”于2018年启动，至今已举办三届比赛。大赛自举办以来，屡上重庆市年度文化热点，以高参与、广辐射、精品质的特点在全市营造了热烈浓厚的书香文化氛围，扩大了全民阅读的影响力，提升了市民的文化获得感和幸福感。2018年“阅读之星——重庆市民诵读大赛”项目参加了由国际图书馆协会联合会（IFLA）主办的2019年度国际营销大奖评选，从来自30个国家的116份申请中脱颖而出，成为10个最富于启发性的项目之一。

（一）以“诵读”推“阅读”，由点及面

追溯历史，中国人有崇尚阅读的传统，有阅读经典的精神需求，中外经典阅读的回归，使得诵读成为提升精神境界的重要途经和手段。历年来，国内外经典作品位于重庆图书馆借阅排行榜前列，读者参与阅读分享活动的积极性非常高。基于这样的背景和用户分析，在中共重庆市委宣传部、中共重庆市委直属机关工作委员会、重庆市教育委员会、重庆市文化和旅游发展委员会的支持下，由重庆图书馆承办的“阅读之星——重庆市民诵读大赛”应运而生。大赛以文献为媒介，以声音为纽带，阅中外经典，读古今名篇，诵时代华章（见图7-1）。

自2018年8月13日第一届“阅读之星——重庆市民诵读大赛”开赛以来，重庆图书馆不断扩大活动的辐射范围，由点及面引领各区县公共图书馆广泛参与，市民争相报名，活动影响力逐年递增。

重庆图书馆突破时间和空间上的限制，联动全市43家公共图书馆，以重庆图书馆官方微信为初赛主要报名通道，活动覆盖人群范围广，

包括农民工、残障人士、留守儿童、乡村教师在内的各类群体争相报名参赛，在全市范围掀起了一股“阅读热”浪潮。不少市民还积极创作诵读作品，讴歌改革开放四十周年，弘扬时代主旋律，积极传播社会正能量，诵读作品题材多样、内容丰富。“阅读之星”扩大了重庆图书馆的阅读影响力，在全市营造出“爱读书、善读书、读好书”的阅读氛围。三年来，该项比赛在重庆市民中产生了广泛的社会影响，实现了全民阅读推广效力最大化。

图 7-1　“阅读之星——重庆市民诵读大赛”总决赛现场

（二）新媒体平台助力“万里挑一”

如何让最传统的经典诵读活动变成一场全民参与、喜闻乐见且有持续热度的比赛呢？重庆图书馆想到了借助新媒体平台，跨越时空局限，打破报名门槛，扩大参与范围。“阅读之星——重庆市民诵读大赛”采用线上报名、网络积赞与搭建网络直播平台相融合的新媒体推广形式，这是重庆图书馆对传统阅读活动形式的大胆突破，也是在新媒体平台上进行的创新尝试。

2018 年 8 月 13 日，重庆图书馆官方微信以头条呈现的形式对外发布“C 位出道，约不约？”的推文，在新媒体平台开启了“阅读之星——重庆市民诵读大赛”的序幕。配合“阅读之星——重庆市民诵读大赛”初赛、复赛、决赛和总决赛的赛程安排，官方微信分别从前期连续 3 条公众号文章预热推送，吸引读者关注，在官方微信平台上扩展参赛对象，到中期 4 条公众号文章盘点推送、呼吁读者为喜爱的选手点赞，再到后期 4 条决赛和总决赛的公众号文章的推送，还推出了阅读原文免费抢票活动，争取到现场聆听经典的福利。官微推广以重点宣传与日常宣传相结合的方式，做到了比赛赛程有亮点，日常推进持续有声音。在官方微信的大力推广下，纸媒、网媒、自媒体全程跟踪报道，《中国文化报》对“阅读之星”活动进行专版介绍，分管文化的重庆市副市长亲临总决赛现场为获奖选手颁奖，使活动影响力持续增强。网络直播平台的搭建，让更多的市民参与到此项活动中。

在“阅读之星——重庆市民诵读大赛”活动中，重庆图书馆突破现场比赛的局限，将官微作为这项大赛的主阵地。初赛时，市民通过官微录音即可报名参赛，有效地提高了全民参与度。复赛阶段，在重庆图书馆官方微信界面栏开通了“阅读之星”专属通道，集中展示入围选手的资料信息和参赛作品，读者可线上聆听所有选手的参赛作品。通过大数据分析参赛者作品、官微互动调查市民的阅读喜好，重庆图书馆用日常推送的形式对重庆市民的阅读年龄结构、男女比例、区域阅读习惯以及阅读类型进行了集中展示。总决赛阶段，比赛通过官微搭建直播及投票平台，让市民能够实时观看现场比赛并参与投票决出最佳人气奖项，凸显比赛的公平性。通过官微便捷的参与形式、海量的素材资源、公平公正的赛制规则，大赛给予普通大众一个展示的舞台和走近阅读的机会。

2020 年 9 月 10 日启动的第三届“阅读之星”覆盖了全市 38 个区县，整合了市级机关、公共图书馆、学校、民间读书组织、阅读爱好者等多方资源。市民通过手机微信平台、图书馆朗读亭等方式报名，便捷、灵活的参与方式提高了市民参与度。初赛共收到 20 余万份音频，有 7.3 万人报名参赛。参赛选手年龄跨度大，从 5 岁儿童到 77 岁老人；行业领域全，从进城务工人员到国家公务员，涉及全社会 100 余种职业；教育层次广，涵盖小学、中学、大学以及硕士、博士各个教育层次。第三届“阅读之星”复赛先后走进重庆图书馆、南岸区、大足区、开州区和石柱土家族自治县 5 个片区，共举行了 7 场现场比赛，同时通过网络直播平台提升场外市民参与感，点击量达 80 多万人次。经过层层选拔，最终 15 名选手进入最后的总决赛，角逐星光金奖、星光银奖以及最佳人气组合奖。

第三届阅读之星二维码

（三）引领阅读风尚，讲好时代故事

重庆市公共文化服务以推动高质量发展、创造高品质生活为目标，以改革创新为动力，对这一惠及全民的阅读品牌加大政策支持和资金扶持。活动增强了政府与公众对图书馆支持的潜力，也提升了读者与图书馆的粘合度，产生了广泛的社会影响。

“阅读之星——重庆市民诵读大赛”至今已成功举办了三届比赛，共收到40万余份音频，18.8万人报名参加。大赛不断扩大辐射范围，在12个区县举办了21场现场诵读比赛，同时通过网络直播平台，提升场外市民参与感，点击量达200多万人次。《中国文化报》、人民网等中央媒体以及《重庆日报》、重庆电视台、华龙网等本地媒体都进行了专题报道，大众传媒报道共计110多条，使这项区域活动产生了全国影响。

为了讲好时代故事，“阅读之星”还精心策划了少儿、成人两大专场和文化、科技、体育、军事、扶贫、抗疫六大主题比赛。大赛围绕时事热点，从新中国的阅读风尚变迁，到中国体育精神、抗美援朝英雄故事、港珠澳大桥建设者、时代楷模黄文秀，最后到全力抗击疫情等内容，通过诵读这种艺术形式和新媒体传播技术的有机融合，生动传达了爱国主义精神，唱响了爱国主义教育主旋律。

二、重庆图书馆：“格林童话之夜”推动全民阅读

重庆图书馆注重强化品牌引领，培育特色品牌。近年来，围绕“推动全民阅读、共建书香重庆”这一工作目标，重庆图书馆利用自身优势、协调各方力量、加强氛围营造，通过开展一系列文化惠民活动，引领全市的全民阅读活动蓬勃开展，取得了显著成效。2017年重庆图书馆依托“馆中馆”——巴蜀译翁文献馆的珍贵馆藏，面向重庆市少年儿童读者及家庭开创了沉浸式亲子阅读体验活动——“格林童话之夜”。

（一）创设初衷：馆藏与阵地的结合

重庆图书馆收藏了从1922年至今169种不同语言、不同版本的《格

林童话》。新中国成立以后，《格林童话》第一个全译本的译者——著名翻译家杨武能先生将他翻译的各种版本的《格林童话》捐赠给重庆图书馆。如何以一种鲜活的形式让这些资源“活”起来，让大众感受到它的价值？围绕这个问题，重庆图书馆开展了积极的探索，“格林童话之夜”由此应运而生。

（二）活动创意：情景阅读、文化市集、亲子体验

“格林童话之夜”通过创新阅读情景，在全市范围内营造出了良好的阅读氛围。

“格林童话之夜”打破传统阅读方式，将《格林童话》中的经典名篇搬到现实，通过表演、阅读分享、观影、中英文亲子赏读、话剧演出、展览、游园嘉年华、与童话人物合影等多维度、立体化的形式，让小读者感受经典阅读带来的乐趣。活动当天，重庆图书馆化身成奇妙的童话世界，图书馆广场、大厅、长廊、阅览室等装扮成童话王国。图书馆的馆员化身童话里的各种人物，“公主”“王子”随处可见。

“格林童话之夜”运用未来阅读的新理念，增加多元化、立体化的阅读方式来调动读者的各种感官。活动现场开设有格林剧场、我与童话、星空影院、篱笆王国、水晶舞台、林中小径、梦想花园等 14 个会场，看书中人物表演，与翻译家杨爷爷对话，在星空下帐篷里看一场童话电影，在“王子”“公主”身旁翻阅各版本图书，还有城堡实景 VR 体验、格林童话故事会、森林里篱笆旁的主题手工、用版画印刷一位心仪的公主带回家、炫酷的机器人互动等等，14 个会场的活动形式多样、精彩绝伦。

“格林童话之夜”运用新科技创新阅读媒介，将纸质媒介与电子媒介、VR 技术、3D 体验、真人模拟巧妙地融合在一起。活动每年推陈出新，

以多元化的形式让读者沉浸体验童话立体之美。在 2020 年举办的第四季“格林童话之夜”活动现场，不仅有传统经典会场，同时为响应“加大力度发展城市夜经济”的号召，丰富全市城市夜景旅游文化内涵，在重庆图书馆南门广场近 1000 平米区域，特别开放了“格林夜市”。通过线上、线下募集筛选，共招募了 60 余家商家，包括文创产品、手工工艺小物件、趣味漫画、小吃等，呈现出多位一体的浓郁夜市氛围，创意十足、热闹非凡，获得了广大市民朋友的热捧（见图 7-2）。

图 7-2 “格林童话”现场小集市

“格林童话之夜”将全民阅读理念巧妙地贯穿在阅读体验中，旨在倡导亲子阅读，培养阅读兴趣，启发家长在日常生活中科学地培养孩子的阅读习惯。活动打破了学校和家庭阅读资源不足、阅读氛围不浓的局限，带领读者家庭用现代的方式体验文化历史，以亲子阅读带动全民阅读，重温世界经典童话，感受经典阅读之美，实现了“书香重庆”全民参与、共建共享。

从 2017 年到 2020 年，该活动已成功举办四季，累计吸引了全市上万个亲子家庭参与。“格林童话之夜”活动成功吸引了众多儿童和家长对世界经典童话的喜爱。市民参与热情逐年高涨，活动现场一票难求，目前该活动已经形成政府倡导、专家指引、社会推动、媒体支持、全民参与的全方位、立体式工作机制，“格林童话之夜”品牌活动对推动“书香重庆”建设，实现公共文化服务全民共建、全民共享发挥了极好的引领作用。

（三）活动影响：强化宣传推广、促进文化交流

为了扩大活动的辐射面，该活动在前期均会通过重庆图书馆官方网站、官方微信、官方微博、官方抖音等渠道发布预告，为活动提前预热。四季活动累计在网络媒体推送 50 余条预告，其中官方微博关注人数近 14 万人次，官方微信关注人数 40 万人次，官方抖音关注人数 1.2 万人次。每次活动结束后，重庆的主流媒体都会对活动进行报道，以吸引更多家庭参与到活动中来。四年来，包括重庆电视台、《重庆日报》、重庆电视台 App“第 1 眼新闻”、《重庆商报》、人民网、华龙网、中国网、《图书馆报》等多家媒体都对“格林童话之夜”进行了深度专题报道，中央驻渝媒体及市级媒体累计报道 60 余篇，引起了社会大众的高度关注。

随着“格林童话之夜”的影响力进一步扩大，该项目作为重庆的文化新热点、新名片，成为中外文化交流活动中的重要纽带。重庆图书馆“格林童话之夜”活动吸引了德国驻成都总领事馆的注意，该领馆两次派代表出席活动。2019 年“格林世界博物馆”馆长专程从德国卡塞尔来到重庆，并带来有关格林兄弟的展览。德国杜塞尔多夫市也特别为该活动捐赠德文版图书。

经过四年的努力，“格林童话之夜”不仅受到本地市民的追捧，同时也得到了国际图联的赞誉。2018年，由国际图书馆协会联合会（IFLA）主办的第14届IFLA BibLibre国际营销大奖公布评选结果，重庆图书馆“格林童话之夜”项目从全世界65个申报项目中脱颖而出，被提名为10个最富于启发性的项目之一。

（四）活动意义：带动全民阅读 加强文化交流

“格林童话之夜”项目是重庆图书馆馆藏与阵地相结合的一次大胆尝试，充分体现了重庆图书馆丰富的内容供给，深厚的阅读推广基地根基，丰富了图书馆的文化内涵和社会属性，具有相当程度的推广价值。

（1）力求以亲子阅读带动全民阅读，提高全民阅读工作影响力，努力让公共文化服务实现全民共享；

（2）向经典致敬，通过大型亲子阅读推广活动唤起大众对世界经典的喜爱；

（3）与世界交往，加强中外文化交流，扩大阅读推广新格局；

（4）盘活图书馆馆藏资源，扩大图书馆社会影响力，让图书馆成为滋养民族心灵、培育文化自信的重要场所；

（5）拓展阅读形式，通过多维度阅读、立体化阅读，增强全民阅读的趣味性与吸引力，让大众感受沉浸式阅读的乐趣；

“格林童话之夜”项目借助品牌效应，助力推进文化供给侧结构性改革，丰富现代公共文化服务体系，努力践行“举旗帜、聚民心、育新人、兴文化、展形象”的文化宣传使命任务。

三、重庆图书馆：重庆青少年模拟联合国

重庆图书馆的前身是民国政府为纪念在世界反法西斯战争中作出重大贡献的美国总统罗斯福，于 1947 年设立的国立罗斯福图书馆，是当时中国仅有的五个国立图书馆之一。1947 年 12 月，国立罗斯福图书馆被授予"联合国文献托存资格"，成为中国最早获此资格的两个图书馆之一（另一个为"国立北平图书馆"）。此后，联合国及其所属机构持续不断地给罗斯福图书馆（后更名为"重庆图书馆"）寄赠联合国文献，迄今一直未曾间断，从而使重庆图书馆成为中国保存联合国文献最早的公共图书馆。1999 年 5 月，重庆图书馆获准成为联合国文献资料完全托存图书馆。历时 70 余年的发展，重庆图书馆托存联合国文件近 26 万余件，出版物 2.3 万余册。其中出版物主要是图书及期刊，包括重要研究报告、统计资料、会议论文集、年鉴、联合国主要机构的正式记录等；文件主要包括会议记录、大会决议、调查报告、备忘录和往来信件等。在重庆图书馆保存的这些文件及出版物中不乏有国际联盟时期、联合国成立初期的珍稀文献，经年积累的这些文献逐渐成为了馆藏特色，产生了深远的影响。

（一）活动缘起：让馆藏资源活起来

为扩大联合国文献的使用率及影响力，帮助重庆的青少年建构全球化的视野、提升其综合素养和国际竞争力，2013 年重庆图书馆首次引入"模拟联合国"活动，成为中国首家举办"模拟联合国"活动的公共图书馆，也是中国第一个除学校、商业机构外举办"模拟联合国"活动的社会公益机构。重庆图书馆举办的这项活动打破了"模拟联合国"活动仅限于校园的局限，称得上是公共图书馆界的一项创举。

本着“为宣传联合国的宗旨和使命，向全世界开放和推广联合国的文献信息资源”的宗旨，2013 年至 2015 年，重庆图书馆与重庆市“模拟联合国”会议秘书处合作，联合主办了第四届、第五届和第六届“重庆市‘模拟联合国’会议 (CQMUN)”。双方积极发挥各自的优势，在推动重庆模联活动健康发展的基础上，共同为社会提供便捷高效、方便深入的体验和服务。2014 年该活动荣获出版界、图书馆界全民阅读年会案例一等奖。

2017 年，重庆图书馆依托过去三年成功举办“模联”会议的经验，依靠丰富的馆藏资源，尤其是联合国特色馆藏资源优势，以及先进的馆舍条件，重新寻求定位，全新创办了专门面向 12~18 岁的青少年群体的“重庆青少年模拟联合国大会（CYMUN）”。重庆图书馆经过多年的不懈努力和辛苦耕耘，坚持“纯公益，零费用”的原则，让上千名青少年参与到重庆青少年“模拟联合国”大会中，开拓了视野、丰富了见识，同时也让束之高阁的联合国特色馆藏文献真正“活”了起来（见图 7-3）。

图 7-3　首届重庆青少年“模拟联合国”大会

（二）活动开展：扩大宣传、组织培训、模拟开会

1. 开展专业培训

线下培训主要分为图书馆内培训和校园培训两种。针对中国的青少年学生学业重、时间紧的问题，线下培训除了在图书馆内举行外，还进入到校园里，每年春秋学期都在重庆市各大高校和中学进行“模联”的培训以及对重庆青少年“模拟联合国”大会会议进行宣传。四年来，宣讲老师先后进入了重庆大学、西南大学、西南政法大学、重庆交通大学、重庆医科大学、四川外国语大学南方翻译学院、重庆理工大学、重庆市第一中学、重庆第八中学、重庆外国语学校、重庆第二外国语学校、重庆第十八中学、广益中学、西大附中、凤鸣山中学等重庆市主城区的30多家高校和中学，培训场次多达200余次，受众群体达上千人。

为更好地解决会议代表参与过程中产生的疑惑和困难，重庆图书馆开通了在线的“模联”参考咨询服务，代表们可通过QQ、微信等通讯软件获取即时帮助。同时代表们还可以通过“重庆青少年模拟联合国大会”微信公众平台、重庆图书馆官方网站，定期获取联合国“模联”基本知识、规则、议事流程、议题信息及书目推荐等相关信息。

2. 举办“模联”会议

经过前期多种形式的专业培训，重庆图书馆提供用户实践体验的机会，即每年7月或8月，在馆内举办“重庆青少年模拟联合国大会”。整个会议采取“零费用”原则，不仅为用户精心设计并印制了国家牌、代表证、大会手册等，还要求参会代表着正装，营造更强烈、专业的参会感受和“模拟联合国”庄重严肃的仪式感。在三天的会议过程中，代表们根据各委员会不同的议题，以各国外交官的身份参与发言辩论、游说磋商、投票表决等环节，切实地融入情境，体验角色，把静态的阅读

融于具象而动态的活动中，引发其对文献信息内容的兴趣。

2017 年 7 月 23~25 日，首届重庆青少年“模拟联合国”大会在重庆图书馆开幕。近百名国内外高校的青年学子扮演 20 国集团 (G20) 的外交代表，围绕“如何应对全球化和反全球化”等国际热点问题，开展激烈讨论。首届青少年“模拟联合国”大会由重庆图书馆主办，吸引了包括西南大学、华东师范大学、美国里士满大学等 10 余所国内外高校的近百名青年学子参与。学生们以重庆图书馆联合国资料托存中心的近 30 万份联合国文献作为理论支持，通过扮演不同国家或政治实体的外交代表，围绕一些国际热点问题进行辩论。首届重庆青少年“模拟联合国”大会的成功举办为后续活动积累了经验，确保该项活动能够长期持续开展下去。

3. 搭建交流平台

在社交媒体迅猛发展的今天，重庆图书馆通过微信公众平台的信息推送和即时在线交流，为青少年用户建立了一个同龄人文化的平台。在这个平台上，同年龄段的青少年不仅能够闻思会友，用发展的眼光、团队协作的精神及良好的沟通技巧，认识更多志同道合的盟友，还能通过连接学习的方式，将文化、兴趣和学业结合起来，青少年可以根据自己的兴趣关注不同的领域，利用图书馆数字网络和在线资源的优势进行有意义的学习、分享和创作。

（三）活动意义：履行图书馆的社会教育职能、创新图书馆阅读推广模式

公共图书馆作为公共文化服务机构，担负着传播科学知识、履行社会教育的职能，秉承平等、开放、共享的价值理念，公共图书馆的公益性大大降低了社会教育的门槛。为了更好地履行社会教育职能，拓宽青

少年群体服务，提升重庆地区青少年的信息素养以及整合重庆地区“模联”资源，帮助重庆市各大高校及中学建立健全“模联”社团的发展，重庆图书馆依托丰富的馆藏文献、数字文献以及馆员专业的信息检索能力，对青少年人群开展相关的延伸服务，投入大量的人力、物力和财力保障“模联”活动的高质量发展。

“重庆青少年模拟联合国”项目采取以重庆图书馆自主运营为主，以馆社/馆校合作为辅的路径，积极寻求与社会外界其他领域合作，先后与重庆市主城区30多家高校和中学、中国“模拟联合国”协会、北京环球令德教育科技有限公司、重庆“模拟联合国”秘书处、OhMentor猫头鹰教育等社会机构，以及热心公益、热爱“模联”的社会专业人士等建立了紧密的合作与联系。他们为重庆青年少“模拟联合国”大会（CYMUN）开拓校园和社会渠道，提供了部分培训课程和师资力量。

四、沙坪坝区图书馆：爱冷门、继绝学——“甲骨文学堂”

（一）活动概况

为推动甲骨文的群众学习，传承和弘扬传统文化，促进民族文化复兴，增强民族文化自信，沙坪坝区图书馆于2016年与民间志愿者组织重庆甲骨文字社和西南大学汉语言文献研究所合作，以开创性的思路创办了全民阅读品牌活动“甲骨文学堂”，致力于群众甲骨文学习推广，在全国开创了“群众学习甲骨文”的甲骨文字传承与普及的新模式。

五年来，“甲骨文学堂”从无到有，已形成完善的活动体系，累计开展各类活动近150场，参与人次超万人。包含以培养兴趣为导向的“甲骨文学堂进校园”，以开展未成年人系统学习为目的的“寒暑假少儿课堂”，以专家定期授课为主要形式的“专业学习提高班”三大主要版块和其他延伸活动。“甲骨文学堂”把专业的知识以浅显易懂的方式呈现，在全国开创了“群众学习甲骨文”的甲骨文字传承与普及的新模式。

（二）寻求多方合作，互利共赢

1. 西南大学汉语言文献研究所

西南大学汉语言文献研究所，是1984年教育部批准建立的专门从事古籍整理与研究的教学科研机构，是西南地区古文字研究的重要学术基地。以喻遂生先生为首的学者们对沙坪坝区图书馆开办“甲骨文学堂”的创新举措给予了高度肯定和大力支持，为学堂制订学习计划，定期选派研究人员为学员授课、考核，为学堂开展的活动进行学术把关。西南大学汉语言文献研究所为“甲骨文学堂”活动的顺利开展提供了有效的专业保障。

2. 重庆甲骨文字社

重庆甲骨文字社是一个民间组织，汇聚了一批甲骨文爱好者、学习者。文学社成员从2013年开始，在中国文字博物馆一名志愿者的带领下接触和学习甲骨文。成员们有一定的甲骨文基础，但知识不系统、学术不严谨，他们对甲骨文的深入学习、推广普及有较高的热情，但缺乏有效途径和经费支持。沙坪坝区图书馆在重庆甲骨文字社最困难的时候向他们伸出了援手，为他们学习甲骨文免费提供场地和设备。“甲骨文学堂”开办以后，重庆甲骨文字社成员成为活动开展的中坚力量。他们在“甲骨文学堂”中扮演着“双重角色”：一是作为学堂的核心学员，在西南大学专家的带领下持之以恒地进行系统、专业学习；二是经考核合格的学员成为“甲骨文学堂”的志愿者，肩负起向少年儿童普及推广甲骨文的使命。

（三）满足差异化需求，层次分明

1. 专业学习提高班

提高班以重庆甲骨文字社志愿者为基础，公开招募甲骨文爱好者，免费注册成为提高班学员，每期学制两年，在西南大学汉语言文献研究所老师的带领下系统学习甲骨文基础知识、甲骨文字认读、甲骨卜辞释读等。提高班采取集中面授与自主学习相结合的方式进行，每月举办一次现场公开课，通过考核颁发结业证书。提高班学员第一期甲骨文课程从 2017 年 11 月注册开课，至 2019 年 11 月已经结业。目前正在进行第二期甲骨文课程的学习。

2.“甲骨文学堂”进校园

“甲骨文学堂”走进校园，让中小学生了解中国文字起源，以此激发中小学生对甲骨文学习的兴趣，增加文化自信。进校园活动坚持点面结合，2017 年 10 月 12 日走进第一所学校——西永一小，三年来先后走进了土主小学、树人小学、沙坪坝小学、南开小学等数十所学校，数以千计的学生在老师的带领下领略了中华文化的博大精深。虽然每节课只有短短 40 分钟，但孩子们不但了解了甲骨文基本常识，认识了一些简单的甲骨文字，更重要的是对甲骨文学习产生了浓厚的兴趣。沙坪坝区土主小学一直重视对学生传统文化的教育，经多次合作，主动申请成为“甲骨文学堂”进校园定点示范基地。“甲骨文学堂”以固定班级，固定时间的形式较系统地向同学们讲授甲骨文知识，全年开课 20 期。重庆甲骨文字社的老师们专门为土主小学学生们设计了“十二生肖”“我们的身体”“征伐与攻占”“商王的一天”“衣食住行”等主题课程，形成了完善的课程体系，让孩子们通过探索古老文字的奥秘，去触摸历史文化的脉络（见图 7-4、图 7-5）。

图 7-4　“甲骨文学堂”进校园活动

图 7-5　“甲骨文学堂”进校园

3. 寒暑假少儿课堂

从 2017 年暑假开始，沙坪坝区图书馆利用小学生寒暑假空闲时间较多，学习压力相对较小的时机，招募小学生在沙坪坝区图书馆免费开展集中的系统化甲骨文基础知识学习。“少儿课堂”由重庆甲骨文字社的志愿者授课，每期课程 5 天，每天 90 分钟，学生们在少儿课堂上可以了解什么是甲骨文，什么是造字法，还可以学习到大部分基础甲骨文字，尤其是通过甲骨文和汉字的比较学习，孩子们可以了解到汉字的起源和演变过程，颇有益处。

4. 其他延伸活动

为了增加学习活动的趣味性，丰富甲骨文传播的载体，沙坪坝区图书馆充分挖掘资源，进行积极有效的探索，开辟出甲骨文篆刻、书法、刺绣、版画、竹壳雕刻、剪纸等延伸活动，既提高了学员们的艺术修养，又创造出了更多可直观呈现的甲骨文相关作品。2020 年，沙坪坝区图书馆以“甲骨文学堂”为依托，开展了一次全国性的“藏书票”征集活动，共收到来自全国各地共 2600 件作品。此外，沙坪坝区图书馆还努力探索甲骨文与“非遗”项目相结合的路径，开发独具特色的文创产品。

（四）惠及万千大众，效果显著

“甲骨文学堂”从无到有，已形成完善的活动体系，打破了甲骨文“高深莫测”的文化壁垒，把专业的知识以浅显易懂的方式展现给大家，让越来越多的人，特别是中小学生从了解、接受到主动传播甲骨文相关知识。

“甲骨文学堂”不分年龄、性别、学历，向万千大众敞开学习之门，吸引了下至 5 岁孩童，上至 70 岁耄耋老人走进学堂，开启甲骨文学习之旅。截至目前，寒暑假少儿课堂已成功开办 8 期，40 个班次，直接参与学习的小学生近800人。进校园活动已和数十家中小学合作开展近100场，近万人次参与。专业学习提高班每月坚持举办一场，目前已开展29场，培训志愿者和爱好者近1000人次。

“甲骨文学堂”创办以来，得到了市文旅委，各区委、区政府和各区文旅委的高度肯定，新华网、人民网、《中国教育报》、中国文明网、《重庆日报》等媒体多次对“甲骨文学堂”开展情况进行报道。2019年8月，沙坪坝区图书馆“甲骨文学堂”在重庆图书馆主办的重庆市公共图书馆全民阅读创新案例征集大赛中荣获一等奖。

五、万州区图书馆：坚定文化自信 厚植书香底蕴——“白岩文化大讲堂”

阅读润德，书香致远。太白岩得万州八景之“白岩仙迹”之利，岩上古今题刻闻名遐迩。自唐宋以来，就有万州名胜之称。为涵育万州白岩文化人文精神，万州区图书馆以“白岩文化大讲堂”为平台，开展了一系列讲座、讲堂活动，旨在发挥自身优势作用、整合资源，传承中国优秀传统文化，提高服务水平，引导社会公众开展全民阅读。

（一）目标引领，高位推进“书香万州”

党的十八大以来，党中央、国务院高度重视全民阅读。习近平总书记率先垂范、倡导读书，多次强调要爱读书、读好书、善读书。万州区充分发挥政府主导作用，在把握方向、谋篇布局、政策措施等关键环节起到决定性作用。同时，区委宣传部、区文旅委积极引导社会各界力量参与“白岩文化大讲堂”阅读品牌活动。万州区图书馆主动作为，上下联动，有力推动活动开展，让“书香万州”成为城市建设的重要内涵。

自2017年以来，万州区图书馆通过“白岩文化大讲堂”传承经典，以书香之名为万州存文脉，为发展增底蕴，为社会扬正气，为全面建成小康社会，实现第一个百年奋斗目标熔铸高歌行进的精神力量。随着“白岩文化大讲堂”活动如火如荼地展开，全区干部群众的阅读热情也被进一步激发出来，从城市到乡村，从政府大院到农家书屋，到处都有阅读学习的身影。

（二）拓展深度，打造文化惠民平台

“白岩文化大讲堂”以“弘扬人文精神，发展公共文化，丰富市民生活，提升城市品位”为宗旨，坚持以传播社会主义核心价值观和先进文化为己任，博采众长、汇集百家，为万州市民提供一种公共文化服务的新形式，搭建一个传播社会主义核心价值观的新平台。

2017年3月，首期专题讲座“书法知识”由中国硬笔书法协会会员谭仕权老师开讲。讲座深入浅出、旁征博引，短短的时间里让参与讲座的市民树立了正确的书写观，明确了良好的书写习惯的重要性，并从中深刻领悟到硬笔书法背后蕴藏着的深厚的人文色彩。首场讲座获得了广大市民的肯定，这种“市民文化、市民参与、市民享用”的公共文化服务形式，成为培养市民健康文化生活的新载体，让高雅文化走向社会、走进市民生活，迅速成为全民共享的文化品牌。

从2017年到2020年，“白岩文化大讲堂”共开展系列讲座80多场次，线上线下听众达47068人次。

“白岩文化大讲堂”主要采取与高校、机关、社会团体等联合举办

的形式，走进各分馆、走进社区镇乡，讲国学、讲老百姓喜闻乐见的故事，分享文化感悟。为了确保传播效果，“白岩文化大讲堂”从讲座课题的确定到场地的选择，以及听众的组织，都有专人进行缜密安排，层层推进，步步落实。几年来，“白岩文化大讲堂”的内容涉及书法、美学鉴赏、历史文化、民生民俗文化、励志教育、文学艺术、生态文化等，为了贴近老百姓的生活，还进行了特别策划。2018 年，万州区图书馆邀请 IPA 国际礼仪专家委员会首席礼仪讲师靳雅舒老师在区图书馆移民广场分馆（南浦剧场）举办了一场“白岩书院”大讲堂主题讲座，讲座的主题是《和谐家庭平衡之道》（见图 7-6）。讲座中，大气端庄的靳老师打破单纯理论授课传统，采用“理论 + 演示 + 讨论”的授课方式，把家庭礼仪与实际应用相结合，让听众们不仅从理性层面认识到家庭幸福的标准，更从各自家庭的实际出发，深切体会到日常生活中与家人互动的不足，让大家对和谐家庭有了新的认识。

图 7-6　“白岩文化大讲堂”走进万州区图书馆移民广场分馆（南浦剧场）

为了确保“白岩文化大讲堂”的可持续性，同时也为了便于甄别、优选讲座专家和选题，以掌握工作主动权，引导讲堂文化健康发展，万州区图书馆建立了大讲堂专家资料库和讲座题库，并实现了与周边城市大讲堂的资源共享。2020 年受疫情影响，线下讲座开展场次减少，“白岩文化大讲堂”开辟了线上讲座，作为新兴的传播知识的有效方式，线上讲座也获得了市民的追捧。

5 年来，“白岩文化大讲堂”的讲座活动取得了非常不错的社会影响力，形式和内容都深入民心。同时，“白岩文化大讲堂”的成功也反哺了公共图书馆，使更多的市民了解、认识了图书馆，主动走进图书馆感受阅读的乐趣。

（三）品牌引领，全民共享“讲堂”时光

经过几年的努力，“白岩文化大讲堂”已经成为万州区图书馆的全民阅读文化品牌，有效提升了万州城市文化内涵和品位，得到区委、区政府高度赞扬。

1. 聚集资源，共享互惠

“白岩文化大讲堂”就像一块巨大的磁石，将地方高校、机关单位、民间文艺爱好者等多方力量聚集到一起，将线上和线下的资源整合到一起，实现了多维互动。同时大讲堂专家资料库和讲座题库的搭建，使“白岩文化大讲堂”成为一张活动的文化名片，实现了与周边城市讲座资源的共享，最大限度拓展了内容的维度。

2. 走进基层，量身定制

“白岩文化大讲堂”是一个移动的文化品牌，在万州区图书馆、在各个分馆、在高校、在市民广场、在地方小剧场、在镇乡农村，只要大

家想听，处处都可以设讲堂。为了贴近市民的需求，“白岩文化大讲堂”针对不同的受众设计内容，根据不同的主题选取不同的场地，让讲座融入场景，让听众沉浸其间。

3. 人人都可以做讲师

城市因文化而有品位，市民因文化而有内涵。为了激发市民参与大讲堂活动的兴趣和热情，“白岩文化大讲堂”除了邀请专家学者、权威人士举办讲座外，还广泛邀请市民朋友来讲述自己的经历、故事和心得体会，分享读书的感动和乐趣。通过集聚普通老百姓中的优秀资源，文化大讲堂摇身一变成了社会大课堂，每个人都有机会登上这个讲演大舞台，传承优良中华文化传统和时代家风，学最好的别人，做最好的自己。

（四）平台共享，传统文化展示窗口

万州区图书馆充分发掘本地文化特色与优势，利用“白岩文化大讲堂”这个宣讲中华传统文化的平台，与镇乡（社区）、企事业单位、高校、社会阅读机构等建立联系，将传统文化与现代生活相融合，以优质主题讲座作为载体，满足了不同层次、不同群体的文化需求，进一步扩大了公共图书馆的社会认知度，提高了知晓率，推动了万州区图书馆对外服务工作的延伸。

五年来，“白岩文化大讲堂”已逐步打造成为独具万州地方特色文化的全民阅读品牌活动，并以强大的感染力、辐射力和影响力推动着万州全民阅读向纵深发展。

六、丰都县图书馆：驿路书香，文化筑梦

习近平总书记在党的十九大报告中首次提出“实施乡村振兴战略”，2018 年两会期间又多次提到乡村振兴。乡村振兴离不开乡村文化振兴，提高乡村社会文明程度、焕发乡村文明新气象对于推动乡村振兴战略实施具有重要意义。公共图书馆作为公共文化服务单位，担负着乡村文化振兴、全民阅读推进、引导与服务的重任。

“驿路书香·文化筑梦”乡村行由丰都县图书馆发起，全县乡镇文化服务中心（图书分馆）联动接力，于 2019 年 1 月启动实施。该活动以快乐阅读为载体，以舞台为效应，以激发少年儿童阅读兴趣为出发点，通过组建志愿服务队，以节目展演的形式开展趣味阅读活动，开设阅读体验课堂，走进贫困乡村，将阅读的种子播向广袤的青山大地，结合丰都县情，筑建“开轩面场圃，和谐话书香”的美丽乡村（见图 7–7）。

图 7–7　2019 年丰都县“驿路书香·文化筑梦”乡村行活动

（一）围绕“五讲”，打造阅读乡村行“主阵地”

丰都县图书馆作为阅读乡村行的“主阵地”，通过定期开展培训讲座等活动，为少儿、青少年、成人阅读活动提供了人才支撑和内容保障。

1. 讲诗词

自2017年以来，以传承“唯善呈和”的文化内涵，凸显丰都地方文化特色，弘扬中华传统文化为主线，丰都县图书馆每年分春秋两期举办“善和”诗词班。在培养诗词新人的同时，丰富诗词创作。同时，丰都县图书馆还将“善和”诗词班、“善和”书法沙龙、“善和”大讲堂、微信诗会、展览、朗诵、演讲、征文比赛、作品赏析、创作比赛、才艺活动、旗袍水袖展、诗词进校园，以及“精准脱贫·文化同行”“到人民中去”志愿服务进乡镇等活动串联起来，扩大辐射面。活动自开展以来，已培养了一支200余人的诗词创作队伍，共创作优秀诗词500余首（篇），先后获得市级、区级媒体宣传报道16次，培养的人才成为推动阅读活动的主力军。

2. 讲故事

丰都县图书馆开办了“蓝话筒语言艺术培训班”，以提高参与者听说读写能力和实践操作文字的应用能力为目标，通过自创整合播音、表演、编导、艺术实践为一体的艺术综合实践活动课程，培养受众阅读兴趣。该培训班创办以来，一大批爱好者数次在重庆市全民阅读知识竞赛、全国中华魂演讲赛、重庆红岩故事大赛、重庆市十佳小记者小主持人等比赛中夺冠。培训班的学生有的被保送上了北大，有的成为了企业创始人，有的做了主持人和老师。在开设培训班的同时，丰都县图书馆还广泛开展了小记者进小区、我是安全宣传员、环保小卫士、孝善进社区、阅读之星在我家等各种丰富多彩的社会实践活动，对群众文化普及和社会普法教育起到了积极推动作用。

3. 讲写作

李克强总理在国务院常务会议上说：“一个国家养成全民阅读习惯非常重要。而这与公共图书馆普及密不可分。”为了普及全民阅读，丰都县图书馆利用丰富的馆藏阅读资源，开办了“全民阅读写作班”，培养学生与家长全民阅读兴趣与习惯，通过阅读爱上写作，通过阅读轻松写作。很多写作班的佼佼者成为了阅读的推广者与展示者，家长在陪伴孩子写作的过程中，也自觉参与到阅读中来，既壮大了阅读队伍，又提升了全民阅读素养。2020 年“全民阅读写作班”共为国家、市图书馆阅读活动选送抗击疫情文章 20 篇，写作优秀故事 10 余篇。

4. 讲绘本

丰都县图书馆利用周末，借助网络和已有的全民阅读写作班，采取市民自愿报名方式，进行亲子绘本培训。以西部志愿者、寒暑期返校大学生、有阅读专长的社会人士为成员的阅读推广志愿服务团队，每周日下午 3 点至 4 点持续举办“e 童挂书角”趣味阅读活动，主要面向 5~12 岁孩子及其家庭，开展讲绘本、讲故事、做手工、读诗词、朗诵演讲、表演主持、游戏互动、数字阅读、讲解科普知识、分享读书感言等不同形式的趣味阅读活动，鼓励小朋友积极主动地展现自己。

5. 讲素养

丰都县图书馆采取自愿报名的方式选拔有特长的大学生、社会人士，组建“驿路书香 · 文化筑梦”文化扶贫志愿队，集中开展阅读素养的培训讲座，提升他们的阅读服务能力。

（二）依托“五进”，夯实阅读乡村行“桥头堡”

为有效推进全民阅读活动深入基层，提升市民综合文化素养，丰都县图书馆积极探索打造"阅读微阵地"，丰富阅读渠道。

1. 进分馆

丰都县图书馆在该县30个乡镇街道文化服务中心，建起了图书分馆，分馆与县图书馆实行"一卡通"共享流动图书服务。以分馆为平台，阅读乡村行活动为乡村儿童上快乐阅读体验课，让他们感受不一样的图书、不一样的上课方式，教会他们用书籍打开看向世界的窗。

2. 进学校

阅读乡村行以快乐阅读为着力点，将示范课、故事、相声、贯口、摸拟主持、互动游戏、演绎绘本、才艺诵读、唐诗合诵、诗词比赛、家庭教育等内容编排成《乡村儿童合演互动趣味节目》，邀请电视台主持人、学校教师参与，送节目到乡镇学校展示。2020年以来，阅读乡村行活动已为丰都接龙完小、厢坝完小、蔡森坝完小、中税希望小学等数十个学校的孩子们带去了趣味阅读课。阅读体验示范课《六个矮儿子》、模拟主持《鬼城丰都》、演绎故事《我的压岁钱》吸引了留守儿童争相上台体验朗诵，激发了他们的阅读兴趣。

3. 进院坝

丰都县图书馆在南天湖鹿山村、十直莲花村、三合街道鹿鸣岩村等地设立文化大院，建起图书流通服务点，实施"送一批文化书籍、送一批视听器材"的"双送"行动。"双送"活动的志愿者采取入户讲解等方式开展文化科技、法律常识等培训，针对大操大办等问题开展移风易俗宣传活动，通过"小手牵大手"，增强农村文明素质。

4. 进新媒体平台

丰都县图书馆链接中国图书馆学会，推出线上阅读利器——"读联体·数字共享阅读服务平台"，涵盖了电子书、有声书、视频、期刊、图片等各类型数字资源。目前，平台资源量约 3000 种，存储总量约 10TB，平台资源内容和数据也将持续更新。读者可以在共享平台在线阅读，听书，观看高清动画、国学经典、少儿科普、益智启蒙等视频，感受时代生活。同时丰都县图书馆还开启线上活动空间，开展“会讲故事的地球”绘本创意秀、“书香渝都·悦读越有味”“书香让人宁静·阅读给人自信”——数字展览等线上活动近 10 场，内容紧扣热点，既有视频、绘画、阅读打卡等比赛赢礼品活动，也有创意秀、展览、好书推荐等分享型活动，吸引市民的热切关注。

5. 进景区

丰都县图书馆在南天湖景区建起天湖书苑，在三建绿春坝建起民宿书吧，让游客悦享书韵飘香的阅读空间。同时还在影院、酒店等地设置阅览专架、橱窗，将有关丰都文化旅游方面的书籍进行展示，让游客在闲暇时光里与阅读相伴，了解本地传统历史文化和丰富的旅游资源。

七、涪陵区图书馆：“红色文艺轻骑兵”阅读推广

2017 年 11 月，习近平总书记给内蒙古自治区苏尼特右旗乌兰牧骑的队员回信，勉励他们扎根基层、服务群众，努力创作更多接地气、传得开、留得下的优秀作品。为深入贯彻落实习近平新时代中国特色社会主义思想和党的十九大精神，切实响应习近平总书记给乌兰牧骑队员回信的重要指示精神，涪陵区图书馆党支部迅速行动，组建了以党员为骨干、全体图书馆员为基础、文化志愿者为辅助的涪陵区图书馆“红色文艺轻骑兵阅读推广小分队”。

涪陵区图书馆“红色文艺轻骑兵阅读推广小分队”自组建以来，坚持深入到田间地头，走近百姓身边，及时传播党的声音，宣传党的主张，传承文化输送知识。涪陵区图书馆的“红色文艺轻骑兵”们用实际行动，将工作重心向基层延伸，向急需文化知识的边远山区倾斜，用温暖打通全民阅读推广的“最后一公里”，努力补齐乡村精神文化的“短板”，实现城乡知识一体化，让老百姓共享文化成果，坚定文化自信，实现文化自觉。

（一）精准对接基层百姓文化需求

2017 年 11 月，涪陵区图书馆党政主要领导挂帅，班子其他成员和各部门负责人为主的“涪陵区图书馆红色文艺轻骑兵阅读推广小分队”正式成立。“红色文艺轻骑兵阅读推广小分队”从建立之日起就明确了领导机制、运行体系和制度保障，由支部书记亲自抓具体工作，各支委成员担任小分队各小组组长，以活动辅导部为牵头部门，其它部门共同参与，确保活动有序推进。在具体活动的执行过程中，实行“精准对接、因地制宜、因事派员”的活动要求。

“红色文艺轻骑兵阅读推广小分队”的每次活动都具有“点对点”对接的特性，根据不同地方、不同需求，制定出不同的活动方案，发挥出“红色文艺轻骑兵”阅读推广的社会效益，切实为基层群众送去他们迫切需要的文化产品，补齐乡村精神文化“短板”。

成立三年来，涪陵区图书馆“红色文艺轻骑兵阅读推广小分队”无论寒冬还是酷暑，走遍了全区 63 个贫困村、113 个村居和 27 个乡镇，有效开展送文化下基层活动，丰富老百姓精神文化生活，彰显了图书馆人的作为。

（二）打造百姓喜爱的阅读品牌

1. 接地气，惠民生

针对时下乡镇以老年人和留守儿童为主的客观实际，涪陵区图书馆“红色文艺轻骑兵全民阅读推广小分队”打造了“院坝读书会”“众览天下，我讲你听”等日积月累中形成的活动品牌，受到乡镇、村居百姓和留守儿童的喜爱与热捧。

角帮寨地处涪陵高寒山区的大木乡，山高路陡，交通不便，信息相对较为闭塞。2018 年 7 月 26 日，清晨 6 点不到，当大多数市民还在酣睡之际，涪陵区图书馆“红色文艺轻骑兵全民阅读推广小分队”就早已出发，前往浓浓大雾中的角帮寨居委会。

队员们克服高温极端天气的影响，来到涪陵与武隆交界处的偏僻村寨角帮寨，为留守儿童举行接地气、通俗易懂的“院坝读书会”（见图 7-8）。寨子里的小朋友们围在小分队队员的周围，没有任何开场白，

图 7-8　角帮寨“院坝读书会”

场地也是因陋就简，但一个个精彩的故事激起了乡村孩子们对大山外世界的向往，激励了他们发奋学习的劲头。

2. 部门协作，避虚就实

为及时有效开展活动，涪陵区图书馆各相关部门紧密配合、协同发力，明确任务清单，分解细化工作任务，压紧压实工作责任，在全馆形成整体联动、共同参与、协同推进的工作格局。在活动不断推进的过程中，图书馆采取与社会各部门横向协作的方式，扩大阅读推广和知识传播作用的影响力度，广泛吸纳社会热心公益人士积极参与，丰富阅读推广的内涵，拓展传播的外延。

（三）“红色文艺轻骑兵”常态化、制度化

不忘初心，是涪陵区图书馆“红色文艺轻骑兵阅读推广小分队”全体成员矢志不渝的追求，为老百姓送去最需要的精神文化产品，是他们最大的快乐。自小分队成立以来，无论节假日还是周末，全体小分队成员都会走进农家院坝、贫困户家中、田间地头，及时传播党的声音，宣传党的政策，致力知识输送。小分队成员或在偏远的山沟与老百姓互动交流，或在寒冷的院坝义务书写春联，每到一处，队员们都与当地老百姓建立起深厚的情谊。每一次活动的开展，广大小分队成员都能自觉做到不扰民，不铺张浪费，不给对方添麻烦，树立了良好的图书馆员形象，也激励了全体图书馆人奋发有为的拼搏、奉献精神。

经过开展持之以恒的送文化下乡活动，全体队员都有一句口头禅：“不管条件多么艰苦，再远再累我们都值得，真心希望我们走一路，就能温暖一处。”通过几年的不断完善，涪陵区图书馆“红色文艺轻骑兵阅读推广小分队”的社会影响逐渐增大。现在小分队共有注册队员45人，

社会公益热心人士 245 人，队伍的不断壮大极大地增强了小分队成员不忘初心、牢记使命的信心和决心。

（四）坚持以人民为中心，助力脱贫攻坚显担当

1. 高度重视求实效

为了确保“红色文艺轻骑兵”阅读推广活动行之有效地开展，涪陵区图书馆高度重视，每年根据全年阅读推广活动需要，提前制定切实可行的活动规划。为提升基层老百姓的活动参与度，扩大阅读活动的推广面，涪陵区图书馆“红色文艺轻骑兵阅读推广小分队”不断探索，以形成品牌为抓手，以乡镇、村居为重点，提升老百姓学习激情，树立扶贫先扶志的理念，拓展“红色文艺轻骑兵”知识输送深度。

2. 建好队伍谋发展

“红色文艺轻骑兵”阅读推广活动坚持以基层老百姓需求为着力点，策划要求进一步精准，人员要求进一步敬业，活动要求进一步求实。为了谋求活动的可持续性，涪陵区图书馆广泛发动全社会志愿者的力量，配合各乡镇综合文化站建立“红色文艺轻骑兵”服务网络，形成齐抓共管的活力和机制。“红色文艺轻骑兵”阅读推广活动依托馆内不同的资源优势，经常性开展以脱贫攻坚、乡村振兴为主题的活动，使活动更加具有针对性和精准性。

3. 加强载体求共享

涪陵区图书馆依托当前“互联网 +”和供给侧改革特性，丰富和拓展“乡村振兴文化先行”思路，结合日常开展的送文化下乡活动，培育“种文化”环境。为了避免蜻蜓点水式的“送文化”下乡的那种“来了就热闹、人走茶就凉”的情况，从根本上解决农民的“文化温饱”，涪

陵区图书馆充分利用乡镇分馆的地缘优势，以分馆为载体植入品牌推广栏目，扩展整合“送文化下乡”思路及对策，将“送文化”与及时宣传学习党的方针政策融合起来，形成相得益彰的互补局面。

4. 坚持服务聚民心 打造品牌成合力

在落实“乡村振兴”战略中，“红色文艺轻骑兵”阅读推广活动以更加精准、更接地气的方式成功为脱贫攻坚助力，用老百姓喜爱的精神文化产品增强他们的获得感，提升幸福感，最终在思想上建立脱贫攻坚、乡村振兴的信心和决心。“红色文艺轻骑兵”阅读推广活动将图书馆传统服务与数字化传播相结合，特别是遇到全国性突发事件的时候，利用网络提供服务，极大地增强了服务的时效性和多样性。例如在 2020 年新冠肺炎疫情期间，“红色文艺轻骑兵”阅读推广活动积极发挥出各图书分馆网络服务的优势，为基层老百姓开展更加精准的文化输出和信息服务。

经过几年的努力，目前涪陵区图书馆的“红色文艺轻骑兵阅读推广活动”已经成为文化品牌，在基层落地生根，走到老百姓的身边，走进他们的心里。

八、长寿区图书馆：打造“学校—学生—家庭—社会”阅读推广模式

近年来，长寿区委、区政府高度重视全民阅读工作，把开展全民阅读活动作为加快长寿区经济社会发展、建设文化强区的一项战略举措。经过实践探索，长寿区图书馆创新性地打造了“学校—学生—家庭—社会”阅读推广模式，以推动全民阅读活动的开展。该活动以学校、学生、

家庭、社会为纽带，以学校带动学生，以学生带动家庭，以家庭带动社会，形成全民阅读的良好风气。

2013 年，长寿区图书馆“1+6”亲子读书活动被国家文化部评为第十届中国艺术节项目类“群星奖”。2014 年，在首届“全市文明阅读行”视频展评活动中获“全民阅读示范区县”称号。2015 年，长寿区图书馆成功申报全市基层文化建设项目和全民阅读活动示范项目。2016 年，该项目被纳入全市五个全民阅读品牌活动之一，获市级专项拨款 14 万元。2018 年，“‘学校—学生—家庭—社会’推进全民阅读”活动荣获中国图书馆学会全国“阅读推广优秀项目”，长寿区图书馆获得“全民阅读优秀组织”称号。截至目前，该活动已先后涌现出上百个先进单位和个人，在市级和国家层面多次获奖，并获得央视网、华龙网、重庆电视台、《重庆日报》等主流媒体报道 81 次。如长寿区实验二小荣获“重庆市十佳书香校园”称号，王维浩、樊彦分别当选为“重庆十佳写书人”“重庆十佳读书人”，冉晓燕家庭荣获全国“书香之家”称号，赵光辉获得重庆市“星光奖”，谭其军当选为重庆十大“乡村阅读榜样”等。活动开展多年来，直接带动中小学生达 22 万人、教师 8000 余人，间接带动家庭成员及周边群众达 60 余万人。

（一）多方合力，品牌诞生

长寿区“学校—学生—家庭—社会”推动全民阅读活动在区委、区政府的正确领导下，由区委宣传部、区文化旅游委、区教委牵头，依托学校、街镇、机关企事业单位图书室，以学校、学生、家庭、社会为核心，以校园图书角、街镇公共文化服务超市、农家书屋示范点为支撑点，走出了一条以学校带动学生，以学生带动家庭，以家庭带动社会的全民阅读之路。

从2016年到2020年，该活动累计投入经费350余万元，建成机关及医院“悦动书吧”4个，班级图书角686个，读书走廊60个，举办大型主题读书活动800余场，带动各学校、街镇、机关企事业开展阅读活动数十场次，基本实现了区、镇街、村社全覆盖，累计参与活动群众达30余万人，受众人数达60余万人。重庆电视台、《长寿日报》《长寿文化报》、长寿电视台等市（区）多家媒体对系列活动进行了全程报道。

（二）形式生动，内容丰富

1. 树品牌形象

自2008年以来，长寿区图书馆和辖区内的各学校共同举办了“1+6亲子阅读”活动。“1+6亲子阅读”活动中的“1”即一个孩子，“6”即爸爸、妈妈、爷爷、奶奶、外公、外婆。针对“1”个孩子进行读书辅导，从而带动其他“6”个或更多的长辈、以及“6”个长辈周围更多的社会人员共同参与读书。该活动率先从长寿区实验一校试点启动，经过12年的发展，活动已在区内57所中小学校开展，并从城市向农村中小学校推进。迄今为止，参与该活动的学生达3.7万余人，直接带动家庭成员20余万人，间接带动社会阅读达10余万人，打造书香家庭500个、书香学生1000名、小小藏书家500个，活动取得良好的社会效益。

2. 建立校园图书角

长寿区图书馆利用学校平台，在学校推行“校园图书角”建设活动。各班设立图书角，每层楼的廊道设图书专架，每班配备图书80~100册。学校定期制定阅读计划，定期举办读书成果展示，定期评选“阅读之星”“书香家庭”“书香教师”“书香班级”，开展学校、班级、家庭间阅读成果评比。通过“1+6”亲子读书共建，成功地搭建起了学校、学生、家庭、社会全民阅读的平台，打造了覆盖全区、惠及全民的“家门口阅读盛宴”。

3. 推行“图书馆 +”服务

长寿区图书馆创造性地将图书馆服务向医院、学校、机关、企业、银行、广场等人员密集场所延伸，建成机关及医院“悦动书吧”4 个，农家书屋示范点 6 个，打造了农行长寿支行首个“书香银行”网点，成立了远恒佳重庆公学、桃源小学、晶山小学等学校图书分馆。

（三）建立机制，扩大影响

1. 加强组织领导，建立阅读长效机制

通过建立长效的管理机制，“学校—学生—家庭—社会”推动全民阅读活动已经开展十余年。长寿区委、区政府将全民阅读工作列入重点工作，制定了“学校—学生—家庭—社会”推动全民阅读工作要点及实施方案。区委宣传部、区文化旅游委将全民阅读活动纳入各级党政目标和文明创建考核。长寿区图书馆与学校签订合作协议，建立考核激励机制。学校各年级、各班建立师生读书评价考核机制，将读书活动列入学生每期阅读成长计划，每天保证 40 分钟阅读时间，每期至少读完 1 本书，实行课外阅读评价反馈机制，由教师进行考评，纳入学生期末综合评价，充分发挥学生导向引领、桥梁纽带、平台集聚和服务带动作用。

2. 加大经费投入，保障活动开展

2016 年以来，长寿区财政局、区教委、区文化旅游委等职能部门以公共财政投入为主，以部门、图书馆和各学校自有经费投入为辅，累计筹资 350 余万元，用于全民阅读活动推广以及阵地建设，并决定从 2020

年起，将投入不少于35万元经费用于开展各类读书活动和更新学校图书角的图书资源。长寿区图书馆一方面积极争取市级相关部门及区财政局、区移民局、区民政局的支持，同时也鼓励社会力量投入，以全面保障“学校—学生—家庭—社会”推动全民阅读活动的开展及品牌运作。

3. 创新组织方式，确保活动实效

“学校—学生—家庭—社会”全民阅读推进活动以各类读书节活动为平台，将学校、街镇、机关企事业单位作为推广全民阅读的主阵地，组织实施全民阅读“新风行动”计划，开展了“阅读悦美，悦享长寿”、优秀传统文化进基层、“书香机关”建设、“亲子阅读点亮长寿”、“好书月月评”、阅读大讲堂、亲子阅读擂台赛等活动（见图7-9）。目前，“学校—学生—家庭—社会”全民阅读推进活动已经基本形成了以阅读精品项目为带动，常态活动为支撑，学校、学生、家庭、社会共同参与的全民阅读活动品牌体系。

图7-9　阅读达人家庭知识竞赛

4. 注重宣传推广，营造阅读氛围

为了扩大影响力，吸引更多群众加入到阅读活动中来，“学校—学生—家庭—社会”全民阅读推进活动坚持多平台、多方式进行宣传推广。长寿电视台、《长寿日报》《长寿文化报》《长寿文艺》等媒体开设了读书活动专栏，在辖区的各个学校开辟了教师阅读、家长阅读、学生阅读、悦读星等专栏，累计刊登各类读书文章5200余篇。除了线下的推广外，在长寿门户网站、长寿区图书馆网站及各学校的网站也开设了11个线上的读书论坛和30余个博客，累计发表各类读书心得体会、读书笔记和读后感1万余篇。

九、南岸区图书馆：南岸区社区图书馆标准化建设

2013年10月，南岸区图书馆成功申报创建第二批国家公共文化服务体系示范项目——“南岸区社区图书馆标准化建设”。该项目曾荣获2018年中国图书馆年会——“中国图书馆最美故事”系列风采之创新案例奖。截至目前，南岸区共建成100家图书馆分馆，其中乡镇街道分馆15家，社会合建分馆23家，其他社区、村图书室62家，实现了区图书馆与社区分馆之间的通借通还“一卡通”服务，并定期举办各种阅读推广活动，满足了广大市民就近休闲阅览的多元化需求（见图7-10）。

（一）坚持政府主导，制定科学指标体系，延伸公共文化服务范围

南岸区在推进公共图书馆事业发展进程中，以统筹发展、提高效能、促进均等为原则，秉承政府主导、社会参与、资源共享的理念，因地制

图 7-10　南岸区资武道院分馆

宜推进图书馆总分馆制建设，在创新办馆模式方面进行了大胆的探索和尝试。

在政府引导下，南岸区图书馆对社区图书馆服务进行了提档升级，将原有分散的农家书屋、工会职工书屋等进行了改造、整合，升级为标准化社区图书馆，并依据《公共图书馆建设标准》和《公共图书馆服务规范》，制定了南岸区社区图书馆标准化指标体系。

为了因地制宜突出优势，南岸区社区图书馆在标准化建设工作中，努力转变过去图书馆单一的行政管理模式，积极探索社区图书馆的自我管理与自我服务。南岸区社区图书馆标准化建设尝试引入理事会制度，吸引业界专家、读者代表等参与图书馆的管理与建设。同时也鼓励和引导广大市民自觉参与到文化建设中来，实现自我教育、自我管理、自我服务。

（二）创新服务手段，创新管理模式，提升智能化水平

南岸区图书馆以读者需求为基准，定位社区图书馆服务特色，建成后的社区图书馆风格不一，各具特色，逐步转变和优化了区域传统的图书馆服务模式。如：上海城分馆针对年轻人多的实际，开展了微信荐书、“微书评”等活动；龙门浩分馆针对农民工子女较多的特点，开设了“四点半课堂”，社区志愿者辅导孩子们的课外作业，引导孩子们养成阅读习惯。

为了增强服务活力，社区图书馆主要采取政府购买公共文化服务的模式，引入社会力量参与公共文化建设。通过市民购书、图书馆买单等多种方式，将图书馆基本公共服务植入居民聚集区域的咖啡吧、餐吧，满足市民就近休闲、阅读、交流的需求。经过多年努力，现在已经成功打造了“少数花园”“精典书店”“资武道院”等 14 家全市知名的特色社会图书馆分馆，每年开展各类读书活动、沙龙讲座，深受市民喜爱。

为了满足市民多元化的需求，南岸区图书馆社会分馆建设引入了“图书馆 +”服务模式。一是“图书馆 + 实体书店”模式，例如在精典书店分馆开展“你选书、我买单”的读者荐购活动；二是“图书馆 + 老街文化”模式，在下浩里、小馆举办以“重拾儿时记忆”“存念下浩”为主题的展览活动；三是“图书馆 + 文化交流”模式，如在南山书院分馆开展古琴、书法等文化交流活动；四是“图书馆 + 文化培训”模式，在资武道院分馆开展武当功夫、太极拳等培训。社会分馆开展的诗歌朗诵、亲子阅读等阅读推广活动，打破了图书馆服务空间和时间的局限，提升了公共文化服务的品质。

为构建辖区内图书馆特色文献信息资源共享服务体系，南岸区成立了区域性图书馆信息服务联盟理事会——“南图联盟”。以构建“南图联盟”为契机，南岸区图书馆与社会分馆开始初步实践法人治理管理运

行模式。"南图联盟"以南岸区图书馆为龙头馆，"少数花园""精典书店""资武道院"等10余家社会分馆为成员的法人治理模式初具雏形，并制定《"南图联盟"章程》等规章制度，激发联盟成员的积极性，促进南岸区公共文化事业繁荣与发展。在此基础上，2020年11月，南岸区图书馆正式成立了理事会，吸纳有关方面代表、专业人士、读者参与管理，使图书馆管理水平与服务效能得到进一步提升。

为满足大数据时代背景下广大市民多元化、错时化的公共文化需求，南岸区图书馆采取多种方式主动融入全媒体，打造了共计127个智能化分馆服务点。一是打造3家24小时自助图书馆，实现了自助阅览、自助办证、自助借还等多项数字服务；二是打造了100个"南书房"自助书吧，市民通过扫描二维码，就可以从书架上免费借阅图书，借走的图书还可推送给朋友，通过这种接力漂流方式，分享阅读乐趣；三是建设了24家"有声图书馆"、15家"有声社区"，市民可以在线收听、免费下载喜欢的图书，也可以在有声图书馆平台录制自己的精彩故事。通过智能化的方式，实现了分馆服务24小时不打烊。

（三）完善理论体系，指导工作实践，提升文化内动力

在社区图书馆标准化建设过程中，南岸区图书馆引智借力，高标准完成了《南岸区社区图书馆标准化服务研究》和《南岸区图书馆理事会制度研究》，出台了《南岸区社区图书馆标准化建设管理办法》《南岸区社区图书馆标准化服务规范》等20多个制度文件，有效指导了工作实践。

1. 成功构建社区图书馆标准化建设体系、服务网络

截止"十三五"末期，南岸区共建成100家图书馆分馆，统一制

作了标识标牌、服务指南等，做到层级有区别、同级有统一。对照社区图书馆创建标准，南岸区在公共文化服务体系建设、项目创建、示范性、制度建设以及创建过程管理等五个方面均圆满完成了创建任务。

2. 社区图书馆效能显著提升

在社区图书馆标准化建设过程中，南岸区图书馆完善并出台了社区图书馆服务标准，制定了《南岸区社区图书馆图书流通管理办法》《读者须知》等。按照标准的要求进行实施，目前南岸区的社区图书馆每周开放时间达 40 小时，年接待读者 30 万余人次。为了营造良好的阅读氛围，南岸区的社区图书馆还不定期开展丰富多彩的各类读书活动，深受广大市民好评。

3. 总分馆制实现财政经费效益最大化

经费紧缺是长期以来制约公共图书馆发展的直接原因，南岸区通过“政府主导，社会参与”的方式，一方面将体制内原有的图书室资源升级成社区分馆，另一方面又引入社会力量打造了社会分馆，既减少了新建一个分馆的人员、场地、经费的投入，又在较短的时间内建成了数量众多的分馆。经过标准化建设，现在总分馆之间实现了文献资源、活动资源的共建共享，提升了文献的利用率和活动的参与率，实现了财政经费利用的最大化。

南岸区在总分馆制的探索与实践中，主动引入社会力量，积极解决公共文化服务发展不平衡不充分的问题，提升了南岸文化的影响力，同时也带动了南岸区旅游产业的发展，增强了南岸区的文化内动力，满足了新时代背景下广大市民新的精神文化需求。

十、梁平区图书馆：开启“阅读 + 旅游”服务新模式，文旅融合发展助推乡村振兴

近年来，梁平区图书馆深学笃用习近平总书记在教育文化卫生体育领域专家代表座谈会上重要讲话精神及其新时代生态文明思想，积极探索文旅融合发展新模式，以“全民阅读 + 全域旅游”的服务理念，陆续在民宿、景区、乡村旅游景点因地制宜打造独具特色的图书馆分馆。并积极探索总分馆间的有效联动机制，统筹布局全民阅读旅游矩阵，打造品牌阅读活动，不断提升服务质量，营造“阅读无处不在”的浓厚氛围，实现“人群流动到哪里，阅读服务就覆盖到哪里”的目标。“阅读 + 旅游”模式的推广，让“诗与远方”都在路上，有效助力文旅融合向纵深发展，为乡村振兴提供有力支撑。

（一）因地制宜：特色分馆进景区，诗意空间带来全新体验

分馆建设是梁平区图书馆“阅读 + 旅游”创新服务模式的重要内容，依据新的理念，梁平区图书馆根据各景区、民宿、乡村旅游景点的不同特色和定位，个性化设计建设方案，将阅读融入其中，形成各具风格的旅游特色图书馆分馆。截至目前，梁平区图书馆已建成“田园风”碗米民宿分馆、“古驿韵”梁山驿分馆、“非遗范”滑石古寨景区分馆、兼具借阅购买等功能的“商业风”猎神居分馆等 7 个景区民宿分馆。分馆的整体物理外形不再是封闭的隔离体，而是在保留自身功能的前提下最大程度地融入民宿、融入景区、融入周边自然环境，带给游客感官、行为、思维和情感的综合体验。

碗米民宿分馆依据民宿项目场景与布局，让分馆与民宿周围的稻田

风光浑然一体，形成独具“田园风”的图书馆。该分馆建设有 3 个室外书亭、2 个室外书廊和 2 个室内阅读书屋。立足“宜融则融，能融尽融”发展思路，木质结构的书廊、茅草搭建的书屋与民宿外形融为整体，“稻香书廊”“了然亭”“悠然亭”“知了亭”等独具书香的命名则与民宿内核相通相连。目前碗米民宿分馆藏书近 8000 余册，可同时提供 50 余人阅读，每周阅读人次维持在 500 人左右。

围绕文旅融合的契机，立足周边区位发展优势，梁平区图书馆在“石头上的古寨”——国家 4A 级旅游风景区滑石古寨的文创苑内建设分馆，苑内文化气息浓厚，梁平本土非物质文化遗产汇集，因此该分馆自带“非遗范”。分馆内藏有 5000 余册精美图书，还有梁平本土非遗发展的珍贵著作。馆内墙壁贴有梁平年画装饰，周围绿树环抱、环境清幽。如今滑石古寨文创苑分馆已经成为周边游客放松身心、打卡梁平非遗的好去处，同时也是学生研学体验、学习地方文化的重要基地（见图 7-11）。

图 7-11　儿童节当天，老师带领孩子们在滑石古寨分馆阅读

“明月山·百里竹海”是梁平重点打造的旅游景区之一，景区内拥有成片竹林35万亩，竹子种类180多种，被誉为“竹类博物馆”“中国寿竹之乡”。梁山驿民宿分馆及猎神居分馆均位于“明月山·百里竹海”景区腹地民宿内。梁山驿民宿分馆因旁边的一条古驿道而打造成颇有“古驿韵”的图书馆，古驿道记录着梁平交通的百年变迁与发展历程，是挖掘保护驿道驿站文化的重要载体。梁山驿正是借助独一无二的地理优势在古道旁改造而成，兼具陈列、展示、管理等诸多功能，建成可游、可观、可居的交通文化场馆。游客在此可了解梁平交通变迁，可静心品一杯香茗、阅一本书籍，度过闲暇慢时光，犹如心灵的驿站。猎神居分馆由梁平区图书馆、新华书店、猎神村农家书屋三方合作共建，位于“明月山·百里竹海”景区猎神三巷，是以“竹”为特色打造的农家民宿分馆。该馆装修古色古香，与猎神三巷商业街风格融为一体。馆内藏有各类图书共计4000余册，惠及猎神居民万余人，同时也为周边游客提供了舒适惬意的阅读空间。

依山傍水，还能快乐阅读。梁平区图书馆遵循“文旅融合”理念，跳出传统图书馆的“圈子”，将走进民宿与民风民俗结合，把走进景点与文创产品结合，将走进商业街与地方文化结合，让每一个人都能在休闲旅游中读书、在诗意栖息地阅读、在山水田园间惬意享受慢时光，极大推进了全民阅读和文化传播。

（二）协同管理：智慧赋能畅机制，全方位升级提升“软实力”

为了让“阅读＋旅游”更加深入人心，梁平区图书馆充分调动商家、景区、民宿的主观能动性，与各分馆共同制定并完善了图书馆分馆管理制度和运营机制，积极探索总分馆间的有效联动机制。

首先是协助景区、民宿加强对分馆管理员的业务培训。在书籍的选配方面，充分征求商家和游客意见，并选派专人定期收集意见、及时改进配书方案。其次是图书借阅实现通借通还。市民游客可以在景区、民宿现场办理读者证借阅图书，书籍报刊可在总分馆之间自由借还。同时，积极探索读者证办理、阅读打卡和商家宣传推广间的关联模式，如读者可凭借阅证和阅读打卡成绩在景区、民宿享受门票餐饮住宿打折等优惠活动。此外，在各个分馆运行的过程中，梁平区图书馆还组织商家将分馆纳入旅游线路规划和导游的讲解服务中，协同推进景区、民宿旅游商品与分馆文创产品开发相结合，注重梁平“竹”系列工艺品的研发，不断丰富游客文化体验，带动近万名群众吃上“旅游饭”。

为了让读者准确地获取信息资源，让外地游客更加充分了解梁平的人文历史，梁平区图书馆正通过数字化信息系统建设来为用户提供更优质的服务。如整理扩充数字图书资源，将现有古籍资料和地方文献转化为数字图书，云阅读平台更是让读者能够摆脱传统书本沉甸甸的负担，让书香轻盈随身。同时，梁平区图书馆还建立了智能数据库系统，在总馆通过智能大屏能将到馆人次、图书借阅、分馆运行等情况集为一体，实时呈现图书馆运行情况，通过后台系统总结成实时报告，为旅游数据的收集整理提供帮助。

（三）定制服务：品牌活动聚人气，文旅融合助推乡村振兴

在各个分馆运行的过程中，梁平区图书馆还联合各分馆根据旅游受众的特质和自身优势提供差异化、针对性的服务，通过系列品牌活动聚集人气、助推发展。为各分馆策划了一系列参与性、体验性、文化性较强的活动，达到既能推广全民阅读培养乡村人才，又能宣传推介景区民宿的目标。

“柚花飘香·书香梁平”品牌活动之“都梁大讲坛”会不定期走进各景区、民宿分馆，邀请农业技术专家为周边农民答疑解惑，开展新型职业农民技能培训活动，助力新型职业农民成长。在分馆的活动中，会邀请非遗传承人传授非遗传承知识，把有条件的分馆办成优秀传统文化的传习体验所，让村民、游客处处都能获取知识、学习技能。除此之外，梁平区图书馆还开展了一系列针对老年人数字阅读培训及青少年儿童的公益阅读活动，提升了图书馆的形象和美誉。持续开展的送文化进“学校、机关、企业、军营、景区、公园、车站”的“七进活动”，彰显了公共图书馆的社会责任感，让游客随时都能感受到阅读的浓厚氛围，拉近了游客与书籍之间的距离。

接下来，重庆市梁平区图书馆还将持续推出更多有价值的品牌活动，在各分馆常态化开展阅读分享、亲子阅读、诗歌朗诵等阅读推广活动，共建书香景区、书香民宿，深化完善“阅读＋旅游”的创新服务模式，带动更多人行走山水田园，阅览书香梁平，以文旅融合的方式助推乡村振兴。

十一、綦江区图书馆：如影随形——高山纳凉书吧与市民避暑休闲时光

2018年到2019年，重庆市委书记陈敏尔连续两年到綦江视察调研，要求綦江“因地制宜走好转型路，因势利导打造升级版”和“大力推动区域协调发展”。綦江地区悠久的历史、厚重的文化、便捷的交通、秀美的风光、宜居的生态，吸引了尤如潮涌的避暑人群，为綦江打造休闲度假目的地创造了条件，同时也孕育出新的阅读推广契机。綦江区图书馆抓住綦江打造休闲纳凉胜地的机会，依托现有资源，结合实际，创新

做法，启动了綦江高山纳凉书吧的建设，让沁人心扉的书香与纳凉避暑的时光如影随形，充实了纳凉市民的避暑休闲生活，让阅读成为休闲度假不可或缺的重要内容。綦江的避暑胜地多在边远的高山地区，原有狭小残缺的农村阅读借还点已经严重不适应新形式和新需要。綦江区图书馆下决心彻底改变这种落后局面，通过创新思路和举措，建设高山纳凉书吧，服务纳凉市民，目前已经取得明显成效。

（一）用新的遵循，因地制宜选址建设

綦江高山纳凉书吧，在休闲游客较为集中的避暑胜地中心地带进行选址。先后在古剑山、白云观、丁山湖等避暑胜地的中心区域各建成 1 至 2 个纳凉书吧，现已建成 10 个。纳凉书吧利用避暑胜地所在的便民服务中心、综合文化服务中心、小区物业管理服务站、大型村民院落、大型农家乐等现有设施建设，每个书吧面积在 50 至 200 平方米之间。纳凉书吧所在的地理位置具有较大的服务半径，遵循以民为本的原则，基本形成了“半小时阅读圈”。通过缩短纳凉市民与纳凉书吧之间时空距离，极大地方便了纳凉市民就近阅读，受到了纳凉市民的赞誉。

（二）用新的理念，按照需求配备图书

綦江区图书馆为了最大限度发挥高山纳凉书吧的作用，采用问卷调查、走访或座谈等方式调查了解纳凉市民的阅读需求，有针对性地配备纳凉书吧图书。綦江区图书馆为每个纳凉书吧提供纳凉市民普遍喜爱的各类社科图书约 2000 册，定期更换，努力让纳凉市民都能经常看到自己喜爱的书籍。按需配备图书、尽量满足各类避暑人群阅读需要的做法得到了纳凉市民的肯定，吸引更多市民关注阅读、喜爱阅读。

（三）用新的机制，井然有序做好管理

綦江区高山纳凉书吧实行“三级管理”：綦江图书馆作为业务总牵头制定基本规范、举办岗位培训和指导运行；高山纳凉书吧所在街镇定期或不定期开展日常指导及运行检查；高山纳凉书吧所在的村（居）则是日常管理的主体。良好的日常管理是纳凉书吧正常运行的基础。綦江区图书馆将日常管理工作委托给纳凉书吧的场地提供方，每到避暑旺季还招募当地居民、前来纳凉的中老年读者以及青少年读者担任志愿服务者。志愿者们在经过基础培训后，配合书吧管理者一起完成整理上架归还图书、反馈市民阅读需求、清洁卫生等事务工作，做起来得心应手、有条不紊，形成纳凉书吧干净整洁有序的内外环境，大大提升了纳凉书吧的品质，吸引了众多纳凉市民常来常往，书吧俨然成为了避暑目的地的网红打卡地。

（四）用新的作息，灵活调整开放时段

为了提升读者的体验感，在盛夏酷暑期间，高山纳凉书吧根据纳凉市民的作息规律和气温变化灵活调整开放时间。高山纳凉书吧通常在上午 7：00 至 11：00、下午 14：00 至 20：00 开放。这样的调整既能让纳凉市民避开高温时段，也能让管理人员缓解每天持续工作的疲惫。灵活的开放时间极大地方便了读者，吸引了更多纳凉市民前来借阅图书。

（五）用新的科技，赋能阅读推广内容

随着信息技术的更新迭代，智能手机阅读已经成为趋势。针对避暑群体以老年人居多这一特点，綦江图书馆与纳凉书吧的工作人员积极开展了针对这个特殊读者群体的服务。在早晚纳凉散步人群集中的时间段，

在老年读者必经的步道、广场，通过散发传单，设置支架式宣传牌的方式吸引老年人的注意力，面对面、点对点教纳凉市民特别是中老年市民使用智能手机阅读数字图书，推广扫码阅读数字资源（见图 7-12）。綦江区图书馆利用纳凉书吧这个平台，通过系列宣传推广活动，把更多的数字阅读资源推送给纳凉市民，让更多的纳凉市民运用现代科技，足不出户享受到阅读的乐趣。

图 7-12　与管理人员交流如何推广数字阅读资源

（六）用新的形式，兴起读书活动热潮

除了提供日常阅读借还外，綦江区图书馆还利用高山纳凉书吧为纳凉市民组织开展了大量喜闻乐见、内容丰富的读书活动。全民“綦”读系列阅读活动是綦江打造的品牌，经典品读是其中的核心内容。在盛夏季节，綦江区图书馆利用纳凉市民聚集的机会，把这一品牌阅读推广活动带到了纳凉书吧。针对纳凉的少年儿童读者，綦江区图书馆专门组织了适合的阅读活动，如把“读写未来”读书品牌活动引入到纳凉书吧，举办“绿水青山就是金山银山”少年儿童读书征文比赛等，通过阅读和

写作的浸润，帮助少年儿童树立低碳减排、绿色环保的生活理念。在綦江区图书馆指导下，由纳凉书吧牵头举办的“亲子阅读讲座”及“爱渝城爱南州”亲子诵读活动，培养了少年儿童的诵读兴趣，提高了他们的语言表达能力。

（七）持久坚持，纳凉书吧初见成效

在过去的三年间，綦江高山纳凉书吧有近 120 名日常管理人员和志愿者参与阅读服务，共接待纳凉市民近 15 万人次，阅览和借还图书约 8 万册次，纳凉市民表现出极高的阅读热情。綦江区图书馆在纳凉书吧共举办数字图书阅读推广活动 60 场次，让远在高山的纳凉市民感受到与城区一样的阅读便利。利用纳凉书吧组织“全民‘綦’读”品牌活动之经典品读会 30 场次、“读写未来”阅读品牌活动之“绿水青山就是金山银山”少儿读书征文比赛 20 场次，让纳凉市民在高山也能体验到綦江的阅读品牌。在纳凉书吧开办“亲子阅读讲座”20 场次、“爱渝城爱南州”亲子诵读活动 19 场次，在盛夏的高山为休闲度假市民送去亲情阅读的清凉和书香。

如今，綦江休闲旅游度假目的地的建设正在迈上新的台阶，开创新的局面。随着“綦江高山纳凉书吧”的建设推进，綦江高山地区正在形成一种新的高山文化，阅读带来的影响正在扩大，未来将会在人们避暑纳凉的生活里迸发出更新更好的效应和光彩。綦江图书馆通过不断地探索创新，正在将诗和远方的结合演绎成为阅读与纳凉生活方式和避暑休闲度假时光的结合，綦江高山纳凉书吧的发展之路，定能越走越坚实、越走越美好。

十二、重庆市少年儿童图书馆："启典"国际青少年研学旅游服务

为贯彻《国家中长期教育改革和发展规划纲要(2010—2020年)》的要求，培养学生创新精神和实践能力，推进素质教育全面实施，2013年，教育部基础教育一司积极开展研学旅行试点工作。2014年，在前期试点工作取得较好成效的基础上，在包含重庆在内的全国9省市进行试点推广，重庆市青少年研学旅行项目由此拉开序幕。截至2019年上半年，全市共有各级研学基地近200个，但这些基地的规模和服务能力良莠不齐，大部分为市场化私人企业，研学范围也仅局限在国内，没有一个政府官方、公益性、专业化的青少年国际研学旅游机构或单位，因此无法保证教育部关于中小学生研学旅行要求的公益性、教育性原则。

在此背景下，重庆市少年儿童图书馆以其独有的优势，在重庆市教育委员会和重庆市文化和旅游发展委员会的大力支持下，由两委联合授牌，于2019年10月15日在重庆市少年儿童图书馆罗斯福图书馆暨中央图书馆（旧址）成立了"重庆国际青少年研学旅游基地"。该基地是目前全市首家，也是唯一一家官方授权的、公益性质的、专业服务青少年的国际化研学旅游基地。

（一）打造青少年国际化研学新品牌

基地成立后，重庆市少年儿童图书馆全力打造了"启典"国际青少年研学旅游品牌，将多年的少儿服务经验、丰富的少儿阅读资源、旅游资源，以及独有的罗斯福图书馆涉外历史资源充分整合、有效利用，发挥最大服务效能，服务全市青少年儿童。几年来，重庆市少年儿童图书

馆逐步完善基地，提档升级，利用新媒体多渠道、多平台、多模式宣传推广青少年儿童研学旅游项目 50 次，统筹全市相关研学项目资源 50 个，达到了开拓、推进国际国内青少年儿童研学旅游合作项目的效果。重庆市少年儿童图书馆致力于打造基地研学品牌，开发、拓展国际青少年儿童研学旅游项目，目前已研究开发 5 个以上项目，塑造了良好的口碑和品牌形象，转变提升了公共图书馆的传统服务模式，累积参与流量 5000 人次以上。依托研学旅游项目，重庆市少年儿童图书馆还精心策划、组织、开展了全市青少年国际研学旅游相关活动，包括国际文化交流、非遗文化传承、少儿亲子研学等相关内容，共计开展 26 项活动，累计接待青少年 1 万人次以上。

通过项目引进、基地打造、交流合作、宣传推广、活动开展，重庆国际青少年研学旅游基地，以及其打造的“启典”国际青少年研学旅游活动品牌已具有一定社会知名度和影响力，吸引了一批忠实粉丝。“启典”国际青少年研学旅游活动受到家长及青少年儿童的认可及好评，通过读者口碑、老带新的方式，吸引了更多人参与到“启典”研学活动中来。

（二）赋予青少年研学新内涵

重庆国际青少年研学旅游基地是按照文化部、教育部、国家旅游局等 11 部门《关于推进中小学生研学旅游的意见》精神，围绕建设文化强市、打造世界知名旅游目的地两大任务，按照“文旅融合推广”的基本思路，依托罗斯福图书馆的厚重积淀和少儿图书馆的区位、资源、服务优势而打造成立的。根据市教委和市文化旅游委文件要求，重庆国际青少年研学旅游基地的研学工作被赋予了新的内涵：

（1）通过开展多层次、多渠道、多形式的国际青少年研学旅游活动，加强重庆与世界各国、各地区青少年的友好交流；

（2）促进文化和旅游的对外合作，提升重庆城市形象；

（3）积极开展国际青少年研学旅游相关研究，为促进文旅融合、文教融合探索发展思路；

（4）将研究的成果转化成新产品、新产业，如出版相关科研成果、文创实物产品等，促进中外文化交流互鉴，全面推进文旅融合提质升级。

图 7-13　“重庆国际青少年研学旅游基地”大力推广毛笔书法和春节传统文化

重庆市少儿图书馆通过整合资源、搭建平台，以“基地——分基地”的模式，联合全市高等院校、中小学校、公共图书馆及相关社会组织等，以长期可持续发展为目标，共同为全市少年儿童提供集阅读、研学、亲子共建为一体的国际、国内活动资源和展示舞台，充分发挥公共图书馆及基地的课外教育职能、阅读推广职能、亲子教育引导职能，让孩子及家长学有所乐，学有所获（见图 7-13）。同时全力创新打造“公共图书馆 + 亲子 + 教育 + 旅游”的重庆公共文化服务新名片，让文化自信、文化惠民、文化育人落地生根。

通过前期筹备，重庆市少儿图书馆于 2020 年 7 月启动了“重庆国际青少年研学旅游分基地”申报工作，向全市各区县公共图书馆印发了申报通知文件。目前，已收到 14 家区县公共图书馆的申报申请。分基地将在每年申报一次，2020 年申报工作于 12 月 31 日完成，目前分基地首期合作项目——“书润童心”校园行项目计划已拟定完成。以“基地—分基地”模式联合各界力量共同关心关爱少年儿童阅读成长，搭建研学平台，让全市各地区少年儿童都能及时、有效地享受到公益文化服务，享有参与国际研学的机会。

（三）“图书 + 研学 + 旅游”为文物建筑新赋能

重庆国际青少年研学旅游基地所在的罗斯福图书馆（旧址）位于重庆市少年儿童图书馆内，2019 年 10 月入选全国第八批文物保护单位。它是中国历史上第一家，也是唯一一家以外国总统名字命名的图书馆。在全球，以罗斯福总统名字命名的图书馆共有 4 处，而重庆罗斯福图书馆是全球唯一获赠罗斯福铜像的一家图书馆。

重庆国际青少年研学旅游基地成立后，专门制定了《重庆国际青少年研学旅游基地暨罗斯福图书馆（旧址）开放服务提档升级项目方案》，拟对基地硬件、软件进行整体升级改造，改造完成后进行全面开放，提供民国风情旅游观光、少儿爱国主义教育、国际文化交流、阅读休闲、影视取景、研学交流、文创产品推广等多项综合服务。目前，已完成罗斯福图书馆（旧址）申报重庆市影视拍摄服务景区景点资源的信息报送、局部休闲阅读区域的打造、部分研学项目的研发及开展等工作，接下来包括国际文化交流等在内的需长期持续进行的项目工作将进一步开展。

通过青少年国际研学活动的开展和文旅融合打造以及宣传推广，罗斯福图书馆（旧址）将打造成为重庆市优秀文化在国际上传播的重要窗口和平台，有助于加强重庆与世界各地青少年的文化交流，提升重庆的对外文化旅游形象，扩大重庆文化产业、旅游产业对外合作，深化国际市场的拓展。

（四）抓住研学旅行发展新机遇

随着国家对青少年综合素质教育和文旅融合发展的重视，研学旅行迎来了新的发展机遇。2019 年 10 月，重庆市研学旅行研究会成立，组织开办了全市首届研学旅行导师高级研修班。重庆市国际青少年研学旅游基地未雨绸缪，以分基地建设为契机，摸清并初步组建了全市公共图书馆青少年研学旅游服务人员队伍。将与重庆市旅游教育培训中心、重庆市教育国际交流协会、中华国际文化交流协会以及各大高校和各界社会力量大力合作，在全市公共图书馆领域打造一支专业的青少年研学旅游服务人才队伍，把图书馆少儿服务馆员的专业知识和研学旅游有机融合，实现“图书馆 +”模式和馆员综合技能素养提升，为全市少年儿童提供公益、优质、高效的研学旅行服务项目，为全市研学旅游市场规范管理和服务树立标杆和榜样。

现在，研学旅行已进入到专业化时代，重庆市少儿图书馆的专业人才队伍有了后续保障，管理和服务都将更加科学规范，青少年旅游研学的成效也会更加显著。

十三、渝北区图书馆：“家庭图书馆”建设实践活动

2014—2020年，“全民阅读”连续七年写入《政府工作报告》，全民阅读工作已上升为国家战略，成为一股势不可挡的潮流。公共图书馆作为推广全民阅读的主阵地发挥着极为重要的作用。但我国公共图书馆在推广全民阅读的过程中，存在提供的服务方式较为单一、活动影响力较弱、与外界合作不足等诸多问题。重庆渝北家庭图书馆则创造了聚合社会力量建设图书馆、延伸图书馆服务的新形式，这种做法也是社区图书馆网络的重要补充和公共文化服务体制机制的创新。家庭图书馆模式让阅读推广的方式更加亲近、务实，使阅读推广的群体更加多元、全面。

（一）“图书馆＋家庭”创新全民阅读方式

家庭图书馆建设活动有效依托公共图书馆资源，将图书馆的社会功能细化到家庭，通过家庭图书馆带动家庭成员、亲戚朋友和社区居民开展阅读活动，形成“图书馆＋家庭”的全民阅读服务体系，创新性推动全民阅读。

1. 构建“家庭＋图书馆”阅读新模式

“品味书香、超越梦想”家庭图书馆通过适时开展讲座、亲子阅读、联谊活动等，并根据各家庭图书馆的实际情况配合开展各项特色读书活动，开启家庭图书馆阅读新模式。

2. 组建家庭图书馆联盟，打造全民阅读新平台

渝北区图书馆组建了以区图书馆为领导、各家庭图书馆为成员的家庭图书馆联盟。联盟会有规律地组织安排相应的读书活动，扩充家庭图书馆的图书资源，并以QQ群的方式构建信息共享网络，促进渝北区图

书馆与家庭图书馆成员馆之间的交流。

3. 创新图书馆服务新思维

渝北区图书馆为家庭图书馆制定了一系列科学合理的运转制度，规范了家庭图书馆的运行。例如对家庭图书馆成员的招募、选择、培训和图书轮换做出科学安排，使各家庭图书馆的成员都能加入到阅读活动中来，扩展阅读视野，形成热爱读书的风尚，提升家庭图书馆的阅读品质。

4. 开辟学习型家庭、学习型社会建设新思路

渝北家庭图书馆建成后，备受社会关注。大家一致认为家庭图书馆虽然“资历尚浅”，但这种依托公共图书馆的资源，让图书馆、家庭共同形成教育合力，倡导好读书、读好书的形式非常可取，为推进全民阅读、创新阅读方式打开了新的思路（见图 7-14）。

图 7-14 家庭图书馆成员代表开展阅读活动

（二）制度先行，规范管理，过程激励

为了保障家庭图书馆的运作有章可循，渝北区图书馆制定了一系列规章制度，如《家庭图书馆建设方案》《家庭图书馆联盟章程》《家庭图书馆图书轮换制度》等，以建设标准化、服务人性化及管理规范化确保“家庭图书馆”建设工作规范有序进行。

1. 标准化建设

在建设初期，渝北区图书馆成立了专门的项目工作小组开展家庭图书馆的甄选和调研工作，针对家庭阅读状况、喜好及需求等方面进行了摸底调研，设置必须具备的准入门槛条件：独立的阅读空间、适当的图书藏量、热心公益服务。在满足条件的申请家庭中择优选择，确定为“家庭图书馆”正式成员。按照《渝北家庭图书馆建设方案》的规定，要求“家庭图书馆”成员悬挂统一制作的“家庭图书馆”牌匾，并做好阅读记录。同时，渝北区图书馆统一为每个“家庭图书馆”首次配送1000元（约30~40本）图书，并订阅一份杂志，之后每季度对图书刊物进行定期轮换，以保证基本的阅读服务能力。

2. 人性化服务

渝北区图书馆鼓励“家庭图书馆”全体成员共同参与到“家庭图书馆”的建设工作中，凝聚集体智慧，助力全民阅读，最终实现全体成员共同享有“家庭图书馆”的优质阅读资源和服务。渝北区“家庭图书馆”采用“百姓点单，集体购置”的服务模式，合理分配图书种类和数量，有效化解了以往阅读供需失衡的情况。在运行过程中，渝北区图书馆通过制定和实施《家庭图书馆图书轮换制度》，引导各个“家庭图书馆”有序进行图书更换。通过各家庭图书馆间图书资源的有序变动，改善读者的阅读体验，盘活馆内有限的图书资源，增进成员间的交流学习，有

效提升了“家庭图书馆”的服务效能。

3. 规范化管理

在日常运作过程中，渝北区图书馆牵头成立了“家庭图书馆联盟”，组织各成员定期参加“联盟”会议，积极建言献策，共同商讨家庭图书馆各项事宜，共同参与建设管理工作。渝北区图书馆建立了专门的阅读活动激励机制，对“家庭图书馆”成员进行过程激励和成果激励。通过提供展示平台、奖品及奖金，激励“家庭图书馆”成员积极参与活动，通过“书香家庭”“十佳家庭图书馆”评选活动对“家庭图书馆”进行表彰。“家庭图书馆”成员采用自我评价与渝北区图书馆抽查督查相结合的方式对家庭图书馆进行监督管理。通过制度化的管理和有效的激励机制，促进了家庭图书馆的良性运转，并达到了预期效果。

（三）最小的阅读机构、最大的社会影响

目前渝北区已建设和发展家庭图书馆成员 100 多个，增强了群众的阅读意识和阅读兴趣，凸显了公共文化的公益性、基本性、均等性，极大地提高了渝北区的全民阅读率，取得了良好的社会效益，群众的文化获得感和幸福感普遍增强。渝北家庭图书馆自建设以来，受到社会广泛关注和众多媒体的一致好评。

1. 多元阅读，凸显个性

渝北家庭图书馆的参与者大部分都是在满足自身及家庭阅读需要的前提下参与进来的，是在工作、学习的共性阅读中寻求满足个性阅读的有效途径。在以家庭为个体的小型阅读中，每个阅读者可以根据自己的阅读兴趣自由地选择图书，充分满足自己的阅读需要，激发自己的阅读兴趣，凸显自己的个性特点。

2. 潜移默化，增强交流

家庭图书馆将图书馆的社会教育功能细化到家庭，形成以家庭为单位的阅读群体，满足了家庭的阅读需求，无形中带动了周围家庭参与阅读。不但增强了图书的流通，扩大了家庭成员的阅读面，更增强了人与人之间的情感交流。这不仅有利于构建良好的社会人际关系，还有利于创建和谐的社会环境。

3. 营造阅读氛围，提升群众文化素养

家庭图书馆的建设是把公共图书馆搬进了家庭，通过定期进行图书轮换，扩充、更新阅读图书，帮助家庭成员在丰富的阅读中不断更新自己的知识体系，为家庭成员营造良好的阅读氛围，形成全民阅读的热潮。这不仅有利于提升自己的综合素质和道德修养，还在无形中传承了优秀的民族文化，激发了民族自豪感和自信心。

4. 推动学习型家庭、学习型社会，丰富文明城区建设

渝北区图书馆以家庭图书馆为基点，开展各种主题阅读活动，培养家庭图书馆成员的阅读热情和兴趣，养成良好的阅读习惯，进而影响周围的阅读群体，层层递进，扩散范围，使整个城区的居民都加入到阅读的行列中，提升整个城区的文化素养。家庭图书馆的运行让图书馆、家庭共同形成了教育合力，从营造书香家庭开始，从社会最小的细胞——“家庭”入手，推动了学习型家庭、学习型社会的形成。

十四、巴南区图书馆：“HEY！巴图”阅读，让生活更美好

作为巴渝文化的重要发祥与传承地，重庆市巴南区始终把推进全民阅读作为城市文化的精神追求、文化品牌、内生动力和创新资源。巴南

区图书馆以此为纲，积极引导、组织、推动“全民阅读”融入社会经济发展各个领域，以立体多元的文化服务模式，保障了市民的阅读权利，得到了中央电视台、《中国文化报》、人民网等媒体的广泛关注与多次报道，促进了巴南区的人文建设和全民阅读发展。

（一）构建顶层设计，加强队伍建设，提升文化服务保障

多年来，巴南区委、区政府高度重视全民阅读工作，围绕书香巴南建设，切实加强组织领导，始终把推动全民阅读作为建设书香社会的重要抓手。作为巴南区文化公共服务的重要阵地，巴南区图书馆以立体多元的文化服务方式，保障市民的阅读权利。为了保证阅读推广活动的持续性和高品质，巴南区图书馆打破人才壁垒，积极开发馆外人才资源，另辟蹊径建设阅读推广活动的人才队伍。如今巴南区图书馆已经组建起了一支成员达 50 余人、平均年龄在 35 岁左右，包含教授、医生、法官等各行各业人士的“巴图阅读推广志愿者”团队，并使他们成为“阅读推广达人”。通过庞大的志愿者团队以点带面，有效地扩大了全民阅读的影响力。

（二）创新品牌模式，突显巴图文化质量

巴南区图书馆以丰富多样的文化活动吸引读者开展阅读活动，并形成了一批具有巴图特色的品牌活动。为了提高全民阅读品牌的辨识度和公众凝聚力，扩大品牌文化价值内涵，2019 年，巴南区图书馆创新服务模式，整合已有的品牌活动，打造了“Hey！巴图”全民阅读活动品牌。该品牌采取“分众化阅读”的服务模式，坚持“分层级、分时段”的服务方式，围绕“传统文化”“公共数字文化”“年轻文化”三个方面，涵盖了少儿、青少年、青中年、老年等不同群体，实现了读者年龄层次

全覆盖，吸引不同年龄、不同职业、不同文化水平的群体走进阅读。

"H"（History）：代表中华文化传承为主要内容，包括了"巴人图语"文化系列讲座、巴图大讲堂、巴南市民法律大讲堂、"老来乐"老年兴趣培训班等活动品牌，共计开展活动 220 余场。

"巴人图语"文化系列讲座是由巴南区文化旅游委员会、巴南区文学艺术界联合会与巴南区图书馆共同打造的文化精品讲座，旨在让巴南区人民深入了解本区的特色历史文化资源。"巴图大讲堂"是以传承国学经典为宗旨，涵盖文史经哲、四书五经、琴棋书画等多方面内容的国学专题讲座。"巴南市民法律大讲堂"是由巴南区文化旅游委员会、巴南区人民法院、巴南区人民检察院共同主办，巴南区图书馆承办的法制专题讲座，旨在为市民宣传法律知识，提供物业纠纷、防范非法集资诈骗、劳动争议、校园贷款、老年人权益保障等多方面的法律援助（见图 7-15）。"老来乐"老年兴趣培训班则以"增长知识、丰富生活、

图 7-15　巴南区图书馆联合巴南区检察院走进重庆艺术职业学院，与刚入校的近 2000 名 2018 级新生一同开启了"大学法制教育的第一堂课——一起学《宪法》"

陶冶情操、服务社会”为宗旨，涵盖了中医保健、形体培训、摄影培训、书法培训等多方面内容，极大地丰富了老年读者的精神文化生活。

“E”(Internet Explorer)：代表公共数字文化助力智慧阅读，包括“乐享光影”“常青 e 路·幸福夕阳”等活动品牌，共计开展活动 230 余场。

“乐享光影”活动由“电影留声机”和“音乐殿堂”两部分组成。该活动利用巴南区图书馆视听体验室的现代化设备，多角度、多层次展现影音的独特艺术魅力，给人们带来了美的感受和美的熏陶。“常青 e 路·幸福夕阳”是针对老年读者开展的数字阅读系列培训，旨在促进数字阅读在老年群体中的普及，帮助老年读者更好地掌握 E 时代技术。

“Y”(Young)：代表年轻文化，彰显活力，包括“小葵花”公益课堂、月芽亲子阅读、“巴图夜语”读书分享会等活动品牌，共计开展活动 480 余场。

“小葵花”公益课堂是巴南区图书馆针对少儿读者开展的趣味性课程，现已开展绘画技巧、播音主持、趣味英语、树叶制作技艺等课程，服务读者 8000 余人次。月芽亲子阅读是巴南区图书馆针对少儿读者开展的绘本阅读活动，旨在借助生动活泼、色彩丰富的绘本故事，让亲子共读时光在孩子的成长中留下温暖和喜悦的记忆。“巴图夜语”读书分享会是巴南区图书馆面向广大市民读者开展的线下读书分享会，让大家在读书分享中感受阅读的力量。

（三）策划特色活动，推动书香文化建设

“巴图阅读推广走基层”活动连续两年被纳入国家文化志愿服务示范项目。2020 年 11 月，巴图阅读推广志愿者团队远赴四川省凉山彝族自治州，深入布拖县与普格县，为当地群众送上“一场讲座、一场体验和

1000册实体文献”等阅读推广活动，通过捐赠实体文献提升群众的阅读兴趣，通过讲座以及体验活动提升公众的信息素养。“巴图阅读推广走基层”活动充实了当地基层图书馆的实体馆藏，真正意义上实现了文化惠民。

巴南区图书馆联合“巴南区名班主任”志愿者服务队，开展了“点灯人”亲子阅读推广计划。该计划包含“点亮希望之灯——亲子阅读进社区”“点亮人生之灯——国学讲座助家长”“点亮文化之灯——行走的知识”等系列体验活动，通过多种亲子阅读活动，激发孩子阅读兴趣，提升家庭人文素养和文化内涵。

巴南区图书馆围绕“弘扬巴渝文化·传承国学经典”这一主题，建立了“巴渝文献馆”“巴渝文献研究数据库”“古籍研究保护中心”，并举办一系列“巴图国学体验季”阅读活动。活动内容涵盖巴渝传统文学、巴渝饮食文化、巴渝传统礼仪文化、巴渝传统故事等诸多方面，通过不断推动传统国学的创造性转化和创新性发展，展现巴渝特色文化，传承巴渝文化脉络，延续巴渝文化生命力。

（四）探索“图书馆＋”新模式，提升书香人文品质

随着人们的阅读活动数字化、网络化和智能化，巴南区图书馆秉承“闭馆不闭服务”的理念，推行“图书馆＋数字阅读”服务模式。目前已建成巴南区电子书屋平台，拥有“习近平系列重要讲话数据库”等网络数字资源库21个，年点击访问量达261.5万次。巴南区图书馆与区现代信息教育中心、高校联盟图书馆实现共建共享，充分利用微信、微博、抖音小程序等新媒体形式实现线上线下同步服务和阅读推广。

巴南区图书馆创新开展“图书馆＋民宿”发展模式，结合民宿特点设立主题书架，将公共图书资源引进旅游景区，探索“图书馆＋民宿”

的文旅融合新模式，让市民和游客在旅行的同时享受到阅读的乐趣，实现资源的共建共享。

巴南区图书馆联合社会力量，通过“图书馆 + 体制外分馆”合建了商社汇书圈、定心茶书院、涌泉书院、中粹医院、界石电影院等 9 家体制外分馆。该馆将特色馆藏融入图书馆分馆建设和服务中，为读者提供优质便捷服务，成为图书馆建设和发展的重要内容。

“十四五”期间，巴南区图书馆将围绕“满足公众文化需求、阅读需求”这一核心工作目标，推进以巴南区图书馆为中心馆的图书馆服务体系建设，实现服务标准化、体系化、效率化。同时，依托智慧社会建设，加快向智慧图书管理运行转变，多层面推进城乡阅读开展，从单一文化服务转变为提供综合性文化服务的平台。

十五、北碚图书馆：“碚城同读一本书”

一直以来，北碚区依托独具特色的乡建文化、抗战文化、生态文化等，不遗余力地加强城市文化建设，打造科教文化高地。2015 年，国家公共文化服务体系示范区创建如火如荼，又逢举国庆祝抗战胜利七十周年，北碚图书馆在全民阅读活动中策划并推出“碚城同读一本书”系列活动，并将诞生于北碚的《四世同堂》作为首本全城同读的好书。通过一本好书的深入阅读，延伸开展赏析讲座、文化沙龙、征文比赛、演讲比赛、知识竞赛等多种方式的活动，在全民阅读活动中将传承与创新有机结合，激发了全城市民的阅读热情。该系列活动从 2015 年至 2020 年已成功举办六届，形成了北碚图书馆独具特色的全民阅读品牌活动。

（一）部门联动，整合资源，活动贯达全城

按照“政府主导、全民参与、活动引领、宣传推广”的原则，活动成立了由中共北碚区委宣传部、北碚区教育委员会和北碚区文化委员会为负责领导，北碚图书馆负责人、北碚区高校教授以及读者为代表的组委会。组委会谋划并完善活动方案，由中共北碚区委宣传部、北碚区教育委员会、北碚区文化委员会联合发文，落实活动内容。中共北碚区委宣传部整体统筹，北碚区文化委员会、北碚区教育委员会负责组织实施，北碚图书馆具体承办，北碚区全民阅读推广协调工作组成员单位负责抓好本辖区、本部门、本单位的动员宣传及组织参与，大大地拓展了活动覆盖面，提高了组织号召力。在政府主导的同时，北碚图书馆积极寻求与企业、机构、协会等社会团体的合作，联合北碚区作家协会、西南大学、重庆自然博物馆等单位共同承办和推进活动。如今“碚城同读一本书”活动的关注度正在不断上升，获得的助力也越来越多（见图 7-16）。

图 7-16　首届“碚城同读一本书”活动启动仪式

（二）接通地气，贴近热点，群策群力选好书

“碚城同读一本书”活动最核心的部分就是选择怎样的一本书让全城市民一起来阅读。为了确保选出来的书更有意义、更有价值，每届“碚城同读一本书”活动开始之前，都会根据不同背景及社会热点，通过宣传栏、微信公众号、读者群等线上线下的渠道广泛宣传，开展读者有奖荐书活动。通过读者荐书、专家筛选和读者投票等环节，2015 年至 2020 年，“碚城同读一本书”活动组织方选定了《四世同堂》《雅舍小品》《三国演义》《水浒传》《西游记》《红楼梦》《卢作孚传》《梁漱溟传》《晏阳初传》《重庆之眼》《平凡的世界》《舒婷诗歌》《鼠疫》《瓦尔登湖》《小王子》《我与地坛》《此生未完成》《狼图腾》等 18 本书为阅读对象开展活动。从“一本书”到“一系列书”，从“碚城”到“双城”，不止使阅读内容和覆盖人群扩大了，更使“风声雨声读书声，声声入耳；家事国事天下事，事事关心”的家国情怀得以淋漓体现。

（三）活动丰富，形式多样，线上线下全覆盖

每届“碚城同读一本书”活动都会围绕选定的书目，在倡议全城同读的基础上，开展赏析讲座、征文比赛、演讲比赛、阅读沙龙、书画展、摄影展、微视频大赛等多项线上线下活动。

注重宣传推广。活动初期，北碚图书馆充分利用数字图书馆网站、微信等新媒体平台发起活动倡议。活动中期，北碚图书馆充分利用线上线下火热造势，依托馆藏历史文献资源，制作展板，在街头、闹市、图书馆大厅及镇、村巡回展出，扩大活动的影响力。同时，北碚图书馆还组织“‘同读书目’每月一答知识竞赛”“每月同读微书评”等系列线上活动，形成线上宣传的活动热潮。

开展专题讲座。北碚图书馆充分利用“缙云文化大讲堂”这个平台，分别在镇街、社区和图书馆报告厅，针对同读书目，邀请教授、专家、学者开展读书讲座。在此基础上，北碚图书馆还开展了阅读沙龙活动，为读者提供阅读心得分享的平台。

深入基层和景区。为了丰富活动内容，扩大活动的覆盖面，北碚图书馆在基层单位开展演讲比赛、征文、微视频等活动，通过层层评审，选出一大批优秀作品。为了深化文旅融合，北碚图书馆还依托区内文博景点，开展“游文化故地 集阅读图章”活动，以此增加活动的新颖性和趣味性。

在连续开展的6届活动期间，北碚图书馆向区内17个街镇文化中心送去读书讲座100余场，举办读书沙龙50多次，并联合区内多个阅读机构举办读后感写作及演讲技巧培训。

（四）突出仪式感：扩大影响力

每届“碚城同读一本书”系列活动开始的启动仪式和收官的颁奖仪式都是重头戏。震撼开场、精彩收官，场面浩大、形式新颖，不是为了单纯追求外在热闹，更重要的是形成聚焦，突出亮点，吸引更多的市民读者参与其中。

“碚城同读一本书”启动仪式一般选择在文化广场、步行街、商业广场等人流聚集的地方，邀请相关领导、活动组委会成员单位、十佳读书人、书香家庭、大学生文化志愿者、学校及机关、各镇街代表到现场助力。启动仪式以文艺演出、街头展览、传单发放、公众号推送、朋友圈转发等多种方式发布活动倡议，介绍活动流程，公布参与方式和活动奖项。活动还邀请媒体，通过电视、网络、报纸进行广泛宣传。每届活动都以不同形式的颁奖表彰仪式作为收官大戏，包括演讲比赛、紧扣主题的文艺演出和读诵大赛等，以此展示获奖作品和获奖选手风采。为了让获奖者的喜悦、作品的感染力、文化的浸润延伸得更广泛、更深远，活动同样会邀请媒体通过电视、网络、报纸进行广泛宣传，现场还会开通直播，让没有到场的市民也能感受到现场的热烈氛围。

“碚城同读一本书”系列活动依托本土深厚的文化底蕴，结合城市文化建设，紧扣时代热点，有效点燃了北碚市民的读书热情。活动期间，征文演讲比赛、经典读诵活动、读书分享沙龙、有奖答题、知识竞赛等线上线下活动纷纷展开，一方面丰富了群众的精神文化生活，弘扬了社会主义核心价值观，全力推动了“书香北碚”的建设；另一方面，图书馆的服务效能也得以全方位立体化的提升。市民纷纷到北碚图书馆借阅推荐读本，或通过线上下载的方式阅读。热心的读者自发在微信朋友圈、QQ 群里大量转发“碚城同读一本书”的活动倡议，使活动影响力逐年增大。在2020年“碚城同读一本书”征文演讲投稿中，区外文稿比例达到 10%。

六届“碚城同读一本书”活动，累计收到征文、演讲、摄影、微视频等参赛作品 1338 个，参与活动人数总计超 20 余万人，有 393 个团体及个人在活动中获奖，在全区形成广泛影响，在推广全民阅读、建设“书香北碚”中发挥了独特而持久的作用。2015 年“碚城同读一本书”首届举办，当年即获得中图学会等单位“2015 年全民阅读优秀案例”一等奖。北碚图书馆也于 2016、2017 连续两年被评为“全民阅读活动”先进单位，2018 年获评“全民阅读示范基地”荣誉称号。2019 年“碚城同读一本书”活动再次荣获中图学会“阅读推广优秀项目”荣誉称号。

十六、忠县图书馆：老年读书节

公共图书馆作为公共文化服务体系的重要组成部分，责无旁贷需要创造一切条件满足老年人的精神文化需求。忠县图书馆为切实履行自身职责和使命，积极主动与忠县社区、忠县养老院、忠县老年大学等机构开展长期合作，共同推进老年人阅读服务工作。2016 年，为满足老年群体的阅读需求和更好地服务老年读者，忠县图书馆以“建一个点、安一个家”为指导思路，与忠县老年大学开展深入合作，将忠县老年大学设立为忠县图书馆直属分馆，成为开展老年阅读活动的“据点”，同时双方共同策划开展了老年人专属活动——忠县老年读书节。通过举办老年人摄影和书法作品展、主题征文、文艺节目汇演、主题讲座与展览等活动，为老年人创造了一个展现自我、实现自我的精神家园（见图 7-17）。

图 7-17　第四届老年读书节图书展阅

（一）精准识别服务对象，增强活动的针对性

依托忠县老年大学在老年群体中的号召力和影响力，忠县图书馆开展了老年人阅读服务精准识别工作。由忠县老年大学提供服务需求的具体统计数据，包括需求人数、需求的具体内容两大项，忠县图书馆依据第一手需求统计数据，统筹安排活动的具体内容，为老年读者提供个性化的服务。首先，忠县图书馆将老年读者分为“老有所学”“老有所为”“老有所乐”三种类型，为“老有所学”型读者举办讲座和培训，满足这部分老年读者对知识的渴望。为“老有所为”型读者搭建平台，展示其摄影和书画作品，组织征文活动等。热爱文艺表演的老年读者属于“老有所乐”型，在老年读书节上，忠县图书馆为这部分读者开辟展示空间，组织他们参加文艺表演和才艺展示。

通过细致的前期调查和有针对性的活动设计，老年读书节的活动得到了老年读者的普遍肯定，从而进一步提高了老年读者对公共图书馆服务的满意度和认可度。

（二）多样化的活动形式，巩固活动的延续性

在老年读书节活动中，由文艺爱好者或有才艺的老年读者带来的文艺汇演成为活动中的暖场节目。为了充分展现当代老年群体的精神风貌，忠县图书馆特邀忠县文化馆的专业文艺工作人员对节目编排进行指导，保障了文艺演出的品质。老年读书节活动内容主要包括老年摄影和书画展览、专题展览、培训讲座和主题征文活动，能够最大限度地覆盖广大的老年读者群体。

摄影和书画展。摄影和书画展的举办激发了老年读者学习书画、摄影的热情，通过筛选和甄选老年读者的摄影和书画作品，并对其进行集

中展出，对他们创作实践进行鼓励和肯定。老年读书节活动吸引了广大老年读者群体的关注，为老年群体自我价值的实现开辟了途径，同时也消除了老年人的孤独感。

专题展览。为了增强老年群体对国家发展的知晓度，提升老年群体对国家发展的认可度，忠县图书馆以当下文化、政治、经济的热点和大事记作为展览主题，在老年读书节活动中举办了时代主题专题展览。通过集中专项展览让老年群体能够更加快速、简单、直观地了解国家各项事业发展的情况，有效提升了老年群体的社会认同感和归属感。

主题讲座。在老年读书节活动期间，忠县图书馆以需求导向为基础，围绕健康、安全、科技、文化等内容，开展 2 至 3 场主题讲座培训。为了丰富讲座培训的内容，忠县图书馆积极与忠县疾病预防控制中心、忠县文联、忠县科协、忠县摄影协会、忠县作协、忠县书法协会等单位密切协作，确保了公益讲座培训更专业、更精彩。

主题征文。在老年读书节活动的最后，忠县图书馆以主题征文作为落脚点，切实保障老年人阅读服务的可持续性。征文的主题来源有两类：社会热点和老年读者推荐书目。为更好地开展老年读书节主题征文活动，忠县图书馆特别设立了老年大学阅读俱乐部，以老年大学书友协会为核心，广泛吸纳社会中热爱阅读的老年读者。老年大学阅读俱乐部的设立，为老年人提供了分享阅读体验、推荐阅读、增长知识的机会，为开展老年读书节征文活动奠定了基础，为老年人阅读服务搭建了互通的桥梁。同时老年大学阅读俱乐部以阅读为纽带，为老年人提供了结识新朋友、与他人互动、交流读书心得的机会，帮助老年人更好地融入社会。

（三）品牌化运营，提升活动的影响力

为了确保老年读书节活动可持续地、保质保量地顺利开展，由忠县图书馆、忠县文化馆、忠县老年大学共同组成了老年读书节文化志愿服务工作队，成员主要包括图书馆的工作人员、文化馆的专业干部、老年大学的教师、特约记者等具有专业特长的人员。专业化的服务团队，提供了强有力的组织保障。志愿服务工作队由忠县图书馆统一组织领导，日常具体工作由忠县图书馆阅读推广部负责。一支高素质志愿服务工作队的建立，为忠县老年读书节活动内容的策划、实施、宣传提供了坚实的保障。

为了将老年读书节打造成为品牌，忠县图书馆采取标准化的活动设置，为活动的品牌建设提供了更加清晰的辨识度。该活动统一冠名为“忠县老年读书节”，活动的种类固定为老年人摄影和书画作品展、主题展览、专项讲座培训、主题征文、文艺汇演五大类，活动定期在每年的 5 月、6 月举行。通过统一名称、统一内容、统一时间“三大统一”的设置模式，让忠县老年读书节在各项社会活动中享有较高的社会辨识度，从而提高了市民的认知度。

“老年读书节”常态化的开展，得到了社会各界的广泛认可。从 2016 年启动至今，忠县“老年读书节”活动已连续成功举办了五届，媒体累计报道 6 场，其中市级媒体报道 2 场、地方媒体报道 4 场，增加了活动的曝光度和社会关注度。忠县老年读书节活动在重庆图书馆举办的“2019 年重庆市公共图书馆创新案例”征集活动中，荣获优秀奖。

（四）“数字阅读 +”助推活动品质提升

随着移动互联技术的发展，数字化阅读正被越来越多的老年人所接受，听书这一迅速兴起的阅读方式也日益受到老年读者的喜爱。忠县图

书馆牢牢抓住新的机遇，在老年人阅读活动中点亮新的篇章，确保老年人读书活动与时俱进。

忠县图书馆充分利用现有资源打造忠县数字阅读服务窗口，依托官方微信公众号，忠县图书馆建设了数字阅读平台，与QQ阅读和超星阅读开展合作，充实了忠县图书馆的数字阅读资源。忠县图书馆还与神舟共享合作开展线上展览资源建设，实现一个终端多项阅读体验、网络一站式阅读服务。

忠县图书馆还依托重庆图书馆举办的“常青e路 幸福夕阳”老年人数字阅读系列培训活动、“渝城e站”数字阅读推广活动等，开展老年人数字阅读培训和数字阅读推广工作。通过开展智能手机实用软件培训、阅读平台使用培训，让老年群体能更充分掌握智能手机这一重要的数字阅读工具。

在后期的老年读书节活动中，忠县图书馆还将依托官方微信公众号和数字阅读平台进一步开展线上阅读活动。通过线上和线下齐头并进的方式增加老年读书节活动的参与度，从而使活动开展得更加开放和便捷，活动的参与度和体验感明显提升。

第八章

附录

一、第六次重庆市县级以上公共图书馆评估定级名单

序号	图书馆名称	评估定级等级
1	重庆图书馆	一级图书馆
2	重庆市少年儿童图书馆	
3	万州区图书馆	
4	黔江区图书馆	
5	涪陵区图书馆	
6	涪陵区少年儿童图书馆	
7	渝中区图书馆	
8	大渡口区图书馆	
9	江北区图书馆	
10	沙坪坝区图书馆	
11	九龙坡区图书馆	
12	南岸区图书馆	
13	北碚图书馆	
14	渝北区图书馆	
15	巴南区图书馆	
16	长寿区图书馆	
17	江津区图书馆	
18	合川区图书馆	
19	南川区图书馆	
20	大足区图书馆	
21	万盛经济技术开发区图书馆	
22	潼南区图书馆	
23	铜梁区图书馆	
24	璧山区图书馆	
25	城口县图书馆	
26	丰都县图书馆	
27	垫江县图书馆	
28	忠县图书馆	
29	开州区图书馆	
30	云阳县图书馆	
31	奉节县图书馆	
32	巫山县图书馆	
33	巫溪县图书馆	
34	石柱土家族自治县图书馆	
35	秀山土家族苗族自治县图书馆	
36	荣昌区图书馆	二级图书馆
37	武隆区图书馆	
38	彭水苗族土家族自治县图书馆	

续表

序号	图书馆名称	评估定级等级
39	永川区图书馆	三级图书馆
40	綦江区图书馆	
41	梁平区图书馆	
42	酉阳土家族苗族自治县图书馆	

备注：经 2017 年全国第六次图书馆评估，重庆市公共图书馆国家等级率达 100%，其中一级馆 35 个，二级馆 3 个，三级馆 4 个（双桥经济开发区图书馆不评等级），以上排名不分先后。

二、重庆市入选全国古籍保护单位一览表

入选单位	特色馆藏
重庆图书馆	《大般若波罗蜜多经卷卅》《名公增修标注隋书详节二十卷》
重庆市北碚图书馆	《致堂读史管见三十卷》《洪武南藏》
西南大学图书馆	《方舆考证一百卷首一卷》《少微通鉴节要五十卷外纪四卷》
重庆中国三峡博物馆	《十诵律一卷》

三、重庆市古籍重点保护单位一览表

入选单位	特色馆藏
重庆图书馆	《大明仁孝皇后劝善书二十卷》《吕氏春秋二十六卷》
重庆北碚图书馆	《致堂读史管见三十卷》《越绝书十五卷》
西南大学图书馆	《皇明疏议辑略三十七卷》《鲍氏国策十卷》
重庆中国三峡博物馆	《归震川先生尺牍二卷钱牧斋先生尺牍三卷》《集古印存三十二卷》
重庆市涪陵区少年儿童图书馆	《周煌册封琉球登舟图原卷跋》《海山存稿二十卷》
重庆华岩寺	《嘉兴藏一万二千六百余卷》
重庆市荣昌县图书馆	《古文渊鉴六十四卷》《乐府传声不分卷》
重庆三峡学院图书馆	《尚书后案三十卷尚书后辨附一卷》《毛诗品物图考七卷》
重庆市万州区图书馆	《元史二百卷》《六经图二十四卷》
西南政法大学图书馆	《韦苏州集十卷拾遗一卷》《刘向说苑二十卷刘向新序十卷》
重庆师范大学图书馆	《震泽纪闻二卷》《古文渊鉴五十四卷》
重庆市江津区图书馆	《後漢書鈔二卷》《前漢書鈔四卷》

四、重庆市藏《国家珍贵古籍名录》书目

重庆图书馆 222 部

00119 大般若波罗蜜多经卷卅（唐）释玄奘译

唐写本

00328 附音傍训句解论语二卷（三国魏）何晏集解

元刻本

00359 六书统二十卷（元）杨桓撰

元至大元年（1308）江浙行省儒学刻元明递修本（序、自序、后序抄配）

00419 南齐书五十九卷（南朝梁）萧子显撰

宋刻元明递修本

00440 通志二百卷（宋）郑樵撰

元大德三山郡庠刻元明递修明弘治公文纸印本

00495 名公增修标注隋书详节二十卷（宋）吕祖谦辑

宋刻本

00743 吕氏春秋二十六卷（汉）高诱注

元至正嘉兴路儒学刻明修本

00824 韵府群玉二十卷（元）阴时夫辑（元）阴中夫注

元元统二年（1334）梅溪书院刻本

01233 国朝文类七十卷（元）苏天爵辑

元至正刻本

01271 周易传义十卷（宋）程颐（宋）朱熹撰 上下篇义一卷（宋）程颐撰易图集录一卷易五赞一卷筮仪一卷（宋）朱熹撰易说纲领一卷

（宋）程颐 （宋）朱熹撰

明正统十二年（1447）司礼监刻本

01589 古今列女传三卷 （明）解缙撰

明永乐元年（1403）内府刻本

01629 历代名臣奏议三百五十卷 （明）黄淮 （明）杨士奇等辑

明永乐内府刻本 存三百二十七卷（一至三百二十七）

01653 明季郡国利病全书一百二十卷 （清）顾炎武撰

清顾莼等抄本 傅增湘题识 存一百二卷（一至十三、二十至三十八、四十七至八十四、八十九至一百二十）

01748 圣学心法四卷 （明）成祖朱棣撰

明永乐七年（1409）刻本

01897 大明仁孝皇后劝善书二十卷 （明）仁孝皇后徐氏撰

明永乐五年（1407）内府刻本 存十二卷（一至十二）

02257 韵语阳秋二十卷 （宋）葛立方撰

明正德二年（1507）葛谌刻本

02580 乐书二百卷目录二十卷 （宋）陈旸撰

元至正七年（1347）福州路儒学刻明修本

02630 史记一百三十卷 （汉）司马迁撰 （南朝宋）裴骃集解 （唐）司马贞索隐

蒙古中统二年（1261）段子成刻明修本

02671 五代史记七十四卷 （宋）欧阳修撰 （宋）徐无党注

元刻明嘉靖修本

02693 三国志六十五卷 （晋）陈寿撰 （南朝宋）裴松之注

宋衢州州学刻元明递修本

02762 唐书二百五十卷目录二卷 （宋）欧阳修 （宋）宋祁等撰

元刻明修本 存一百五十二卷（七十四下至二百二十五）

02777 资治通鉴二百九十四卷 （宋）司马光撰 （元）胡三省音注

元刻本 存一卷（二百九）

02780 资治通鉴二百九十四卷 （宋）司马光撰 （元）胡三省音注

元刻明修本 存三十四卷（一百八十六至二百十九）

02823 通鉴纪事本末四十二卷 （宋）袁枢撰

宋宝祐五年（1257）赵与□刻元明递修本

03092 分类补注李太白诗二十五卷 （唐）李白撰 （宋）杨齐贤集注（元）萧士赟补注

元建安余氏勤有堂刻明修本

03103 集千家注分类杜工部诗二十五卷文集二卷（唐）杜甫撰（宋）徐居仁编次 （宋）黄鹤补注

元广勤书堂刻本（王洙序、本传抄配） 存二十五卷（一至二十五）

03166 乐府诗集一百卷目录二卷 （宋）郭茂倩辑

元至正元年（1341）集庆路儒学刻明修本

03207 周易集解十七卷 （唐）李鼎祚撰略例一卷 （三国魏）王弼撰 （唐）邢璹注

明嘉靖三十六年（1557）朱睦㮮聚乐堂刻本

03218 周易传义十六卷（宋）程颐（宋）朱熹撰 上下篇义一卷（宋）程颐撰 朱子图说一卷卦变图一卷易五赞一卷筮仪一卷 （宋）朱熹撰

明嘉靖应槚刻本

03231 易学本原启蒙意见四卷 （明）韩邦奇撰

明正德九年（1514）李沧刻本

03258 诗集传十卷诗传纲领一卷诗图一卷（宋）朱熹撰（元）许谦音释

明初刻本

03341 春秋左传注疏六十卷（晋）杜预注（唐）孔颖达疏（唐）陆德明释文

明嘉靖李元阳刻十三经注疏本 孙志祖批校

03364 春秋四传三十八卷纲领一卷提要一卷列国东坡图说一卷春秋二十国年表一卷诸国兴废说一卷

明嘉靖十一年（1532）建宁府刻本

03402 尔雅三卷（晋）郭璞注

明刻本（有抄补） 江标 叶德辉跋

03493 史记一百三十卷（汉）司马迁撰（南朝宋）裴骃集解（唐）司马贞索隐（唐）张守节正义

明嘉靖四至六年（1525-1527）王延喆刻本 李承祥跋

03533 汉书一百卷（汉）班固撰（唐）颜师古注

明嘉靖汪文盛等刻本（有抄补）

03559 宋史四百九十六卷目录三卷（元）脱脱等撰

明成化七至十六年（1471-1480）朱英刻本

03575 辽史一百十六卷（元）脱脱等撰

明初刻递修本

03623 资治通鉴纲目五十九卷（宋）朱熹撰

明成化九年（1473）内府刻本

03639 资治通鉴纲目发明五十九卷（宋）尹起莘撰

明内府刻本

03640 资治通鉴纲目发明五十九卷 （宋）尹起莘撰

明内府刻本

03655 资治通鉴纲目集览五十九卷 （元）王幼学撰

明内府刻本

03666 资治通鉴纲目五十九卷首一卷 （宋）朱熹撰 （宋）尹起莘发明 （元）刘友益书法 （元）汪克宽考异 （元）徐昭文考证 （元）王幼学集览 （明）陈济正误 （明）冯智舒质实

明弘治十一年（1498）书林慎独斋刻正德十六年（1521）刘洪重修本

03686 续资治通鉴纲目二十七卷 （明）商辂等撰

明成化十二年（1476）内府刻本

03697 续资治通鉴纲目广义十七卷 （明）张时泰撰

明弘治三年（1490）自刻本

03700 大事记十二卷通释二卷解题十二卷 （宋）吕祖谦撰

明刻本

03701 大事记续编七十七卷 （明）王祎撰

明成化二十年（1484）陆渊之刻本

03714 增修附注资治通鉴节要续编大全三十卷 （明）张光启订正 （明）刘剡编辑 （明）刘弘毅释义

明弘治十五年（1502）江氏宗德书堂刻本

03737 历代通鉴纂要九十二卷 （明）李东阳 （明）刘机等撰

明正德二年（1507）内府刻本

03791 国语二十一卷 （三国吴）韦昭注

明嘉靖七年（1528）金李泽远堂刻本

03835 贞观政要十卷 （唐）吴兢撰 （元）戈直集论

明成化元年（1465）内府刻本

04240 杜氏通典二百卷 （唐）杜佑撰

明嘉靖十八年（1539）王德溢、吴鹏刻本

04327 金石古文十四卷 （明）杨慎辑

明嘉靖三十四年（1555）孙昭、李懿刻本

04379 涉史随笔一卷 （宋）葛洪撰

明弘治刻本

04385 唐宋名贤历代确论一百卷

明弘治十七年（1504）钱孟濬刻本

04413 重刻说苑新序三十卷 （汉）刘向撰

明嘉靖二十六年（1547）何良俊刻本

04422 中说十卷 题（隋）王通撰 （宋）阮逸注

明初刻本

04427 横渠张子释六卷 （明）吕柟撰

明嘉靖五年（1526）解梁书院刻本

04469 五伦书六十二卷 （明）宣宗朱瞻基撰

明景泰五年（1454）刘氏翠岩精舍刻本

04490 武经直解二十五卷附兵法一卷 （明）刘寅撰

明成化二十二年（1486）赵英刻本

04525 补注释文黄帝内经素问十二卷 （唐）王冰注 （宋）林亿等校正 （宋）孙兆改误遗篇一卷 黄帝素问灵枢经十二卷 （宋）史崧音释

明赵府居敬堂刻本

04540 重广补注黄帝内经素问二十四卷 （唐）王冰注 （宋）林亿

等校正 （宋）孙兆改误

明嘉靖二十九年（1550）顾从德影宋刻本

04589 新刊袖珍方四卷 （明）李恒撰

明弘治五年（1492）杨氏清江书堂刻本 存二卷（三至四）

04603 医学统旨六卷 （明）叶文龄撰

明嘉靖十四年（1535）胡体乾刻本（有抄配）

04622 新编妇人良方补遗大全二十四卷首一卷（宋）陈自明撰（明）熊宗立补遗

明天顺八年（1464）熊氏种德堂刻本（卷二、二十一至二十四配清抄本）

04624 类证注释钱氏小儿方诀十卷 （宋）钱乙撰 （明）熊宗立注释

明正德三年（1508）存德书堂刻本

04674 云樵草书集法二卷附圣贤道释四赞一卷 （明）胡琰辑

明弘治四年（1491）书林清江书堂刻本

04679 图绘宝鉴五卷补遗一卷续补一卷（元）夏文彦撰 续一卷（明）韩昂撰

明正德十四年（1519）苗增刻本

04720 吕氏春秋二十六卷 （汉）高诱注

明弘治十一年（1498）李瀚刻本

04734 石林燕语十卷 （宋）叶梦得撰

明正德元年（1506）杨武刻本

04739 鹤林玉露十六卷 （宋）罗大经撰

明刻本 王相 李承祥跋

04742 齐东埜语二十卷 （宋）周密撰

明正德十年（1515）胡文璧刻本（有抄配）

04745 南村辍耕录三十卷 （明）陶宗仪撰

明成化十年（1474）戴珊刻本

04778 世说新语三卷 （南朝宋）刘义庆撰 （南朝梁）刘孝标注

明嘉靖十四年（1535）袁褧嘉趣堂刻本

04800 绀珠集十三卷

明天顺刻本

04807 劝忍百箴考注四卷 （明）释觉澄撰

明嘉靖二十七年（1548）张谦刻本

04831 艺文类聚一百卷 （唐）欧阳询辑

明嘉靖六至七年（1527-1528）胡缵宗、陆采刻本

04874 事类赋三十卷 （宋）吴淑撰并注

明嘉靖十一年（1532）崇正书院刻本

04888 书叙指南十二卷 （宋）任广辑

明嘉靖三十七年（1558）柴綮白石书屋刻本

04982 纂图互注老子道德经二卷 题（汉）河上公章句

明初刻本（有抄补） 莫绳孙跋

04989 纂图互注南华真经十卷 （晋）郭象注 （唐）陆德明音义

明初刻本

05044 楚辞章句十七卷 （汉）王逸撰

明正德十三年（1518）黄省曾、高第刻本

05072 楚辞集注八卷辩证二卷后语六卷 （宋）朱熹撰

明正德十四年（1519）沈圻刻本

05075 楚辞集注八卷辩证二卷后语六卷 （宋）朱熹撰 反离骚一卷

（汉）扬雄撰

明嘉靖十四年（1535）袁褧刻本

05089 曹子建集十卷 （三国魏）曹植撰疑字音释一卷

明嘉靖二十一年（1542）郭云鹏刻本

05208 韦苏州集十卷拾遗一卷 （唐）韦应物撰

明弘治九年（1496）李翰、刘玘刻本

05255 杜律虞注二卷 （唐）杜甫撰 （元）虞集注

明东泉张氏刻本

05258 杜少陵集十卷 （唐）杜甫选

明正德刻本

05260 读杜诗愚得十八卷 （明）单复撰

明天顺元年（1457）朱熊梅月轩刻弘治十四年（1501）重修本

05289 韩文四十卷外集十卷遗集一卷 （唐）韩愈撰集传一卷 柳文四十三卷别集二卷外集二卷 （唐）柳宗元撰 附录一卷

明嘉靖十六年（1537）游居敬刻韩柳文本

05313 朱文公校昌黎先生文集四十卷外集十卷遗文一卷遗诗一卷（唐）韩愈撰 （宋）朱熹考异 （宋）王伯大音释传一卷

明正统十三年（1448）书林王宗玉刻本

05324 朱文公校昌黎先生文集四十卷外集十卷遗文一卷 （唐）韩愈撰 （宋）朱熹考异 （宋）王伯大音释传一卷

明刻本 佚名录唐顺之茅坤何焯批校 钱棨跋

05366 柳文四十三卷别集二卷外集二卷 （唐）柳宗元撰 附录一卷

明嘉靖十六年（1537）游居敬刻韩柳文本

05374 柳文四十三卷别集二卷外集二卷 （唐）柳宗元撰 附录一卷

明嘉靖三十五年（1556）莫如士刻韩柳文本

05389 增广注释音辩唐柳先生集四十三卷别集二卷外集二卷（唐）柳宗元撰 （宋）童宗说注释 （宋）张敦颐音辩 （宋）潘纬音义 附录一卷

明正统十三年（1448）善敬堂刻递修本

05461 安阳集五十卷 （宋）韩琦撰 别录三卷 （宋）王岩叟撰 遗事一卷 （宋）强至撰忠献韩魏王家传十卷

明正德九年（1514）张士隆刻本

05477 赵清献公文集十卷 （宋）赵抃撰 附录一卷

明嘉靖四十一年（1562）汪旦刻本

05504 欧阳文集五十卷 （宋）欧阳修撰 年谱一卷 （宋）胡柯撰

明嘉靖二十二年（1543）李冕刻本

05559 临川先生文集一百卷目录二卷 （宋）王安石撰

明嘉靖三十九年（1560）何迁刻本

05636 参寥子集十二卷 （宋）释道潜撰

明正统刻本（有抄配）

05639 道乡先生邹忠公文集四十卷续集一卷 （宋）邹浩撰

明正德七年（1512）邹翎刻本

05651 屏山集二十卷 （宋）刘子翚撰

明弘治十七年（1504）刻本

05655 豫章罗先生文集十七卷 （宋）罗从彦撰 年谱一卷 （元）曹道振撰

明正德十二年（1517）姜文魁刻本

05679 止斋先生文集五十二卷 （宋）陈傅良撰 附录一卷

明正德元年（1506）林长繁刻本

05706 渭南文集五十二卷 （宋）陆游撰

明正德八年（1513）梁乔刻本

05738 有宋福建莆阳黄国簿四如先生文稿五卷 （宋）黄仲元撰

明嘉靖二十五年（1546）刻本

05746 临川吴文正公集四十九卷道学基统一卷外集三卷 （元）吴澄撰年谱一卷 （明）危素撰

明成化二十年（1484）方中、陈辉刻本（有抄补、有补版）

05748 刘文靖公文集二十八卷 （元）刘因撰

明成化十五年（1479）蜀藩刻本（有补版）

05751 静修先生丁亥集六卷遗文六卷遗诗六卷拾遗七卷续集三卷（元）刘因撰附录二卷

明弘治十八年（1505）崔暠刻本（有抄补）

05752 静修先生丁亥集六卷遗文六卷遗诗六卷拾遗七卷续集三卷（元）刘因撰附录二卷

明弘治十八年（1505）崔暠刻本（遗文一卷补配）

05764 重刊黄文献公文集十卷 （元）黄溍撰

明嘉靖十年（1531）虞守愚刻本

05774 青阳先生文集六卷（元）余阙撰附录二卷（明）张毅辑（明）汪龄重辑

明嘉靖十七年（1538）郑锡麟刻本

05793 宋学士文集七十五卷 （明）宋濂撰

明正德九年（1514）张缙刻本

05824 陶学士先生文集二十卷 （明）陶安撰事迹一卷

明弘治十三年（1500）项经刻递修本

05825 陶学士先生文集二十卷 （明）陶安撰事迹一卷

明弘治十三年（1500）项经刻递修本

05828 王忠文公文集二十四卷 （明）王祎撰 （明）刘杰辑 附录一卷 （明）朱肇辑

明正统七年（1442）刘杰刻本

05893 康斋先生文集十三卷 （明）吴与弼撰 附录一卷

明弘治七年（1494）吴泰刻本

05894 康斋先生文集十三卷 （明）吴与弼撰 附录一卷

明弘治七年（1494）吴泰刻本

05899 篁墩程先生文集九十三卷拾遗一卷 （明）程敏政撰

明正德二年（1507）何歆刻本

05900 篁墩程先生文粹二十五卷 （明）程敏政撰 （明）程曾 （明）戴铣辑

明正德元年（1506）张九逵刻本

05914 匏翁家藏集七十七卷补遗一卷 （明）吴宽撰

明正德三年（1508）吴奭刻本

05915 匏翁家藏集七十七卷补遗一卷 （明）吴宽撰

明正德三年（1508）吴奭刻本

05931 虚斋蔡先生文集五卷 （明）蔡清撰

明正德十六年（1521）葛志贞刻递修本

05939 鳌峰类稿二十六卷 （明）毛纪撰

明嘉靖刻本

05945 东江家藏集四十二卷 （明）顾清撰 附录一卷

明嘉靖顾应阳刻本

05970 阳明先生文录五卷外集九卷别录十卷 （明）王守仁撰

明嘉靖十四年（1535）闻人诠刻本

06014 庄渠先生遗书十六卷 （明）魏校撰

明嘉靖四十年（1561）王道行、张　刻本

06038 薛考功集十卷 （明）薛蕙撰 附集一卷

明嘉靖刻本

06060 芝园定集五十一卷 （明）张时彻撰

明嘉靖刻本

06078 屠渐山兰晖堂集十二卷 （明）屠应埈撰

明嘉靖三十一年（1552）屠仲律刻本

06079 陆子余集八卷 （明）陆粲撰 附录一卷

明嘉靖四十三年（1564）陆延枝刻本

06200 韩柳文一百卷 （明）游居敬编

明嘉靖三十五年（1556）莫如士刻本

06215 文选六十卷 （南朝梁）萧统辑 （唐）李善注

明成化二十三年（1487）唐藩朱芝址刻本

06324 风雅广逸十卷附录一卷 （明）冯惟讷辑

明嘉靖三十年（1551）乔承慈刻本

06376 妙绝古今不分卷 （宋）汤汉辑

明萧氏古翰楼刻本（有抄配）

06387 秦汉文四卷 （明）胡缵宗辑

明嘉靖三年（1524）刻本

06388 艺赞三卷 （明）邝灏辑

明嘉靖二十年（1541）任庆云刻本

06511 韵语阳秋二十卷 （宋）葛立方撰

明刻本

06516 陈学士吟窗杂录五十卷 题（宋）陈应行辑

明嘉靖二十七年（1548）崇文书堂刻本

07584 元史二百十卷目录二卷 （明）宋濂等撰

明洪武三年（1370）内府刻嘉靖九至十年（1530-1531）南京国子监递修本

07674 续资治通鉴六十四卷 （明）王宗沐撰

明隆庆五年（1571）刻本

07691 两汉纪六十卷

明嘉靖二十七年（1548）黄姬水刻本

07930 东莱吕氏西汉精华十四卷东汉精华十四卷 （宋）吕祖谦辑

明正德元年（1506）刻本

07932 两汉博闻十二卷 （宋）杨侃辑

明嘉靖三十七年（1558）黄鲁曾刻本

08045 庐山纪事十二卷 （明）桑乔撰

明嘉靖刻本

08089 大唐六典三十卷 （唐）玄宗李隆基撰 （唐）李林甫等注

明嘉靖二十三年（1544）浙江按察司刻本

08259 分类经进近思录集解十四卷 （宋）叶采撰

明嘉靖十七年（1538）刘仕贤刻本

08322 读书劄记八卷 （明）徐问撰

明嘉靖十三年（1534）刻本

08544 代警编二卷 （明）雒于仁撰

明万历二十六年（1598）自刻本

08571 太平广记五百卷目录十卷 （宋）李昉等辑

明嘉靖四十五年（1566）谈恺刻本

08587 唐宋白孔六贴一百卷目录二卷 （唐）白居易 （宋）孔传辑

明刻本

08600 古今合璧事类备要前集六十九卷后集八十一卷续集五十六卷 （宋）谢维新辑别集九十四卷外集六十六卷 （宋）虞载辑

明嘉靖三十一至三十五年（1552-1556）夏相刻本

08692 类笺唐王右丞诗集十卷 （唐）王维撰 （明）顾起经注文集四卷集外编一卷 （唐）王维撰 （明）顾起经辑 年谱一卷 （明）顾起经撰唐诸家同咏集一卷赠题集一卷历朝诸家评王右丞诗画钞一卷（明）顾起经辑

明嘉靖三十五年（1556）顾氏奇字斋刻本

08703 李翰林诗范德机批选四卷（唐）李白撰（元）范梈批点（明）郑鼒辑

明嘉靖郑鼒刻本

08712 韦刺史诗集十卷 （唐）韦应物 附录一卷

明嘉靖二十七年（1584）华云太华书院刻本

08724 集千家注杜工部诗集二十卷 （唐）杜甫撰

明嘉靖十五年（1536）玉几山人刻明易山人印本

08804 白氏文集七十一卷 （唐）白居易撰

明嘉靖十七年（1538）伍忠光龙池草堂刻钱应龙重修本 □被之批校

08836 南丰先生元丰类稿五十一卷 （宋）曾巩撰

明嘉靖四十一年（1562）黄希宪刻本

08954 秋崖先生小稿文四十五卷诗三十八卷 （宋）方岳撰

明嘉靖五年（1526）方谦刻本

09041 解学士文集十卷 （明）解缙撰

明嘉靖四十一年（1562）刻本

09059 类博稿十卷 （明）岳正撰

明嘉靖十八年（1539）吴逵刻本

09119 熊士选集一卷附录一卷 （明）熊卓撰

明嘉靖二十二年（1543）范钦刻本

09120 浮湘藁四卷山中集四卷凭几集五卷续集二卷息园存稿十四卷又九卷缓恸集一卷国宝新编一卷近言一卷 （明）顾璘撰

明嘉靖吴郡沈氏繁露堂刻本

09160 玉岩先生文集九卷 （明）周广撰 附录一卷

明嘉靖三十七年（1558）杏华书屋刻清乾隆九年（1744）周挺重修本

09162 孟有涯集十七卷 （明）孟洋撰

明嘉靖十七年（1538）王廷相、徐九皋刻本

09184 梦泽集十七卷 （明）王廷陈撰

明嘉靖四十四年（1565）王同道吴中刻本

09206 岩居稿八卷 （明）华察撰

明嘉靖三十五年（1556）王懋明刻本

09208 王遵岩家居集七卷 （明）王慎中撰

明嘉靖三十一年（1552）句吴书院刻本

09218 自知堂集二十四卷 （明）蔡汝楠撰

明嘉靖刻本

09278 潜虬山人诗集十卷 （明）畲育撰

明嘉靖十二年（1533）刻本

09508 元文类七十卷目录三卷 （元）苏天爵辑

明嘉靖十六年（1537）晋藩刻本

09512 皇明文选二十卷 （明）汪宗元辑

明嘉靖三十三年（1554）自刻本

09933 论语注疏解经二十卷 （三国魏）何晏集解 （宋）邢昺疏

宋刻元明递修本存十卷（十一至二十）

09942 北史一百卷 （唐）李延寿撰

元大德信州路儒学刻明嘉靖递修本存九十六卷（本纪一至十二，列传一至十、十五至八十八）

10040 读易余言五卷 （明）崔铣撰

明崔氏家塾刻本

10064 诗外传十卷 （汉）韩婴撰

明嘉靖十四年（1535）苏献可通津草堂刻本

10157 韵补五卷 （宋）吴棫撰

明嘉靖许宗鲁刻本

10197 新刊紫阳朱子纲目大全五十九卷首一卷 （宋）朱熹撰 （宋）尹起莘发明（元）刘友益书法 （元）汪克宽考异 （元）徐昭文考证 （元）王幼学集览 （明）陈济正误 （明）冯智舒质实

明嘉靖十年（1531）书林杨氏清江书堂刻本

10223 汲冢周书十卷 （晋）孔晁注

明嘉靖二十二年（1543）章檗刻本

10246 晋溪本兵敷奏十四卷 （明）王琼撰

明嘉靖二十三年（1544）廖希颜、江濬刻本

10273 紫阳文公先生年谱五卷 （明）李默 （明）朱河重订

明嘉靖三十六年（1557）建宁董燧刻本

10402 太平经国之书十一卷首一卷 （宋）郑伯谦撰

明嘉靖十五年（1536）高叔嗣刻本

10407 孙子集注十三卷 （汉）曹操 （唐）杜牧等撰

明嘉靖三十四年（1555）谈恺刻本

10474 鹖冠子三卷 （宋）陆佃注

明刻本

10572 唐王右丞诗集六卷 （唐）王维撰 （明）顾可久注

明嘉靖三十八年（1559）洞易书院刻本

10574 颜鲁公文集十五卷补遗一卷（唐）颜真卿撰 年谱一卷（宋）留元刚撰附录一卷

明嘉靖二年（1523）安国安氏馆刻本

10576 唐翰林李白诗类编十二卷 （唐）李白撰

明刻本

10626 濂溪集六卷 （宋）周敦颐撰

明嘉靖十四年（1535）黄敏才刻本

10637 豫章黄先生文集三十卷外集十四卷别集二十卷简尺二卷词一卷（宋）黄庭坚撰 伐檀集二卷（宋）黄庶撰 山谷先生年谱三十卷（宋）黄䇲撰

明弘治叶天爵刻嘉靖六年(1527)乔迁、余载仕重修隆庆二年(1568)修补本

10645 和靖尹先生文集十卷（宋）尹焞撰 附录一卷

明嘉靖九年（1530）洪珠刻本

10646 汪文定公集十三卷（宋）汪应辰撰 附录一卷

明嘉靖二十五年（1546）夏浚刻本

10652 象山先生文集二十八卷外集五卷（宋）陆九渊撰

明正德十六年（1521）安正书堂刻本

10678 鲁斋遗书十卷（元）许衡撰

明嘉靖四年（1525）萧鸣凤刻本

10689 渊颖吴先生集十二卷（元）吴莱撰附录一卷

明嘉靖元年（1522）祝銮刻本

10697 重刊宋濂学士先生文集二十八卷（明）宋濂撰

明嘉靖三年（1524）安正堂刻本

10733 康斋先生文集十二卷（明）吴与弼撰 附录一卷

明嘉靖五年（1526）林维德刻本

10749 太保费文宪公摘稿二十卷（明）费宏撰

明嘉靖三十四年（1555）吴遵之刻本

10773 太白山人诗五卷（明）孙一元撰

明正德十五年（1520）刻本

10778 渔石集四卷（明）唐龙撰

明嘉靖刻本

10795 五岳山人集三十八卷（明）黄省曾撰

明嘉靖刻本

10802 何翰林集二十八卷（明）何良俊撰

明嘉靖四十四年（1565）何氏香严精舍刻本

10806 宗子相集八卷 （明）宗臣撰

明嘉靖三十九年（1560）林朝聘、黄中等刻本

10892 文选纂注十二卷 （南朝梁）萧统辑 （明）张凤翼纂注

明万历刻本 朱彝尊批校

10895 文苑英华一千卷 （宋）李昉等辑

明隆庆元年（1567）胡维新、戚继光刻本

10907 诗纪一百三十卷前集十卷外集四卷别集十二卷 （明）冯惟讷辑

明嘉靖三十九年（1560）甄敬刻本

10919 古文选要五卷 （明）张舜臣辑

明嘉靖三十三年（1554）黎尧勋刻本

10960 唐诗纪事八十一卷 （宋）计有功撰

明嘉靖二十四年（1545）洪楩清平山堂刻本

10961 诗人玉屑二十卷 （宋）魏庆之辑

明嘉靖六年（1527）洪都潜仙刻本

11439 隋书八十五卷 （唐）魏征等撰

元刻明递修本

11462 冲虚至德真经八卷 （晋）张湛注 （唐）殷敬顺释文

元末明初刻本

11466 集千家注分类杜工部诗二十五卷文集二卷（唐）杜甫撰（宋）徐居仁编次 （宋）黄鹤补注 年谱一卷 （宋）黄鹤撰

元广勤书堂刻本

11468 节孝先生文集三十卷 （宋）徐积撰节孝先生语一卷事实一卷本朝名臣言行录一卷皇朝东都事略卓行传序一卷诸君子帖一卷

元刻明修本

11495 毛诗注疏二十卷诗谱序一卷（汉）毛亨传（汉）郑玄笺（唐）孔颖达疏 （唐）陆德明音义

明前期刻本 谢无量题识

11718 纂图互注扬子法言十卷 （汉）扬雄撰 （晋）李轨 （唐）柳宗元 （宋）宋咸 （宋）吴祕 （宋）司马光注

明前期刻本 孙铁泉题记

11737 卫生易简方十二卷附录一卷 （明）胡濙撰

明宣德二年（1427）刻本

11884 梅溪先生廷试策一卷奏议四卷文集二十卷后集二十九卷（宋）王十朋撰 附录一卷

明初刻本

11918 清江贝先生文集三十卷诗集十卷诗余一卷 （明）贝琼撰

明洪武刻本 贝墉跋

12347 监本附音春秋公羊注疏二十八卷（汉）何休注（唐）徐彦疏（唐）陆德明音义

元刻本（有宋刻叶补配）

12644 新刊京本袖珍方大全四卷（明）李恒撰

明刻本

12705 事物纪原集类十卷（宋）高承辑

明成化八年（1472）李果刻本李承祥抄补并题识

12773 遗山先生诗集二十卷（金）元好问撰

明弘治十一年（1498）李瀚刻本何焯跋

12900 汝帖十二卷（宋）王寀辑

北宋大观三年（1109）刻石明初拓本

重庆市北碚图书馆 23 部

00502 致堂读史管见三十卷（宋）胡寅撰

宋宝祐二年（1254）刻元明递修本

01952 洪武南藏

明洪武年间开雕本存六千二百四十六卷

03197 五经大全一百三十五卷（明）胡广等辑

明永乐内府刻本（书传大全卷六有补配） 存一百三十四卷（缺诗序辩说一卷）

03595 资治通鉴纲目前编十八卷举要三卷 （宋）金履祥撰外纪一卷（明）陈 撰

明嘉靖三十六年（1557）吉澄刻本

03671 资治通鉴纲目五十九卷首一卷（宋）朱熹撰 （宋）尹起莘发明 （元）刘友益书法 （元）汪克宽考异 （元）徐昭文考证 （元）王幼学集览 （明）陈济正误 （明）冯智舒质实

明嘉靖吉澄刻本（卷十一、四十配补）

03820 越绝书十五卷 （汉）袁康撰

明嘉靖二十四年（1545）孔天胤刻本

04137 [正德] 姑苏志六十卷 （明）林世远 王鏊等纂修

明正德刻本

04257 文献通考三百四十八卷 （元）马端临撰

明正德十一至十四年（1516-1519）刘洪慎独斋刻十六年（1521）重修本 存三百四十六卷（一至三十五、三十八至三百四十八）

05276 唐陆宣公集二十四卷 （唐）陆贽撰

明嘉靖二十七年（1548）沈伯咸西清书舍刻本

05318 朱文公校昌黎先生文集四十卷外集十卷遗文一卷（唐）韩愈撰 （宋）朱熹考异 （宋）王伯大音释传一卷

明正统十三年（1448）书林王宗玉刻本

05855 东里文集二十五卷 （明）杨士奇撰

明正统刻本

07381 春秋四传三十八卷

明嘉靖十一年（1532）建宁府刻本

07445 大广益会玉篇三十卷（南朝梁）顾野王撰（唐）孙强增字（宋）陈彭年等重修 玉篇广韵指南一卷

明刻本（卷十七、二十一补配）

08194 六子书六十二卷 （明）许宗鲁编

明芸窗书院刻本

08204 六子书六十卷 （明）顾春编

明嘉靖十二年（1533）顾春世德堂刻本

08701 分类补注李太白诗二十五卷 （唐）李白撰 （宋）杨齐贤集注 （元）萧士赟补注 分类编次李太白文五卷 （唐）李白撰

明嘉靖二十二年（1543）郭云鹏宝善堂刻本

08737 杜工部集二十卷首一卷（唐）杜甫撰（明）王世贞等评（清）卢坤辑

清道光十四年（1834）芸叶庵刻六色套印本存十九卷（一至五、八至二十、首一）

08777 河东先生集四十五卷外集二卷龙城录二卷 （唐）柳宗元撰

（宋）廖莹中校正 附录二卷传一卷

明郭云鹏济美堂刻本

09311 金粟诗草二十卷（清）屈复撰（清）马墣（清）陈长镇等评

清抄本

09386 汉魏诗纪二十卷（明）冯惟讷辑 谈艺录一卷（明）徐祯卿撰

明嘉靖三十八年（1559）自刻本

10231 战国策十卷（宋）鲍彪校注

明刻本 佚名批校

12423 周易传义十卷（宋）程颐（宋）朱熹撰上下篇义一卷（宋）程颐撰易图集录一卷易五赞一卷筮仪一卷（宋）朱熹撰 易说纲领一卷（宋）程颐（宋）朱熹撰

明正统十二年（1447）司礼监刻本

12879 元曲选十集一百卷（明）臧懋循编论曲一卷（明）陶宗仪等撰元曲论一卷

明万历雕虫馆刻本

西南大学图书馆 25 部

01647 方舆考证一百卷首一卷（清）许鸿磐撰

稿本

03608 少微通鉴节要五十卷外纪四卷（宋）江贽撰 资治通鉴节要续编三十卷（明）张光启撰

明正德九年（1514）司礼监刻本

03809 鲍氏国策十卷（宋）鲍彪校注

明嘉靖七年（1528）龚雷影宋刻本

03881 皇明疏议辑略三十七卷 （明）张瀚辑

明嘉靖三十年（1551）大名府刻本

04462 五伦书六十二卷 （明）宣宗朱瞻基撰

明正统十二年（1447）内府刻本

04919 新笺决科古今源流至论前集十卷后集十卷续集十卷 （宋）林駉撰 别集十卷 （宋）黄履翁撰

明嘉靖十六年（1537）白坪刻本

04941 修辞指南二十卷 （明）浦南金辑

明嘉靖三十六年（1557）浦氏五乐堂刻本

05084 曹子建集十卷 （三国魏）曹植撰疑字音释一卷

明嘉靖二十一年（1542）郭云鹏刻本

05106 陶靖节集八卷 （晋）陶潜撰 （宋）汤汉等笺注 总论一卷

明凌濛初刻朱墨套印本

05168 李翰林集十卷 （唐）李白撰

明正德十四年（1519）陆元大刻本

05231 集千家注杜工部诗集二十卷文集二卷 （唐）杜甫撰 （宋）黄鹤补注 附录一卷

明嘉靖十五年（1536）玉几山人刻本

05263 杜工部诗通十六卷 （明）张綖撰

明隆庆六年（1572）张守中刻本

05395 增广注释音辩唐柳先生集四十三卷别集二卷外集二卷（唐）柳宗元撰 （宋）童宗说注释 （宋）张敦颐音辩 （宋）潘纬音义 年谱一卷

明正德十年（1515）张景旸、胡韶、刘玉刻本

05458 安阳集五十卷 （宋）韩琦撰 别录三卷 （宋）王岩叟撰 遗事一卷 （宋）强至撰忠献韩魏王家传十卷

明正德九年（1514）张士隆刻本

05496 宛陵先生文集六十卷拾遗一卷 （宋）梅尧臣撰 附录一卷

明正统四年（1439）袁旭刻本

05572 东坡禅喜集十四卷 （宋）苏轼撰 （明）冯梦祯批点 （明）凌濛初辑

明天启元年（1621）凌濛初刻朱墨套印本

06007 钤山堂集四十卷 （明）严嵩撰 附录一卷

明嘉靖刻本

06469 鼎镌诸方家汇编皇明名公文隽八卷 （明）袁宏道辑 （明）丘兆麟补

明泰昌元年（1620）金陵奎壁堂郑思鸣刻本

06531 辛稼轩词十二卷 （宋）辛弃疾撰 （明）李濂评

明嘉靖二十四年（1545）何孟伦刻本

06535 新刻朱批注释草堂诗余评林四卷 （明）李廷机评注

明天启五年（1625）周文耀刻朱墨套印本

10858 陈检讨集二十卷（清）陈维崧撰（清）程师恭注

清康熙刻本萧穆批并跋

11465 楚辞集注八卷（宋）朱熹撰

元刻本

12489 汉书一百卷 （汉）班固撰 （唐）颜师古注

明崇祯十五年（1642）毛氏汲古阁刻本 沈钦韩校并跋

12848 诗纪一百三十卷前集十卷外集四卷别集十二卷 （明）冯惟

讷辑

明嘉靖三十九年（1560）甄敬刻本

12850 古赋辨体十卷 （元）祝尧辑

明嘉靖十六年（1537）顾可久等刻本

华严寺 1部

04954 嘉兴藏一万二千六百余卷

明万历十七年至清康熙十五年（1589-1676）刻本存五千八百三十六卷

西南政法大学图书馆 1部

05218 韦苏州集十卷拾遗一卷 （唐）韦应物撰

明凌濛初刻朱墨套印本

重庆中国三峡博物馆 1部

09905 十诵律一卷（后秦）释弗若多罗释鸠摩罗什译

南北朝写本

重庆市黔江区图书馆 1部

11341 尖达塔度第三册

清抄本（傣文）

后记

习总书记在给国家图书馆老专家的回信中提道："图书馆是国家文化发展水平的重要标志，是滋养民族心灵、培育文化自信的重要场所。"图书馆承载了一个民族的文化传承、文化建设和社会教育的职能，图书馆事业的发展对提升国民素质具有重要意义。

2017 年 1 月 23 日国务院印发并实施《"十三五"推进基本公共服务均等化规划》，作为"十三五"乃至更长一段时期推进基本公共服务体系建设的综合性、基础性、指导性文件。重庆依据文件精神，在"十三五"期间也先后出台了相应的规章制度，建章立制进一步完善政策支撑体系，从政策层面保证对全市公共图书馆建设的资金、资源投入力度。趁着政策的春风，重庆图书馆作为省级馆，发挥龙头示范效应，在全市公共图书馆的引领和带动作用，率先出台了《重庆图书馆"十三五"发展规划纲要》，突出了对图书馆服务效能和业务标准化的重视，把提升公共文化服务质量放在首位；强调了图书馆的文化功能、教育功能，努力实现读者需求与服务供给的精准对接与匹配，满足社会大众对公共文化服务的需求。

经过五年的发展，重庆市公共图书馆事业取得了一定的成绩，夯实了基础建设，提升了业务深度，锻造了人才队伍，打造了区域特色。当然，对照全国其他省市同行，我们也暴露了一些问题，存在着不小的差距。本着陈述问题找差距，总结经验求提升的原则，我们编写了《阅读重庆——重庆市公共图书馆事业"十三五"发展报告》，通过数据、图表、案例分析，对"十三五"期间，重庆市公共图书馆事业发展状况的客观呈现，以求达到"鉴于往事，有资于治道"的效果，助于在"十四五"期间，我们作出的规划更前瞻、科学、精准。

《阅读重庆——重庆市公共图书馆事业"十三五"发展报告》是首次全面专业地展示重庆地区公共图书馆行业发展状况的阶段性情况。报告的编辑团队初次担任此项工作，没有类似工作经历和经验，编写任务算是一次不小的挑战！虽然是重庆市公共图书馆行业开创性的一项工作，没有历史经验可供借鉴，但纵观全国，已有不少优秀的图书馆行业发展报告出版，它们就是我们的老师。虽未登门求教，但通过对其他省市公共图书馆的学习和借鉴，我们获益良多，从中汲取的精华足以滋养我们完成这项任务的信心。

本报告得到了重庆市所有公共图书馆的大力支持，各公共图书馆的馆长不仅自身积极参与，同时还指派了专人专门负责大量数据材料的填报工作。本报告从框架构思、意见反馈、材料收集、数据分析，最后到内容校核历经 18 个月，期间全市 38 个地区 43 个公共图书馆近 100 名专业馆员为此付出了大量的时间和心血。此外，重庆师范大学杨燕教授和重庆天泰文化传播公司也对本报告的顺利出版给予了帮助，在此向以上人员表示由衷的感谢！

初稿成稿后，北京大学信息管理系教授、管理学博士，博士生导师刘兹恒对报告给予了充分的肯定与鼓励，同时刘教授也从整体结构、论述重点等方向对报告提出了关键、细致、精准的修改建议，让整个报告的思路更清晰、结构更优化、内容更全面。

由于本书编辑时间较紧，内容资料较多，错漏在所难免。我们希望得到业内专家和广大图书馆同仁的批评和指正，使我们在批评中不断学习、不断改进、不断提升，为重庆市公共图书馆事业高速发展提供更专业优质的服务。

2021 年 6 月